U0462993

韬略平天下

明代韬略

段　超

著

长江出版传媒｜崇文书局

图书在版编目（ＣＩＰ）数据

明代韬略 / 段超著 . -- 武汉：崇文书局，2023.3
（韬略平天下）
ISBN 978-7-5403-7083-1

Ⅰ．①明… Ⅱ．①段… Ⅲ．①中国历史－研究－明代
Ⅳ．① K248.07

中国国家版本馆 CIP 数据核字 (2023) 第 019095 号

明代韬略

责任编辑　李利霞
出版发行　长江出版传媒　崇文书局
地　　址　武汉市雄楚大街 268 号 C 座 11 层
电　　话　(027)87677133　邮政编码　430070
印　　刷　武汉中科兴业印务有限公司
开　　本　700mm×1000mm　1/16
印　　张　17.5
字　　数　260 千字
版　　次　2023 年 3 月第 1 版
印　　次　2023 年 3 月第 1 次印刷
定　　价　58.00 元
（如发现印装质量问题，影响阅读，由本社负责调换）

　　本作品之出版权（含电子版权）、发行权、改编权、翻译权等著作权以及本作品
装帧设计的著作权均受我国著作权法及有关国际版权公约保护。任何非经我社许可的
仿制、改编、转载、印刷、销售、传播之行为，我社将追究其法律责任。

目录

第四章
开疆拓土　治国治民

第五章
首辅用谋

第八章
边将卫疆　群策群力

第九章
农民造反之勇与智

第
一
章

CHAPTER 1

布衣称帝智略

俗话说："乱世出英雄。"每当天下大乱之时，总会涌现出一批英雄豪杰，但乱世未必会出帝王。中国历史上农民起义波澜壮阔，连绵不断，但起义军首领最终能成为帝王者却凤毛麟角。尽管陈胜、吴广发出"王侯将相，宁有种乎"的质问，认为他们也有资格做帝王，但历史最终并没有选择他们。而那些揭竿之后自称为"均平皇帝""承天皇帝"的农民义军领袖，也不过是昙花一现。由农民义军领袖最终变成统治全国的帝王者只有两人，一为西汉刘邦，一为明朝朱元璋。朱元璋参加反元农民起义后，由一名普通士兵变成一方统帅，最终削平群雄，建立大明王朝，成为一代君王。登基后，他又实行一系列军政、经济措施，对中国历史的发展产生了重要影响。布衣出身的朱元璋之所以能够荣登帝位，治国安邦，其原因固然复杂，但其过人的智谋、高超的运筹帷幄艺术是其成功的重要因素，让我们掀开历史的面纱，品味这位杰出人物的大智大谋吧！

从士兵到统帅

　　朱元璋，字国瑞，其先世为江苏沛县人，在其高祖伯六时，移居江苏句容，以淘金为生。由于淘金越来越困难，朱元璋祖父被迫迁到泗州盱眙县（今属江苏省淮安市），从事农业耕作。到其生父朱世珍时，以佃农为生计的朱氏家境更加艰难，被迫辗转迁徙，最后在濠州钟离太平乡（今属安徽省凤阳县）定居下来，此时已是元朝中叶。

　　定居太平乡的朱氏家族生活并没有好转，常年劳作的朱世珍不能养家糊口，全家"朝夕彷徨""常取草之可菇者，杂果以炊"。为了减轻父亲的压力，少年时代的朱元璋就开始为人放牛。

　　元朝末年，朝政腐败，"官做贼，贼做官，混愚贤"。人们"多无己产，皆于富家佃种土地，分收籽粒，以充岁计"。百姓由于负担沉重，生活十分艰难，加之天灾频繁，饿死者甚众。朝不保夕的农民反元情绪日增，"天雨线，民起怨，中原地，事必变。"（《元史·五行志》卷五十一）元至正十一年（1351）五月，刘福通、韩山童在今安徽颍州首先起事，接着彭莹玉、徐寿辉、芝麻李、郭子兴等各地义军也在当地揭竿反元，一场遍及全国的反元斗争已拉开序幕。

　　此时，身为游僧的朱元璋在彷徨中跑到濠州城下，加入了郭子兴的队伍。从此他的一生开始了转折。

◇南略定远图大计

　　朱元璋投奔郭子兴以后，郭见他身材魁伟，就让他成为自己的一名亲兵。在以后的战斗中，由于他作战勇敢，为人直爽，深得郭子兴的喜爱。不久，郭将义女马氏嫁给朱元璋为妻，并提拔他为小队长。

滴水之恩，当涌泉相报。投军不久就得到主帅欣赏的朱元璋，决心要用自己的勇敢和才智为郭子兴效力。当孙德崖软禁郭子兴后，朱元璋率一队人马冒死救出了主帅。当元将贾鲁统率大军围攻濠州城时，朱元璋奋力杀敌，率义军将士全力守御。元将贾鲁战死，元军被迫撤离濠州城，被围困达四个月之久的郭子兴军得以自由。

朱元璋打仗善于用脑，并不时地向主帅提出合理建议。经过数月的战斗，郭军将士死伤不少，朱元璋认为是补充力量的时候了，他随即向郭子兴建议，要求到家乡太平乡去招募士兵。得到郭的同意后，朱元璋立即行动，很快在家乡招募到了七百多名士卒，其中有小时候一起放牛的伙伴徐达、汤和等人。朱元璋带回七百多人，郭子兴十分高兴，随即封他为镇抚，并命令他统率这支队伍。

从一名普通士兵一下子升为镇抚，似乎是值得庆贺的事情，但朱元璋并没有多少欣喜，与此相反，一种深深的忧虑在他心中滋长。

通过与郭子兴的接触，朱元璋认为郭是一个胸无大志、才能平庸、遇事没主见的统帅，长期跟随这样的人，后果肯定不妙。除此之外，郭子兴军中潜藏着的深刻危机也令朱元璋感到不安。

原来，郭子兴起兵时，孙德崖是其重要成员，因为孙较郭年小，郭才成为统帅。而孙德崖是个权力欲极强的人物，他内心不服郭子兴的领导，随时在想办法除郭而自立。同时，因兵败加入郭子兴军队的彭大、赵均用二人，原来就是一方统帅，归于郭部后，时刻都在想独立门户，成为新的一方霸主，而且彭大、赵均用二人之间也有矛盾。孙德崖、彭大、赵均用、郭子兴之间的复杂矛盾，使农民军内部潜藏着杀机，长期待在这样的队伍中，不仅不会腾达，反而会有杀身之祸。

聪明的朱元璋对这一切有清醒的认识，他要想办法摆脱这种不利处境，走独自发展的道路。

如何摆脱困境？带上刚招抚的七百多人完全脱离郭子兴，自立门户打江山，这是一种办法。但在当时群雄四起、相互兼并的情形下，七百多人的队伍只能是别人砧板上的鱼肉，迟早会被元军或被其他诸侯所吞并。显然，这不是一种良策。在郭子兴的大旗下，带七百多人到其他地区去发展，这是一种较为合适的办法，但这样做又会引起郭子兴的怀疑，这也不是最好的策略。正当朱元璋苦苦思索之时，新募士卒徐达进见。

徐达见过朱元璋后，言道："镇抚欲不成大业么？何故郁郁居此，长屈人下？"朱元璋回答说："我亦知此地久居，终非了局，但羽毛未丰，不便高飞。天德（徐达字天德）如有高见，幸即指陈！"徐达回答道："郭公长厚，德崖专横，彭、赵又相持不下，公处此危地，事多牵掣，万一不慎，害及于身，奈何不先几远引？"朱元璋回答道："我欲去此他适，必须有个脱身的计策，否则实滋疑窦，转召危机。"徐达进言道："郭公籍隶定远，目今定远未平，正好借此出兵，想郭公无不允行。"朱元璋又言道："我方募兵七百，署为镇抚，若统率南行，无论谣诼易生，即郭公亦多疑虑。"徐达又回答说："七百人中，可用的不过二十余人，公只将二十人率着，便足倚任，此外一概留濠，那时郭公便不致动疑了。"朱元璋笑答道："天德此言，甚合我意，我当照行。"这样，朱元璋决定放弃大队人马，只带二十余名士卒，南略定远。在得到郭子兴的同意后，朱元璋便带领二十四名可用士卒南下定远去了。

朱元璋在主帅极为赏识自己之时，冷静地分析了所面临的严峻形势，毅然走上独立发展的道路，这是一种明智之举，使自己摆脱了危险，有机会施展自己的才智，同时也使自己的生存和发展有了广阔的空间。这是朱元璋一生的转折，事实证明，朱元璋的这种选择是正确的。

在势头上升之时，能够主动舍弃小利而重新艰苦创业，这是常人不易做到的，而朱元璋能够这样做，说明他确有过人之处。

◇连战皆捷树声威

南略定远是朱元璋一生转折的开始，但要站稳脚跟，成为一路诸侯，则还有很长的路要走。朱元璋审时度势，抓住机遇，在一系列军事斗争中，采用不同的策略，最后战胜了敌人，壮大了自己，成为一支真正独立的力量。

降服缪大亨

朱元璋南下定远后，打着郭子兴的旗号，招募兵士，一下得到三百多人。不久，他又收编了张家堡驴牌寨的一股义兵，队伍迅速发展到三千多人。朱元璋队伍的扩大，引起了屯驻在横涧山的缪大亨的警觉。

定远人缪大亨，在各地反元浪潮中拥兵自立，经过一段时间招兵买马，队伍发展到了两万多人。为了在复杂的局势中得到生存和发展，缪见风使舵，时而反元，时而拥元。元将张知院为了对付反元义军，对缪加以利用，给他封官加爵，缪因此乐意受张知院节制。朱元璋来到定远后，其声势越来越大。对于这支劲旅，缪大亨令手下日夜戒备，严加防范。

缪大亨的心思，朱元璋十分清楚。他明白要在定远站稳脚跟，必须除掉缪大亨。这时缪有两万多人，自己仅三千多人，要是硬拼，肯定不会成功。在分析了缪的情况后，朱元璋决定用偷袭之计除缪。

缪大亨认为朱元璋不日会来进攻夺寨，严加戒备，而朱元璋故意迟迟不来，时间一久，缪军松懈，朱元璋令部将花云率部劫寨。一天深夜，缪军将士正在酣睡之时，突然喊声大作，从梦中惊醒的缪大亨，急忙起床探望，只见外面万炬齐明，火光冲天，缪大亨知道一定是朱元璋劫营来了，便急忙拿刀上马，此时，一员大将拍马扬枪迎面杀来，缪急忙用刀抵挡，并开口问道："将军休得乱砍，快报上名来。"来将回答道："我乃濠州大将花云，特来取汝首级。"缪问道："彼此无仇，何故相犯？"花云道："元主无道，天怒人怨，我等仗义而来，正为吊伐起见。你既纠众起义，应具同心，为什么反受元将监督，为虎作伥？我等特来问罪。你若悔过输诚，我亦既往不咎，倘若说一不字，我的刀下，恰不肯半点容情！"缪大亨本非真心助元军，加上看到此时部众或四处逃散，或弃械投降，便下马受降，表示愿随郭子兴讨元。横涧山两万多义兵，随花云来归朱元璋。

降收缪大亨后，朱元璋实力大增，远近义军头目也纷纷率部归顺，朱元璋部已成为郭子兴旗下一支重要力量。

识破彭、赵阴谋

朱元璋南略定远不久，招兵买马，夺寨破隘，影响越来越大。朱的崛起，引起了同僚彭大、赵均用的忌妒和不安。为了除掉将来的竞争对手，彭、赵二人想出了一条计策。

一日，泗州差官来到朱元璋军营传达命令："奉郭元帅之命，朱镇抚请移兵盱眙。"朱元璋十分吃惊地问道："郭元帅一直在濠州，怎么突然到了泗州？"来使回答道："这是彭、赵二将军的建议，郭元帅择善而从。"朱元璋又问："濠州何人把守？"来使答道："孙公德崖留守濠州。"朱元璋沉吟半晌，便明白了一切。他心中想道："彭大、赵均用二人窥伺元帅位置已久，今见我略有所成，便挟持主帅到泗州，令我率军到盱眙，以便就近节制我部，待时机成熟将我与元帅一网打尽，我若依他，便是自投罗网。"他一想到此，便对来使果断地说："请你回去禀报彭、赵将军，朱元璋只听郭元帅之命，不会听从二位将军之命，愿二位将军好自为之，不可逼强害人。"彭、赵二人听了回报，知道计谋被识破，十分气愤，但也无可奈何。不久，彭、赵二人争权内讧，互相厮杀，彭大中箭身亡，赵均用吞并彭大所部。

朱元璋审时度势，识破赵、彭二人的阴谋，果断地拒绝了赵、彭二人的命令，使自己避免了一次祸害，在发展的道路上又闯过了一关。

救援六合

至正十四年（1354）十一月，元军在丞相脱脱率领下围攻高邮。十二月，元军又分两路围攻六合红巾军。六合红巾军在形势十分危急的情形下，派人到滁州向郭子兴求救。郭子兴与六合红巾军一直有隔阂，拒不发兵。朱元璋获悉后，十分焦急，立即进见郭子兴，言道："今六合受围，雄虽异处，势同一家，今与元接战，逼迫甚急，救则生，不救则死，六合既亏，唇失齿寒。"（《皇明本纪》）朱元璋希望郭从大局出发，立即出兵救助。郭子兴勉强同意，但又说道："元兵号称百万，这般大兵，何人敢去？"帐下诸将面面相觑，不发一言。朱元璋见状言道："某虽不才，愿当此任。"郭子兴即令朱元璋率万余人前往。不久，六合围解。

六合红巾军虽非为郭子兴所属，但毕竟是一支重要的反元队伍。这支队伍若能够生存发展，可以增强反元力量，减轻元军对其他各路反元队伍的压力。朱元璋在当时多数诸侯各顾各的情形下，能够从长远利益出发，以大局为重，这种远见卓识确实高人一筹，显示了他非凡的战略眼光。

示强于敌破元军

元至正十五年（1355），元丞相脱脱率百万大军包围了郭子兴义军驻守的滁州城。此时，郭子兴大军已派往安丰，守城官兵仅数千人，形势十分危急。元军仗着人多势众，想"不战而屈人之兵"，派使者进城招降郭子兴。在这危急时刻，朱元璋向郭子兴建议："先接来书，后见来使。"只见来书写道："我劲兵百万已到，滁州指日可下，如果及早投降，可封官晋爵，若执意抵抗不识时务，则后悔莫及。"郭子兴见后，不知如何是好。朱元璋劝郭不必担心，可用示威之法退敌。郭子兴道："兵多调出，城守空虚，如何示威？"朱元璋说："大帅见到来使后，只需保持镇定，我自有对付来使的办法。"随即朱元璋令士卒手持钢刀，排列在帅府门外两旁。来使被传进见，见到郭军威风凛凛，心里着实一惊。郭子兴对使臣言道："汝主昏庸，海内大乱，我为保民起见，特起义师，滁、濠一带，以次救平，汝主反妄怒逞兵，要约招降，难道我果偷生怕死么？"来使答道："降与不降请自便，我只是来传达命令的。不过，小小的一座滁州城，靠几千乌合之众把守，实在是不自量力。"两旁将士听到来使之言，个个义愤填膺，纷纷拔出剑来，要斩来使，来使吓得心惊胆战。这时，朱元璋出言道："双方交战，不斩来使，来使无礼，应即驱逐。"郭子兴随即喝令左右，将来使赶出城去。

来使被撵走后，郭子兴还担心元军第二天便会攻城，哪知数日过后，元军并没有行动。朱元璋向大家解释道："诸公若杀来使，实为下策。杀死来使，元军必然以为我军杀人灭口，势必派兵攻城，双方交锋，于我方不利。不杀来使，对之加以恫吓，使之回去后报告我军军威及将士拼死守城的决心，元军必然有所顾忌，这就是他们不敢贸然进攻的原因。"将士们听了他的一席话，心里都十分佩服。

兵法上讲："若敌众我寡，敌强我弱，须多设旌旗，倍增火灶，示强于敌，使彼莫能测我众寡强弱之形，则敌必不轻与我战。"（《百战奇法·弱战》）朱元璋成功地利用了这种"示强于敌"的策略，虚实相生，迷惑敌人，掩饰自己的不足，从而使敌人改变计划，自己取得了主动。

伏兵以击破元军

元至正十五年（1355），元军围攻六合。朱元璋奉命率一万精兵前去救援。极善谋略的元丞相脱脱闻知后，便萌生出釜底抽薪之计，想乘滁州城空虚之机，攻取城池。义军主帅郭子兴闻讯后急得不知如何是好。正当郭子兴不知所措之际，有人报告说，朱元璋率部回来了。原来，朱元璋在出援六合时，就已料到元军会乘滁州城空虚前来偷袭，便日夜兼程前往六合，并采取速战速决之策解了六合之围，随后又迅速挥师折回。

郭子兴见朱元璋及时赶回，十分高兴。朱元璋对郭说道："元军不可怕，兵来将挡，水来土掩。"朱元璋随即率将士到城外布置迎敌去了。根据滁州城外地形，朱元璋决计设伏歼敌。他令一股士兵设伏于城外涧水旁，然后令大将耿再成率一支部队去迎敌，设法将敌人诱引入伏击圈。耿部与元军交战后，掩强示弱，且战且退，慢慢地将元军引入伏击圈内。元军见耿部人少无战斗力，便乘势追赶。当元军追至涧水边，见耿部士卒泅水逃奔时，便也宽衣解带，渡河追击。就在元军进入河中心时，忽然鼓号齐鸣，喊声震天，早已埋伏好的朱元璋部将士从河两旁的林中杀出，搭箭向水中的元军怒射，元军毫无遮掩，大部分士卒被活活射死，少数人四处逃窜。朱元璋率大队人马奋勇追杀，元军损失惨重，朱元璋令将士拾起元军丢弃的兵械，回城向郭子兴报捷去了。

元丞相脱脱偷鸡不成反蚀一把米，不仅未拿下滁州城，而且损失了许多粮食、兵械。元顺帝接到惨败的消息后，下令将脱脱革职，发往边地充军。

"故用兵之道，示之以柔而迎之以刚，示之以弱而乘之以强，为之以歙而应之以张，将欲西而示之以东。"（《淮南子·兵略训》）朱元璋成功地采用了这种策略，以弱兵作诱饵，设假隐真，用伏兵杀得元军措手不及，取得了胜利。

军事斗争的最终结局主要靠实力，要有雄厚的力量，则必须通过一次次的战斗，消灭敌人，壮大自己。主帅地位的奠定主要靠智慧和才能，只有具备克敌制胜本领的人，才能最终成为统帅。朱元璋南略定远以后，为了壮大力量，与不同军事集团进行战斗，逐一消灭了对手，壮大了自己。在残酷的军事斗争中，朱元璋根据不同对手的特点，采取了相应的对策，先后铲除缪大亨，败彭大、赵均用，挫元军，显示了超人的军事才能，在军中树立了威望，为日后成为一方统帅打下了基础。

❖铲除对手掌帅印

元至正十五年（1355）三月，郭子兴病死。其子郭天叙忙遣人报告朱元璋，朱元璋星夜赶到滁州，参与办理丧事。

三军不可无帅。郭子兴死后，大军失去了主帅，由于朱元璋此前显赫的战功，超人的智谋，众将士便纷纷推举他继为主帅。朱元璋虽再三推辞，最后还是接受了。

身在濠州的孙德崖得到朱元璋接替郭子兴成为义军统帅的檄文后，十分气愤。他愤愤地说道："朱元璋那小厮，实在可恨！前不久，我向他借粮草，他表面上同意，而暗地里将此事报告给郭子兴，要郭找我寻仇。如果不是我走得快，恐怕就遭暗算了。如今郭子兴死了，他不与我商量，竟擅自自立为主帅，他哪里把我放在眼里，我一定要教训教训他！"孙德崖的部将吴通，见孙伐朱之心如此坚决，就献计道："当今之时，朱元璋占有滁州、和阳两座城池，士卒气势旺盛，兵精将强，如果发兵进攻，实为不利。大王不如效法项王之故事，摆下鸿门宴，乘机除掉他。"孙德崖连连称妙，便修书一封，派人送到和阳。

朱元璋接到信后，明知是计，但仍决定前往。部将徐达告诫道："德崖桀骜无赖，恐有诈谋，元帅不宜前行。"朱元璋感谢徐达好意，说道："鸿门与宴，汉高未尝罹害，但教得人保护，便可无虞。"部将吴桢愿随朱元璋前往。两人便带少许士卒去濠州赴宴。以防万一，朱元璋令徐达、胡大海率军驻屯濠州城外，以便随时接应。

孙德崖听说朱元璋要来濠州赴宴，又惊又喜。他说："这小子中计了，这次绝对难逃我的手掌心。"为表示"诚意"，孙德崖亲自到城外迎接朱元璋。朱元璋下马后，孙德崖拉着他的手，以示亲热。在进入厅堂前，孙将朱元璋带来的十多名随从阻拦到厅外，叫人给他们安排酒食，只让吴桢一人随朱元璋进入厅堂。吴桢紧随朱元璋，寸步不离。

酒席上，孙德崖不断向朱元璋劝酒。酒过数巡，孙德崖便煞有其事地指责朱元璋："郭元帅死后，执掌兵权的应当以辈分来论定，我年长于你，理应由我来统管郭元帅旧部，而你不同我商量就夺了帅位，这难道不是目无尊长吗？"面对责难，朱元璋缓缓辩道："我当主帅实是情不得已。俗话说，三军不可无帅，将士们见郭帅逝去，都极力推举我，我知道自己才能不一定能够胜任此职，目前也只是权宜兼管，他日有更合适人选，则一定易位让贤。"孙德崖以为朱元璋此时已发现来这里不妙，心里已经十分害怕了，便直言说道："今天就是要你把主帅位让给我。"朱元璋答道："这可不行，只有与众将士商量、同意后才可。"孙德崖恼羞成怒，大声喝道："来人，杀了这厮！"就在孙军士卒动手之前，守护在朱元璋身边的吴桢猛地一把将孙德崖抓了过去，抽出长剑架在孙的脖子上，护住朱元璋，挡住前来的士卒。孙德崖吓得失魂落魄，连忙向士卒说道："快退下！"吴桢说道："你以前到和阳，我们待你为上宾，今天你却要摆出鸿门宴，加害我们主帅，你还是人吗？现在我要你把我们送出城，如果照此办理，一切都好商量，若耍花招，使我主帅有闪失，则割下你的头！"孙德崖无计可施，只得照办。城外，徐达、胡大海率大军已等候多时了，二将护着朱元璋离开，吴桢殿后，胡大海痛恨孙德崖狡诈，就在吴桢放开他时，回马将其斩于马下。孙部将吴通见主帅被斩，便率部掩杀过来。徐达、胡大海拼力抵抗，孙军人多，渐渐占上风，朱元璋部队渐渐不支，就在形势危急之时，一大队人马杀来了。原来是李善长怕朱元璋有失，派郭英、郭兴前来接应。两支人马会合，力量大增，朱元璋随即指挥大军乘势进攻濠州城，不多时，孙德崖部纷纷投降，濠州城为朱元璋占据。

"凡敌始有谋，我从而攻之，使彼计衰而屈服。"（《百战奇法·谋战》）朱元璋知道孙德崖设鸿门宴是为了除掉自己，他便将计就计，铲除了劲敌。

常言道："堡垒最易从内部攻破。"这是说，在堡垒内部，可以十分清楚地了解到其虚实强弱，避强击弱，堡垒自然容易瓦解。在军事斗争中，对付同一阵线里的对手比对付敌人更为困难，因为同行竞争，彼此熟悉，互识短长，要战胜对手实为不易之事。朱元璋在郭子兴死后，与郭另一部将孙德崖形成对立，朱、孙同为郭的爱将，共同反元，彼此十分熟悉对方。朱元璋要战胜了解自己并且资历高于自己的孙德崖难度甚大。在与孙的较量中，朱元璋采取斗智不斗力的策略，击败孙德崖，使威胁自己主帅地位的敌对势力不复存在，成了名副其实的一路诸侯。

选用人才得伟策

"得人才者得天下"，此乃古今通理。古代圣明的帝王都极为重视招揽人才、任用人才。受教育不多的朱元璋对人才重要性的认识胜人一筹，在元末群雄中，朱元璋最为珍惜人才，他通过多种途径招揽了一大批文臣武将，身边形成了一个强大的智囊集团，这对他最终战胜群雄、荣登帝位起了极为重要的作用。

◇广纳谋士胜千军

早在南略定远之时，朱元璋就注意网罗人才，冯国用、冯国胜、陶安、朱升、李善长等江南名士纷纷归附朱元璋。朱元璋广揽人才、珍惜人才，士大夫看到他礼贤下士，欢呼道："我辈有主矣。"（《明太祖实录》卷三）

冯国用，定远人，"喜读书，通兵法，元末结寨自保"。朱元璋打下妙山时，冯国用与其弟冯国胜率部来归。朱元璋久闻冯国用为江南名士，对其礼遇甚厚。冯十分感激，他向朱元璋献计道："大江以南，金陵为最，龙蟠虎踞，向属帝王都会，公既率师南略，请先拔金陵定鼎，然后命将四出，救民水火，倡行仁义，勿贪子女玉帛，天下归心，不足定也。"朱元璋后来的军事行动基本上采用了这种策略。

李善长，字百室，定远人，"少读书有智计，习法家言，策事多中"。朱元璋攻下滁州后，李善长前来拜会。朱元璋"知其为里中长者"，对他十分尊敬，并聘他为谋士，"掌书记"。朱元璋向李善长请教："如今天下战乱不已，什么时候才能安宁？"李善长答道："从前暴秦不道，海内纷争，汉高崛起布衣，豁达大度，知人善任，不嗜杀人，五载即成帝业。今元纲既紊，天下崩裂，与秦末相同，公系濠产，距沛不远，山川王气，钟毓公身，若能效法汉高所为，亦当乎定中原，难道古今人必不相及乎？"

当涂人陶安是朱元璋打下太平后礼聘到的儒生，他向朱元璋建议道："方今海内鼎沸，豪杰并争，攻城屠邑，互相雄长，然其志在子女玉帛，非有拨乱救民安天下之心。明公率众渡江，神武不杀，人心悦服，以此顺天应人而行吊伐，天下不足平也。"（《明太祖实录》卷三）同时，陶安对金陵的战略地位有独到的见解，他说："金陵是过去帝王建都之所，攻取它，可以以此为据点，攻取四方，天下即可平定。"

休宁人朱升，"自幼力学"，满腹经纶。朱元璋攻取浙江，得到了江南大片土地后，其实力已十分强大。此时，不少人建议他打出自己的旗帜，但他并没有这样做，而是接受了朱升的建议："高筑墙，广积粮，缓称王。"（《明史·朱升传》卷一百三十六）奉北方红巾军为正朔，希望以北方红巾军大旗做掩护，"静看颉颃"。对于小明王，奉之甚厚，所书文告不称圣旨，但在具体事务上又不听从小明王号令，而是自己独立行动。

上述诸谋士的建议在后来朱元璋与群雄的较量中、同元军的战斗中发挥了重要作用。

朱元璋吸纳人才的范围极为广泛，除重用有影响的饱学之士外，也录用有一技之长的一般士大夫。除任用汉族知识分子外，也接纳元朝的官僚、将士。李善长、刘基、冯国用被委以要职，陶安、叶琛、李习、许瑗被任命为知府。"所克城池，得元朝官吏及儒士尽用之。"（《国初事迹》）元将康茂才善于管理，朱元璋授他为营田使，负责管理垦荒屯田事务。秦从龙被朱元璋礼聘为高级顾问。"事无大小，悉与之谋。"（《明史·秦从龙传》卷一百三十五）元降将行省元帅胡深被任命为浙东行省左右郎中，总制处州军民事。对于效忠元朝的"殉节"官吏，朱元璋也大加褒扬，"未尝不悯其劳而惜其无成"。如取集庆后，他厚葬元将福寿，"以旌其忠"。

行兵布阵，贵在有谋。谋士的作用从某种意义上说胜过千军万马。三国时期，刘备起初由于没有谋士相助，手下虽有关羽、张飞等勇将，但还是被人杀得七零八落、东躲西藏。为改变被动局面，他三顾茅庐，请出谋士诸葛亮。此后，刘备便有了明确的进取目标，在具体的战斗中，调兵遣将，使用计策，恰到好处，彻底改变了从前的被动局面，成为与曹操、孙权三分天下的一方。朱元璋对于谋士的作用十分重视，他用各种方式招揽人才。刘基、宋濂、朱升等可以说是当时的奇才，朱元璋得到了他们，可以说就具备了其他军事集团无可比拟的力量。朱元璋在后来的军事斗争中，采用他们的建议，取得了江山。

◇ 用人不疑期厚报

得人才固然重要，信任人才，放手使用人才更为重要。历史上，不少王侯手下人才济济，但不知道珍惜，不放手使用，不充分信任。三国时期的刘璋手下不乏能人，但"刘璋暗弱，智能之士思得明君"，其结果，当然会有不妙的结局。朱元璋的高明之处，是充分相信人才，放手使用人才。信用降将廖永忠就是明显的例子。

朱元璋取濠州后，为扩大战果，决定渡江进攻金陵，但军中缺乏战船，渡江之事遇到了麻烦。正当朱元璋愁眉不展之时，屯驻巢湖的主帅廖永安、廖永忠兄弟率战船千艘前来投奔。朱元璋喜出望外，情不自禁地说道："天助我也！"

朱元璋与廖氏兄弟见面短叙之后，随即整编船队，向铜城闸开拔。

船队出太湖口不久，远处湖面上隐隐出现一片楼船，船队成"一"字形排列，一艘大船上旗帜飘扬，上面书写着"元中丞"三字，其他船上都站满了搭弓握箭的元兵。廖永安见状，十分惊讶，对朱元璋说道："元将蛮子海牙的船队原在数百里之外，他们怎么这么快就到这里来拦截我们？是谁走漏了消息？"朱元璋思索了一会儿，答道："如果不是盗魁左君弼与元人勾结，就是怨恨你的部下向元人告密。为今之计，只有避开元人的锋芒，改道航行。"廖永安回答道："此地有两个地方可以出去，一是走现在这条水道，另外一条是走马场河水道。"朱元璋随即令大军改走马场河水道。

进入马场河水道不久，在河的远处也发现了一支庞大的船队，船只上战旗飘扬，看来元军早已布置重兵把守。见此情景，朱元璋对廖永安说道："如此看来，马场河水道也有重兵，敌强我弱，不能硬拼，我们应该选择一有利地形，屯兵待变。"廖永安很赞同朱元璋的想法，命船队退至黄墩，扎水寨屯驻。此后，朱元璋对廖永安说道："你率部坚守在此，我去和阳调兵前来解围。"

朱元璋到达和阳之后，迅速征调舟楫，并率部向黄墩急促进发，很快便与廖永安会合。两股力量会合后，力量大增，朱元璋决定主动进攻元军。

仲夏之时，天气变化无常。一天，乌云密布，狂风四起，霎时大雨倾盆，河水随之猛涨。朱元璋料想此时元军必定放松警惕，即调兵遣将，向元军屯驻地进发。廖永安率本部从正面进攻，船借风势，如离弦之箭射向元军。元中丞蛮子海牙顶风迎战，廖军凭其船只轻便，忽左忽右，忽东忽西，杀得元军摸不着头脑，蛮子海牙见战势不利，便率兵杀开一条血路，仓皇逃走。朱元璋此战取得了重大胜利，除斩杀不少元军外，还得到大量船只。

"用人之术，任之必专，信之必笃，然后能尽其才，而成其事。"（《为君难论上》）在有相当疑虑的情形下，朱元璋对新来降将十分信任，表现出了超人的胆略。廖氏兄弟本以为朱元璋会怀疑自己的忠诚，谁知却始终得到信任，他们非常感动，遂在作战中奋勇杀敌，在后来攻太平、克池州的战斗中，两人也表现得十分勇敢。朱元璋用人不疑之策取得了很好的效果。

信用降将陈兆先是朱元璋信任人才的又一表现。龙凤元年（1355），朱元璋率大军攻占太平。屯驻方山寨的义军首领陈野先为了阻止朱元璋发展，率两万多人前来挑战，朱元璋用计多次击败了陈野先。

陈野先死后，其弟陈兆先继其位，并继续与朱元璋作对。时陈兆先屯兵方山，与元将蛮子海牙成掎角之势，窥视太平。朱军与陈兵多次交战，陈兵多次失利。龙凤二年（1356），朱元璋率大军攻集庆，陈兆先率部抵抗，双方战斗激烈，朱元璋最后取得了胜利，陈兆先被活捉后投降，其部众两万多人也归附朱元璋。

陈兆先投降后，朱元璋不仅没有追究他屡次与自己作对的过失，反而擢用他。对归服士卒，朱元璋也一视同仁。

鉴于从前陈野先、陈兆先反复无常的事实，朱元璋的许多文臣武将都劝他应当防变。陈兆先及其将士一想到他们以前长期与朱军作战,认定朱元璋一定不会放过他们,眼前这一切只不过是朱元璋耍的把戏。他们整天惴惴不安,担心性命难保。对于这一切,朱元璋看在眼里,他终于想出了一个使降兵不生疑的计谋。

一天,朱元璋决定从降兵中选五百名勇士作为自己的亲随护卫。夜晚,除留冯国用一人侍睡帐中外,令其余降兵卫士环榻卧眠,并且在睡觉时,朱元璋解下自己的铠甲,脱去战袍,一直睡到天明。从此,降兵们的疑虑全部烟消云散,他们十分感激朱元璋对自己的信任,在战斗中,争相效命。

◇ 调和文武聚合力

朱元璋的高明之处,不仅在于广揽人才,信用人才,而且还在于能够调节人才之间的关系,使他们全力为自己服务。

在朱元璋队伍中,有两部分重要力量,一是农民出身的武将,这些人是同朱元璋出生入死、一起攻城夺地的将士,他们是朱元璋夺取江山必须依恃的人才和骨干;一是地主出身的儒生文臣,这些人有文化,有计谋,并在当时有很大影响,他们也是朱元璋必须依靠的力量。武将与文臣因为各自文化素养、所处角色不同,不免在许多问题上有分歧,二者时有矛盾。朱元璋对这一切看得十分清楚,他对文臣首领李善长说:"吾观群雄中持案牍者及谋事者,多毁左右将士,将士弗得效其能,以至于败。其羽翼既去,主者安得独存?故亦相继而亡。汝宜鉴其失,务协诸将以成功,毋效彼所为也。"(《明太祖实录》卷一)

对于武将,针对其弊,朱元璋也时时加以训导,他对徐达言道:"汝从朕起兵,攻城略地,多宣其力。然近日新降附亦有擢居汝辈之上,而汝等反在其下,非弃旧取新也。今天下一家,用人之道,至公无私,彼有智谋才智,克建功勋,故居汝辈之上。"(《明太祖实录》卷一)

在朱元璋的劝谕下,文武大臣消除了对对方的成见,通力合作,为统一战争的胜利发挥各自的作用。

文臣武将,各有所长。不论是在战争时期,还是在和平年代,他们都有对方不可替代的作用，要夺取天下，治国安邦，必须同时发挥双方的作用。但中外历史上，文武相轻、将相不和之事，屡见不鲜，聪明的君主能够采取对策，调和文武关系。中国历史上便有"将相和"的故事，武将廉颇、文臣蔺相如摒除嫌隙，走向亲密无间就是一段为人传诵的佳话。朱元璋发现军中文武相忌后，及时调和二者关系，使文武之间消除隔阂，共同协作，体现了其远见卓识。

在元末群雄四起的硝烟中，朱元璋以超人的眼光，充分认识到网罗人才的重要性，广泛吸纳各种人才，重用汉族士大夫，使自己获取了宝贵的财富，奠定了统一战争胜利的基础。但朱元璋吸纳人才的意义还不仅限于此。在"元纲既紊，天下土崩瓦解"的形势下，大批汉族地主士大夫对元朝采取不合作的态度，对崛起的农民义军采取观望的态度。这些"穷经积学、株守草野"的士大夫在地方上有举足轻重的作用，是一支不可忽视的社会力量。朱元璋要站稳脚跟，必须得到他们的支持。实行重用地主士大夫的政策，实际上就取得了他们的支持，争取到了一支重要的社会力量。这对朱元璋力量的发展所起的作用更是不可低估的。

严明军纪结民心

　　行军作战，严明的军纪极为重要。朱元璋十分重视军纪，他认为军队纪律严明，不扰民害民，百姓才会支持，民心才会归附。他把加强军纪、秋毫无犯作为克敌制胜的法宝。每次军事行动之前，他都要申明军纪。

　　进占太平后，朱元璋令李善长起草禁约，把禁令贴到四周。有一士兵擅住民居，被斩首。攻下集庆后，朱元璋晓谕民众："元政渎扰，干戈蜂起，我来为民除乱耳，其各安堵如故，贤士吾用之，旧政不便者除之，吏毋贪暴殃吾民。"（《明史·太祖本纪》卷一）进攻镇江之前，朱元璋"恐帅首纵诸军焚掠太甚"，对徐达说道："三军下京口，庐舍不焚，民无酷掠。"结果，大军进镇江时，民不知有兵。下婺州后，朱元璋下令："禁戢军事剽掠，有亲随知印黄某取民财，即斩以徇，民皆安堵。"（《明太祖实录》卷六）最能说明朱元璋重视军纪的是"假斩徐达"的故事。

　　元至正十六年（1356），朱元璋率部攻克江苏重镇集庆。占据集庆之后，前来归附者日众，部队人数急剧增加。新来军士未受严格纪律训练，扰民之事不断发生。有的士兵买百姓东西不给钱，部分人甚至公开强索，有的士兵调戏妇女。以上消息传到朱元璋耳里，他十分气愤。他思索到，眼下马上要攻打镇江，军纪如此松弛，怎能保证攻克镇江？即使攻克了镇江，日后又会怎样？元军就是如此扰民才激起人们愤怒的，一定不能让这种事情继续发生。但是，采取什么方法才能扭转局面呢？仅靠惩治几个士卒难以达到目的。经过再三思索，他终于想出了一个绝妙计谋。

　　就在决定攻打镇江的那天早上，朱元璋令将士在教场集合，等待大将军徐达发布命令。不久传来消息：徐达将军已被元帅抓了起来，即刻问斩！

徐达将军自起兵以来即同元帅出生入死，身经百战，屡立战功，敌人闻之胆寒。今即将攻打镇江，却要临阵斩大将，到底徐达将军犯了什么罪？正当众将士迷惑不解之时，只听有人喊道："朱元帅到！"众将士循声望去，只见昔日威风凛凛的徐达将军双手被反绑着，在两名卫兵的拘押下低头走来，后边跟着几名手持钢刀的执法兵士。

执法官高声宣布道："奉元帅之命，徐达身为统兵大将军，对部下管束不严，军纪败坏，欺压百姓之事屡屡发生，坏红巾名声。对于部下作恶之事，徐达瞒而不报，我兴义兵乃为替天行道，除暴安良，而今军纪如此败坏，实为军法所不容，为严肃军纪，应予重惩，斩首以示众。"

众将士听完，人人吓得脸色苍白。过了一会儿，忽见一人走到朱元璋身前跪下，此人乃是谋士李善长。李善长对朱元璋言道："徐大将军作战勇敢，品行端正，每战都立功，实是不可多得的人才。今大战在即，正是用人之际，请元帅饶恕！"

这时，众将领也一齐跪下，齐声向朱元璋哀求道："军中发生欺压百姓、调戏妇女之事，与徐大将军无关，只怪我们平日对部下管束不严，请元帅饶恕徐大将军！"随后，全体士兵都跪下求情。

朱元璋言道："我们起兵乃替天行道，保民安民，元朝官兵因为欺压百姓，才引起天下反抗，如果我们除掉元朝，自己又来欺压百姓，我们的队伍与元军又有什么区别？百姓也会起来推翻我们。打仗要取胜，靠的是严明的纪律，靠的是百姓的支持，如果我们得不到百姓支持，能够取胜吗？"

众将士听后，个个低头，一言不发。此时李善长见元帅怒气稍解，即哀求道："徐大将军随元帅东拼西杀，屡建战功，还望元帅宽恕！"

朱元璋厉声说道："讨逆驱贼，在场将士谁没有几分功劳？有功劳就可以犯军纪吗？如果每个人都恃功犯纪，我们还能打胜仗立功吗？"

李善长见状，急忙又言道："大战在即，临阵斩将，实为不吉之兆，亦为兵家大忌，请元帅让徐大将军戴罪立功，打下镇江之后，再行处罚。"朱元璋沉默半晌后，对徐达说道："看在众将士的面上，这次就饶了你，若今后再有犯军纪之事，定斩不饶！"

徐达被松绑后，又恢复了往日的威风，并随即宣布："打下镇江后，一不许抢掳，二不许烧房，三不许欺凌百姓，四不许调戏妇女，违者立斩！"大军在徐达带领下，很快攻取镇江。部队进驻城内后，纪律严明，秋毫无犯，当地百姓拍手称快。

朱元璋带后续部队到达镇江后，见到城内情景，十分高兴。他对徐达说道："教场那场戏，真难为你了。"徐达言道："没有那场戏，军纪能像今天这样吗？"说完，二人便大笑起来。原来，那场戏是二人精心策划的。

在群雄逐鹿之时，朱元璋能够认识到严明军纪的重要性，确实高瞻远瞩，经常性的军纪告诫和严明的处罚措施使朱元璋的军队成为当时约束最严、纪律最好的一支部队。它赢得了百姓的支持，对后来的战争胜利起了重要作用。与此相反，陈友谅、张士诚及元军忽视军纪，扰民害民，在百姓心目中印象极坏，"人心不附"是他们失败的重要因素。

计灭群雄定胜势

　　龙凤二年（1356）七月，朱元璋在应天府（今南京）建立地方政权——江南等处行中书省，任平章政事。龙凤七年（1361），朱元璋又被"小明王"韩林儿封为吴国公。经过多年的军事斗争，此时朱元璋已占据江西、安徽以及浙江、江苏部分地区，成为称雄于皖南至浙江之间的一个强大军事集团。

　　尽管此时朱元璋的实力已相当雄厚，但其面临的形势仍相当严峻。在其东北部是财力最为雄厚的张士诚政权；在其西南部有军事力量最强的陈友谅集团；在其南部是盘踞福建的陈友定集团。除此之外，还有方国珍、明玉珍等地方政权以及各路义军的共同敌人——元朝政府军。处在群雄包围之中的朱元璋政权，随时有被吞并的危险。

　　怎样在逆境中求得生存和发展？这是朱元璋和其臣僚必须认真考虑的大事。谋臣刘基此时显示了他过人的智慧，他提出了"先灭陈友谅，再击张士诚"的作战计划。刘基说："抗御敌人应当权衡轻重缓急，行军打仗贵在有次序。张士诚天性自满，以守住已有地盘为满足，大周政权不足为虑。盘踞长江上游的陈友谅，杀主帅虐待下属，其名号不正，时刻都想吞并我们，应当先剪除他。击溃陈友谅后，张士诚势单力薄，我们可以一举吞并他。然后北伐中原，王业可成也。"（《明太祖实录》卷四）

　　朱元璋很赞同刘基的分析，决计采取这样先西后东的战略。一场剪灭群雄的战争拉开了序幕。

◇随机应变破陈汉

　　陈友谅原是徐寿辉手下一员部将。元至正十一年（1351）八月，罗田布贩徐寿辉在蕲州（湖北蕲春西南部）起义，十月，克蕲水（今湖北浠水），并在此建立政权，国号天完，年号治平，徐寿辉被推为帝。

陈友谅参加天完义军后，作战极为勇敢，不久便成为徐寿辉手下一名得力干将。但陈友谅生性狡诈，权力欲极强，他认为徐寿辉无勇无谋，不足当主帅，伺机取而代之。龙凤六年（1360），陈友谅杀徐寿辉称帝，改国号为汉，改元大义。

在朱元璋向东发展时，陈友谅曾对朱元璋的辖区进行过多次攻击。两人都以对方为首攻目标，双方展开了激烈斗争。

应天保卫战

龙凤六年（1360）四月，陈友谅调集大军，顺江而下，直往朱元璋的驻地应天杀来。舳舻蔽空，旌旗掩日，自头至尾，差不多数十里。

陈军即将到来的消息传到朱元璋军中，大家都感到突然，朱元璋立即召开军事会议，商讨应敌之策。面对强敌，有人说"宜出城迎降"，有人主张"应走据钟山，徐图规复"，一时争执不下。这时，谋臣刘基挺身而出，斩钉截铁地说："说降说走都可斩首，斩了他方可破贼。"朱元璋言道："先生有何高见？"刘基答道："天道后举者胜，敌人远来，必然疲乏，我军以逸待劳，定能取胜，收后发制人之效。"说完对朱元璋耳语了一番。朱元璋听罢，连连称善，遂升帐发令。令大将胡大海率军攻击广信（今江西上饶），牵制陈友谅后路，使之不能全力攻击应天；令常遇春、冯国胜率部隐蔽于龙湾石灰山侧作为伏兵；令徐达率部在应天城外设伏，常、徐二将只要见到黄旗挥舞，即率兵杀出；令张德胜、朱虎率水军把守龙江关。一切布置妥当后，朱元璋宣康茂才进见，对他说道："你与陈友谅过去有交情，可写诈降书给陈，声称一旦交兵，即做内应，率部反正。"康茂才言道："愿如遵命，且家有老阍，曾事友谅，遣使赍书，必信无疑。"

陈友谅接到康茂才的诈降书后，十分高兴，对送书人叮嘱道，战端一开，要康茂才率部倒戈。康茂才将这一切都告诉了朱元璋，朱元璋拍手笑道："陈友谅中计了。"于是朱元璋率部前往卢龙山驻扎，专门等候陈友谅的到来。

陈友谅舟师进发很快，不日到达大胜港。当他发现当地水域不宽，通行不畅，且岸边有杨璟率重兵把守之时，决定退兵至江东桥，以免遭袭击。

陈友谅派人按事先约定的地点与康茂才联系，来人连呼："老康！老康！"可没人答应，陈友谅此时才知上当受欺了，遂下令水师向龙江进发，大军抵达龙江后，即派兵士立栅扎寨。此时天空乌云翻滚，电闪雷鸣，随即下起了瓢泼大雨。朱元璋即命士兵下山，捣毁陈军栅栏。面对朱军的冲击，陈友谅令将士死守，双方展开激烈的争夺。

风雨稍停，朱元璋率各部兵马一齐杀出，徐达率部从左边掩杀，常遇春从右边进攻，在二将的猛烈冲杀下，登陆的一万多陈军被赶入江中。慌乱中的陈友谅，忙令军士登舟过江。恰在此时，朱元璋的水师将领张德胜、朱虎又率部赶到，对一片混乱的陈军发起冲击，陈军不能有效抵抗，被击毙者甚多。陈军的数百艘战舰搁在浅滩，不能移动。陈友谅弄得一叶小舟，划桨逃命。此役朱元璋取得了胜利，缴获陈军战舰百余艘，战船数百只，歼敌数万人。朱元璋乘势收复太平、安庆、信州、袁州等地。

"故兵以诈立，以利动，以分合为变者也。"（《孙子兵法·军争篇》）在此次保卫应天的战斗中，面对强大的敌人，朱元璋巧妙地运用假降计，同时用预先设伏的办法，大败陈友谅，表现了其高超的军事才能。

大战鄱阳湖

龙凤九年（1363）四月，陈友谅乘朱元璋大军北上救安丰红巾军，内部空虚之机，发兵六十五万，沿江而下，先后攻取吉安、临江、天为等州，随后围攻南昌。南昌守将朱文正凭着坚固的城墙，闭城坚守，双方连续激战达八十五天之久。就在南昌即将城破之时，朱元璋率徐达、常遇春带二十万大军返师驰援。陈友谅闻朱元璋率主力前来，遂弃南昌，统军入鄱阳湖迎战，以期一举歼灭朱元璋主力。

对于力量超过自己数倍并主动寻求决战的陈友谅大军，朱元璋军中不少将领都有怯意，但朱元璋却有自己的看法，他认为，陈友谅军队数量虽多，但因为他们围南昌已多日，兵士久战疲乏，士气不高，加之陈军中不少将领对其主帅刚愎自用的做法已颇有意见。敌军将帅不和，而自己军队士气高昂，未必会败，于是朱元璋毅然决定挥师迎战。

根据鄱阳湖形势，朱元璋令戴德率部扼守泾江口和南湖嘴，切断陈军退路；令信州兵马驻守武阳渡，从侧面威胁陈军，自己率主力进入湖中诱陈军交战。

七月二十日，双方交锋，陈军仗其船只高大，向朱军猛攻，朱军船只较小，不能接近大船，但他们凭借其灵活的特点，与陈军周旋，时而用箭射敌，时而扔火把上船。当日战罢，双方均有损失。

七月二十一日，陈友谅改变战法，将其船只联结成一体，以求增加整体作战能力，防止被各个击破。此招果然奏效，朱军多次进攻，不仅没有得胜，反而损失颇大。这时，朱元璋接受徐达建议，利用陈军船大行动不便的特点，火攻陈军。朱元璋把船只分成十一队，每队中用数只船装满干草、芦苇，然后浇上油渍、硫黄，用布蒙住，待东南风起，十一队船只同时向陈军进攻。船借风势，像离弦之箭射向陈军船队，待载草船只靠近陈友谅船队之时，朱军将士点火放铳，霎时，陈军船队陷入一片火海之中，趁陈军将士惊慌之际，朱军士卒施放弓弩，并跃上陈军船上与其厮杀。此时，"烟焰障天，咫尺不能辨，声振山谷，军浮水面，波浪漂没。"（《皇明纪事录》）此战，陈友谅丧师六万，船毁二十艘。二十二日至二十四日，双方又连续大战，陈友谅军损失惨重。

为了彻底击败陈友谅，朱元璋决定移师左蠡，封锁长江水道口，置陈军于死地。陈友谅也率军停泊潴矶，与朱军隔水相持。

数战不利的陈友谅，此时召集部将研究对策，右金吾将军力主"焚舟登陆，直趋湖南，谋为再举"。而左金吾将军则认为，"今虽不利，而我师犹多，尚堪一战，若能缪力，胜负未可知。"陈友谅最后同意了焚舟登陆的作战方案。左金吾将军见自己计谋未被采纳，便率部投降了朱元璋。右金吾将军手下将领胆怯，不少士卒有离去之意，便也率部投降了朱元璋。此时的陈友谅已是兵力益衰、黔驴技穷了。

朱元璋对来降将士加以厚待，派人给他们治伤。为了尽早结束战斗，朱元璋派使节送书给陈友谅，劝其投降。

陈友谅接到降书，十分愤怒，扣押使者，并下令杀掉所有俘虏。朱元璋闻讯后十分气愤，但未予报复，而且将所有俘虏放回，并下令"但获彼军皆勿杀"。陈军将士无不感动。这时，朱元璋认为消灭陈友谅的机会到了。他下令水师移驻鄱阳湖口，在这里筑水寨，配置火舟、火筏。同时，在长江南岸陆地上面修筑寨栅，加强防守，以防陈军逃走。

久困湖中的陈友谅，处境极为窘迫，粮食殆尽，士兵疲乏，内无出路，外无援兵，已到了山穷水尽的地步。但陈友谅困兽犹斗，八月二十六日，他率军突围，朱元璋率水师于鄱阳湖口拦截，朱军士气高昂，陈军将士毫无战意，四处逃散。战斗中，陈友谅中流矢而亡。持续一个多月的鄱阳湖之战，以陈友谅军的覆灭而告终。

鄱阳湖之战，从实力上来讲，陈友谅占据明显优势，而结果却是力量弱小的朱元璋取得了胜利。究其原因，除陈军内部将帅不和、士卒疲乏外，更为主要的是朱元璋采取了灵活多样的战略战术：当敌人连舟成大船时，采用小舟分路攻击，火攻大船；当敌人气势受挫、准备逃跑时，又采取关门捉贼之法，将其团团包围；当敌杀俘之时，他却优待俘虏，放其回归，瓦解敌人军心。"凡兵家之法，要在应变。"（《百战奇法·应变》）朱元璋很好地应用了"应变"之策。

陈友谅战死后，其子陈理在武昌称帝，改元德寿。九月，朱元璋率兵征武昌。十月，朱元璋围攻武昌城。同时，分兵取汉阳、德安，湖北诸郡皆降。龙凤十年（1364）二月，朱元璋再攻武昌，陈理出降。陈汉政权灭亡，朱元璋随即建湖广行中书省，管辖原陈汉政权辖地。

陈友谅军是较朱元璋力量强大得多的军事集团，由于陈急功近利，贪欲极重，对于与之相邻的朱元璋部，随时想加以吞并，最后落得如此下场。然而，面对威胁性最大的敌人陈友谅，朱元璋在力量相对弱小的情况下，决计与陈决战，虽然带有几分冒险，但还属明智之举。在与陈友谅的具体战斗中，朱元璋采取了灵活多变的战术：双方接触之初，朱元璋任用降将康茂才诈降，采取伏击战，挫陈军锐气；在鄱阳湖大战中，又采取小舟攻大船、火攻等战术，陈友谅在众叛亲离中，战败身亡。

朱元璋部灭陈汉后，成为南方地域最大、兵力最强的军事集团，为其后的统一战争胜利奠定了基础。

◇各个击破取东吴

张士诚，江苏泰州人，以操舟贩盐为生。元至正十三年（1353），张士诚起兵反元，随即占据泰州、兴化、高邮等地。第二年正月，张士诚自称诚王，国号大周，建元天祐。九月，张士诚率部与元军大战于高邮，大败元军，遂渡江南下，取太平，"大结人心，引士类为己用。"（《胡仲子集》卷九）江南地主、文人及元朝失意官员纷纷投入其麾下。元至正二十三年（1363）九月，张士诚自立为吴王，史称"东吴"。

朱元璋灭陈友谅后，其西部威胁解除。东侧张士诚集团成了他下一步进取的目标。

盘踞江浙的张士诚集团，力量不弱，军备极丰，是一支重要力量。同时，张士诚又是个反复无常的人物，他时而反元，时而降元。当朱元璋将他作为进取目标时，他很有可能又倒向元朝，与元军联合对付朱元璋。因此，尽快铲除张士诚刻不容缓。

针对张士诚占地广阔、兵精粮足的特点，朱元璋制订剪除羽翼、会攻老巢的战略：先夺取其北部地区，切断张士诚与元军的联系，阻止元军对张士诚的支援，再进攻其南部地区，大量消灭其有生力量，最后攻其老巢。

夺取张士诚北部地区的战斗于龙凤十一年（1365）打响。十月，朱元璋发布文告，指责张士诚"假元之命，叛服不常"，"启衅多端，袭我安丰，寇我诸全，连兵构祸，罪不可逭。"（《明太祖实录》卷十五）令大将徐达、常遇春率大军进攻淮东、淮阴等地。徐、常二将进军神速，接连取得胜利。龙凤十二年（1366）三月，淮北重镇高邮被克。四月，淮安守敌投降，"濠、徐、宿三州相继下"，淮北地区全被攻占。四月十四日，徐达率三万精兵围攻安丰，击败了前来增援的元军，夺取安丰。至此，朱元璋已全部攻占了张士诚长江以北的广大地区，并彻底切断了张士诚和元朝的联系。第一步作战计划完成。

完成了对江北的军事占领后，朱元璋发布《平周檄》，劝谕东吴臣僚"全城归顺""弃刃投降"，并积极做南下进取的准备。此时，大将常遇春提出，大军直趋平江，捣毁张士诚老巢的建议，他说："只要攻取巢穴，其余诸郡便不战自乱，指日可下。"对此，朱元璋言道："将军之计不便遵行。张士诚、张天麟、潘原明等人皆盗贼出身，极为勇猛，讲究江湖义气，是一伙亡命之徒。若我军攻打平江，张士诚势必自保，且湖州、杭州之兵必来救援，我军未必能取胜。即使取胜，势必也会付出极大代价。上乘之计，还是先攻打南部之敌，剪除平江羽翼，然后合力攻平江。"徐、常二将同意这一方案。

龙凤十二年（1366）八月，朱元璋令徐达、常遇春率师二十万，分兵进攻张士诚的南部地区。双方在湖州城附近展开激战。

在攻打湖州之前，为了掩盖军事意图，徐达带上张士诚降将熊元端一起行动，并告知他军队将攻打平江，行军途中，又故意给机会让熊逃走。熊回去后向张士诚报告了一切，张士诚信以为真。而当熊元端一逃走，徐达便改变行军路线，按原计划向湖州集结，分三路将湖州包围。

湖州守将张天骐闻知朱元璋大军前来进攻，十分惊慌，忙分三路迎击。南路军将领黄宝与常遇春相遇，双方展开厮杀，仅几回合，黄即被常生擒过来，士卒见主将被擒，纷纷退入城中，一面抵抗，一面等待援军。

张士诚得知湖州告急，速派司徒李伯升来援，李入城后又被包围。张士诚只得又遣吕珍、朱暹、王晟率六万精兵前来解围。常遇春率一部分士兵在城东旧馆姑嫂桥阻击援军，大部分士兵仍然围困湖州，吕珍、朱暹大军一时无法靠近城池。张士诚闻讯，又派水师将领徐志坚从水路进攻常遇春。徐志坚求战心切，常遇春设伏击败徐军，徐本人也被俘虏。在几支人马均失利的情况下，张士诚亲率大军前来，徐达率军迎战于宅林之野，张士诚兵大败，折兵三千，自己率部逃遁。此时，朱元璋部将廖永忠、薛显部攻占德清，进一步威胁湖州。张士诚闻讯急派兵增援旧馆，但未成功。旧馆之军见救兵被驱逐，彻底绝望，遂开城投降。

湖州之战后，东吴军队疲于奔命，士气低落。徐达率大军乘机接连攻克杭州、绍兴、嘉兴等城，东吴半壁江山为朱元璋所得。

实现了剪除张士诚南北两翼的目标后，朱元璋于龙凤十二年（1366）十一月，令各路大军合攻平江。

战端一开，朱军仗人多，想尽快攻取城池。谁知平江城防守森严，加之有张士诚的众多勇将拼死相拒。徐达、常遇春多次进攻均未得手。这时，叶兑向朱元璋献策：用"锁城法"围攻，即在平江城四周筑城，将其团团围住，在城上架敌楼（木塔），筑台三层，每层均安置弓弩、火铳，架设襄阳炮轰击城内。这样一来,张士诚居高临下的城防优势完全丧失。朱元璋接受了这一建议,平江城在"锁城法"的攻击下,愈来愈难以生存。吴元年(1367)九月,徐达率兵向城内发起总攻,平江城被攻破,张士诚兵败被俘,最后自缢而死,称雄一时的东吴政权被剪除了。

◇恩威并用降浙东

方国珍,浙江黄岩人,"世以贩盐浮海为业"。元至正初年(1341),方国珍的仇人向官府告发他私通海盗,坐收渔利。方国珍一怒之下,杀死仇人,带领家眷、邻里逃至海上,与官府对抗。不久,方国珍又召集数千人,与元军相争,并屡败元军,占据庆元、台州、温州等沿海地带,成为元末称雄浙东的一支割据势力。

方国珍是一个见风使舵的"狡兔",他根据形势的变化,时而反元,时而降元;在与各路诸侯的较量中,他常采取坐山观虎斗、坐收渔翁之利的策略。元至正十九年(1359),朱元璋派部将取浙江,针对方国珍力量弱小,战斗力不强的实际,朱元璋想诱降方国珍,以求不战而屈人之兵。方国珍见朱大军压境,自知强拼难以抵挡朱军,但又不愿意轻易向朱元璋投降,便采取拖延战术对付朱元璋大军。

见过朱元璋的信使后,方国珍便召集众将领说道:"方今之时,豪杰四起,元朝倾覆已成定局,江左朱国瑞,军令严明,礼贤下士,将士同心,所向披靡,今即东下浙江,以我军实力,实难与之抗衡。且我南面有闽人陈友定,西有劲敌张士诚,不如暂且表示服从,借此为声援,抗击东西之敌。至于今后,则观事变而计。"

众将士沉默片刻后,都表示愿意归降朱元璋。方国珍随即派使者携带书信、银两去见朱元璋,并同意将温州、台州、庆元三郡献于朱。为了表示诚意,方国珍将其次子方关送到朱元璋处做人质。

朱元璋见过使臣后,随即叫他与方关一起回去转告方国珍:"古时双方修好,怕对方不讲信用,才用结盟发誓作为约束,后来又发展到用人质做抵押。其实这些都是不信任的表现。今天你既然诚心归服于我,彼此已同为一体，理应相互信任，以诚相待，何必用儿子做人质呢?"

方国珍本身并无诚心降从朱元璋，其割让郡县、以子做人质都只是一种手段，他是在争取时间，等时机成熟时，再图自立。故当朱元璋封他为地方官时，他谎称有疾，拒不赴任。

朱元璋察觉其意图后，修书道："我原以为你是识时务的俊杰，故封你为镇守一方官员，而你却心术不正，初次以子为质来试探我，今又以有疾不听号令，请记住，切勿聪明反被聪明误。"

方国珍见计被识破，自知理亏，佯为谢罪，派人给朱元璋送来许多珍宝古玩。朱元璋见后说道："我今天要统一天下，所缺乏的是粮草，所急需的是人才，至于宝物玩器非我所需。"遂派来人将这些东西带回。

吴元年（1367）十月，朱元璋以汤和为征南将军，吴桢为副将，讨方国珍。汤军气势高昂，连下余姚、上虞，直取庆元，方国珍逃入海上。十一月，廖永忠、汤和率水师合击方国珍。方国珍抵抗不住，于十二月投降。盘踞浙东二十多年的方氏集团覆灭了。

方国珍是元末力量相对弱小的一股割据势力，针对对方胆小如鼠、胸无大志、意志不坚的性格特征，朱元璋采取恩威并用的方法来对付方氏，应该说其对策是相当得体的。当方国珍采取拖延战术时，朱元璋直截了当地指出了方的用意，并镇之以威，方氏黔驴技穷，只好拱手称臣。

就在进取方国珍的同时，朱元璋派另一支军队去剿灭福建的陈友定。胡延瑞、何文辉率部由江西攻入福建，先后攻占汀州、邵武等地。吴元年（1367），汤和、廖永忠由明州（今宁波）从海上攻入福建，不日攻克福州。至正二十八年（1368），朱元璋大军合围陈友定盘踞的延平城，在猛烈的炮火下，延平城被攻破，陈友定被生擒，福建遂平。

北伐定鼎建新朝

从元至正二十年（1360）到元至正二十八年（1368），朱元璋先后铲除了陈友谅、张士诚、方国珍、陈友定等割据势力，南方地区基本统一。

统一了南方大部分地区的朱元璋政权，已具备相当雄厚的军事经济力量，但仍然还面临着强大的敌人——元军。北方广大地区为元政府控制着，其军队数量拥有数十万，经济力量也不容忽视，若不及时消灭，待其喘息过来进行反扑，前途便未可知。远见卓识的朱元璋当然不会给敌人以喘息机会，在消灭了几支重要南方割据力量后，他又不失时机地组织军队北伐。

1367 年前后，北方的元军在农民起义军的打击下，形成了三大军事集团：一派以孛罗帖木儿、老的沙、秃坚帖木儿为首；一派以扩廓帖木儿、搠思监、朴不花为首；一派以张良弼、李思齐为首。各派为争权夺利，互相火并。

善于审时度势的朱元璋认为，元军互相混战，北伐时机成熟了。"庚申，召诸将议北征，太祖曰：'山东则王宣反侧，河南则扩廓跋扈，关陇则李思齐、张思道枭张猜忌，元祚将亡……'"（《明史·太祖本纪》卷一）于是朱元璋决定北伐。

◇非凡的北伐方略

北伐大计已定，采取什么样的策略是一个极为重要的问题。此时，元军经过红巾军的打击以及本身的火并，其实力已大大削弱，但他们毕竟占据着半壁江山，拥有众多人口和无数坚固的城池。如果北伐策略不当，要完成目标，达到倒元目的就会遇到极大困难。朱元璋不愧为卓越的军事家、战略家，在北伐前对作战方略进行了认真思索，最后制定了"团结一切可以团结的力量，最大限度地孤立顽抗分子"的北伐方略。

首先，高举民族斗争的旗帜，广泛争取北方汉族人民群众、汉族士大夫的支持。元朝统治者在全国实行民族压迫政策，将全国人民分成四等，汉族被列为最低等。这种民族高压政策使广大汉族群众对元朝统治者充满了仇恨，汉族地主、士大夫也对元朝统治者充满着不满情绪。朱元璋对这一点看得十分清楚。他高举反元的旗帜，号召广大北方汉族群众、士大夫积极参加反元斗争，在其北伐檄文中写道："驱逐胡虏，恢复中华，立纲陈纪，救济斯民。""救生民于涂炭，复汉官之威仪。"他明确地指出："北伐的目的是重新确立汉族的统治地位，恢复汉民族的礼仪文化。"

为了使百姓支持义军，朱元璋还重申军纪："汝等师过，非必略地攻城而已，要在削平祸乱，以安生民。凡遇战则战，若所经之处及城下之日，勿妄杀人，勿夺民财，勿毁民居，勿废农具，勿杀耕牛，勿掠人子女，民间或有遗弃孤幼在营，父母亲戚来求者即还之。"（《明太祖实录》卷二十六）

其次，拉拢争取蒙古军队，减少抵抗力量。北伐的目的是要推翻蒙古贵族的统治，恢复汉民族统治地位，蒙古军队是北伐要扫除的对象。但朱元璋并不是个狭隘的民族主义者，北伐也不是要杀绝所有蒙古人。为了争取蒙古人民的理解，减少反抗力量，朱元璋将斗争打击目标缩小到顽固的蒙古贵族、军人身上。其北伐檄文中言道："蒙古、色目，虽非华夏类，然同生天地之间，有能知礼义，愿为臣民者，与中夏之人抚养无异。""归我中华者永安于中华，背我者自窜于塞外。"（《明太祖实录》卷二十六）

北伐檄文分化了蒙古、色目贵族集团的抵抗力量，最大限度地争取了一切可争取的力量，赢得了北方广大人民群众的支持，产生了巨大的政治影响，充分体现了朱元璋高超的斗争策略。后来北伐进军如此顺利，与其正确的北伐策略有密切关系。

◇考究的进军路线

朱元璋不仅从战略上重视北伐方略，而且从战术上也认真研究了北伐进军路线。北伐策略决定后,他又与诸将认真讨论进军路线。大将常遇春认为:"以我百战之师,敌彼久逸之卒,直捣元都,破竹之势也。"他主张直接进取元都。高瞻远瞩的朱元璋不同意这一方案,他认为:"元建国百年,守备必固,悬军深入,饷不前,援军四集,危道也。"最佳作战方案是:"先取山东,撤其屏蔽,旋师河南,断其羽翼,拔潼关而守之,据其户槛……然后进兵元都。"(《明太祖实录》卷二十六)也就是说,先肃清外围守敌,等到"天下形势入我掌握""彼势孤援绝"之时,一举夺取元都。可见,这是一个极为稳健的方案。

按照这个方案,徐达、常遇春先取山东。吴元年(1367)十月,二将率二十五万大军由淮入河。十一月,击败王宣守军,占领沂州。接着先后攻克益都、寿光、临淄、昌东、高苑、潍州、眩州、博兴等地。十二月,进攻济南,守将瞻同脱因帖木儿逃走,其余部将投降。济南克服后,山东其他郡县先后附降,先取山东的目标实现了。

就在北伐部队顺利进军的同时,朱元璋在群臣推拥下,于1368年正月初四,即皇帝位,定国号为大明,建元洪武,以应天(今南京)为京师。

洪武元年(1368)三月,已克山东的徐达又"旋师河南",率舟师由郓城渡黄河,围攻河南重镇汴梁。元军守将左君弼、竹昌降。四月,徐达率师攻洛阳,在洛水北面大败元军。接着,荥阳、福昌、许州、陈州、汝州先后被攻克,前后仅三个月,河南即被平定。

元都两翼已拔,朱元璋着手会攻大都。取大都前,徐达令康茂才、冯国胜率部进取陕西,二将迅速越过崤函,占据潼关,使西北之敌不能东进。

洪武元年(1368)七月,朱元璋亲到汴梁,大会诸将,组织对元都的进攻。随后,徐达、常遇春率大军北上,连克彰德、磁州、广平、临青,于七月十七日进驻通州。元顺帝闻得朱元璋大军已到大都城下,于二十八日夜带后妃从居庸关逃往上都。八月三日,朱元璋大军进占大都,统治中国九十多年的元朝至此灭亡。

第二章

CHAPTER2

治国安邦策

历代开国君主打下江山后，都面临着巩固皇权、加强统治的问题。为了使家天下得以传之万世，各代开国君主都绞尽脑汁，思索出了一系列维系皇位的办法。朱元璋为了使自己的皇位稳如磐石，使朱明江山延之万世，制定实施了不少治国安邦的妙策。

多方把握强皇权

朱元璋在广泛吸取历代加强皇权的经验基础上，实施了独特的军政之策。这些军政之策有不少是空前绝后的，它们为明朝政治的稳定发挥了重要作用。

◇ 废相撤省揽大权

皇帝拥有至高无上的权威，宰相是一人之下、万人之上的权臣。二者间为了权力常发生矛盾。正因为相权对皇权有极大威胁，历代帝王为巩固皇权都想方设法，限制相权。汉武帝为了限制丞相权力，亲自过问一切政务，令九卿不通过丞相直接向他参事，同时，大力选拔中下层官员作为高级侍从，重用尚书、中书、侍中，以他们组成"中朝"，作为实际决策机关，架空丞相。这样以丞相为首的"外朝"权力被严重削弱，成为一般执行机关。东汉光武帝刘秀，为了限制三公权力，置司隶校尉督察三公，同时扩大尚书台权力，解除三公对政务的直接管理。唐代，完善三省六部制，三省长官都是宰相。为限制宰相权力，三省长官不全部设置。后来，又规定五品以上职官如加衔"同中书门下平章事"，便可成为宰相，三省长官若不加"同中书门下"名号，就不是宰相。宋代对宰相权力进行分割，设"参知政事"为副相，分享部分相权，同时以"枢密使"分取宰相的军政大权，以"三司使"分取宰相的财政大权。宰相剩下的权力便极为有限了。

朱元璋对于丞相对皇权的威胁有深刻的认识，他认为元亡原因之一是

"委任权臣，上下蒙蔽故也"。在比较了历史上限制相权的方法后，他认为这些办法虽然可以在一定程度上限制相权，但无法从根本上消除丞相对皇权的威胁，他说："设相之后，臣张君之威福，乱自秦起。宰相权重，指鹿为马。自秦以下，人人君天下者，皆不鉴秦设相之患，相从而命之，往往病及国君者，其故在擅专威福。"他实行了一种最有效的办法：撤销中书省，废除丞相。

朱元璋决定废相不是偶然的，它是明初政治关系运行的必然结果。明初，仿元制，在中央设立中书省，设左右两丞相。当时，全国尚未统一，右丞相徐达长期领兵在外，左丞相李善长年老谨慎，做事小心翼翼，皇权与相权矛盾不大。

胡惟庸为丞相后，这种局面发生了根本变化。洪武四年（1371）初，李善长致仕。六月，胡惟庸继为左丞相。胡仗自己是开国元勋李善长的亲戚，独断专行，结党营私。"生杀黜陟，或不奏径行。内外诸司上封事，必先取阅，害己者，辄匿不以闻。四方躁进之徒及功臣武夫失职者，争走其门，馈遗金帛、名马、玩好，不可胜数。"（《明史·胡惟庸传》卷三百八）在胡周围，形成了一个官僚集团。这个集团主要人物大多是朱元璋起兵过程中吸收的元军降将降官、汉族地主武装头目及一些封建士大夫，由于他们多是淮西人，人称"淮西集团"。

淮西派势力的扩张，必然会损害其他官僚的利益。以刘基、徐达为首的浙东集团对淮西派的专横跋扈十分不满，随着时间的推移，双方矛盾逐步公开化。

在两派斗争中，淮西派显示出咄咄逼人的态势。开国第一功臣徐达向朱元璋报告了胡惟庸所做的不法之事，胡知晓后，设计害徐达，险些得手。刘基因为说过胡惟庸不宜入相的话，被胡借故革职，最后被毒死。在打击了浙东派主要头目之后，胡党气焰日益嚣张。胡"僭用黄罗帐幔，绘以金龙凤纹"。（《明太祖实录》卷二百四十三）"其定远旧宅井中，忽生石笋，出水数尺，谀者争引符瑞，又言其祖父三世冢上，皆夜有火光烛天，惟庸益喜自负，有异谋矣。"（《明史·胡惟庸传》卷三百八）对于这一切，朱元璋已有所闻，他之所以没有动手，是在等待时机。

　　胡惟庸的放纵，终于惹出祸来。洪武十二年（1379）九月，占城来贡，胡惟庸、汪广洋等藏匿贡物不奏，被太监发现。朱元璋知晓后，下令"查办大臣，尽囚诸臣，穷诘主者"。不久，汪广洋被处死。朱元璋又以汪广洋纳没官妇为妾，下令查胡惟庸及六部属官之罪。洪武十三年（1380）正月，有人向朱元璋告发胡惟庸谋反，朱元璋旋即下令逮捕胡，并以"擅权枉法"罪将胡惟庸处死。

　　处死胡惟庸后，朱元璋下令废丞相及中书省，并宣布："今后有敢奏言立中书丞相者斩。"秦汉以来沿行一千多年的丞相制度，隋唐以来沿袭七百多年的三省制度从此被废除。皇权与相权的矛盾彻底解决了，皇帝的权力达到无以复加的地步。

　　明太祖朱元璋鉴于历史上相权过大、制约皇权的教训，采取"斩草除根"的办法，从根本上废除丞相，使影响皇权的相权彻底消失，这对加强皇权确实作用不小。但是影响皇权的因素是多样的，丞相影响皇权问题解决后，但又带来了其他问题。丞相被废，皇帝精力有限，不得不成立一个机要秘书处来协助。这个秘书处，就是"内阁"。内阁虽依附于皇权，但又对皇权有一定的制约作用。渐渐地，原来的相权又转移到内阁中去了。铁腕阁臣擅权便可能出现，这对皇权同样不利。可见，废相废省，得失参半。

◇架空地方实中央

　　地方权重，威胁中央，是造成国家不稳定的重要因素。元代在地方设行中书省，置平章政事一人，总揽一地军政、民政和财政大权。行中书省长官平章政事权力极大，在本省范围内有生杀予夺的权力。正是由于这一点，元末红巾军起义后，各地长官拥兵自重，不服中央，成为割据一隅的军阀。朱元璋十分清楚这种行政体制的弊端，决定削弱地方官的权力。

　　洪武九年（1376），朱元璋下令废除行中书省。他将行中书省改为承宣布政使司，置左右布政使各一人，其职权为掌管一地之财政、民政，"朝廷有德泽、禁令，承流宣播，以下于有司。"（《明史·职官志四》卷七十五）与此同时，置提刑按察使司、都指挥使司。提刑按察使司长官为按察使，其职责是管一地之司法及监察，都指挥使司的长官为指挥使，其权限为管一地之军政。这样一来，原来行中书省权力就被一分为三了。

一个地区同时立三司，分权鼎立，互相牵制，其决策、号令统归中央，遇事则分别向中央上奏。这样，便从根本上消除了地方拥兵自重的可能性，大大加强了中央对地方的垂直领导。因此，明代从未发生过地方拥兵叛乱的事件，这和废行中书省置三司的举措有很大关系。

◇ 三军集权一人手

"枪杆子里面出政权"，此乃古今通理。帝王能否有效地控制军队是其实现集权的关键。放牛娃出身的朱元璋之所以成为君主，完全是靠拥有一支军队。成为皇帝后，他自然不会放松对军队的控制。

为防武人专政，各朝都有自己的法宝。唐代实行府兵制，军队平时分散于全国各地。府兵的训练、统领由卫府官负责，但调兵权为兵部掌管。战争时，中央从各地调集军队，混合编制，临时委派出征将领。战争结束，则"兵散于府，将归于朝"（《新唐书·兵志》卷五十），将帅与士兵只是暂时组合，这有利于防止武人专权。宋代，禁军不设最高统帅，将禁军两司分成"三衙"，用一些资历较浅的军人任三衙长官。同时，将军队统率权和调遣权分开，三衙统率军队，而调动军队权则归枢密院。另外，还实行"更戍法"，军队常调动，而将领不调动，使得"兵无常帅，帅无常师"，有效地防止了武人跋扈局面的出现。

朱元璋在吸取唐、宋两代军队管理经验基础上，实行"军卫法"，即实行卫所制度和五军都督府制，以此来加强对全国军队的控制。

卫所制度早在朱元璋为吴王时就开始试行。为惩元制旧弊，朱元璋下令"革诸将袭元旧制枢密平章、元帅、总管、万户诸官号，而覆其所部五千人为指挥，千人为千户，百人为百户，五十人为总旗，十人为小旗"。建立明朝后，在吸取唐代府兵制基础上，朱元璋完善了卫所制度。其具体办法是在全国范围内，每郡设所，数郡设卫，以五千六百人为一卫，其长官为指挥使，每卫管十个千户所；以一千一百二十人为一千户所，长官为千户，管十个百户所；以一百一十二人为一百户所，长官为百户，每百户管总旗二，小旗十。卫所军队平时屯驻各地，从事农耕。卫所军官负责管理军队的操练、屯田，但不能调兵。一旦遇警需调军队时，由兵部调兵，委派总兵官统领。战事结束后，则军队回归原地，统兵官回朝。

五军都督府制是对大都督府制的变革。明代初年，中央除设有兵部外，还设有大都督府，其长官为都督，都督权力很大，"节制中外诸军事"。为了保险，朱元璋任命其侄儿朱文正为都督。尽管是亲侄儿任都督，朱元璋还是很不放心。都督权力太大，是对皇权的巨大威胁。洪武十三年（1380），胡惟庸案发后，朱元璋在废中书丞相的同时，下令废大都督府，设中、左、右、前、后五军都督府，将原来大都督府权力分成五部分。全国军队由五军都督府分领。五军都督府职责是掌管军籍，训练、统领军队，但不能调动军队。军队的调动，军官的任免升调，军令的发布，军队的训练，皆由兵部负责。但兵部不能统领军队，不能指挥军队作战。遇有战事，由皇帝下诏任命统军将领，兵部颁发调兵命令，都督长官奉命率部出征。战事一旦结束，总兵官归还将印，军队各回原来的卫所屯耕。

从军卫法的内容可以看出，朱元璋将军队分交多个机构进行管理，各机构间互相牵制，任何单独部门都不能使用军队。这样便从制度上防止了个人、部门对军队的控制，使军权集中于皇帝一人手上。

明朝军卫法实施以后，取得了良好效果。终明之世，没发生武将拥兵叛乱之事。

◇斩除功臣绝后患

极端君主专制的最大特点是皇帝不相信任何人。农民出身的朱元璋，由于其文化素养不高，猜忌心极强。成为皇帝后，为了安全可靠，他整日理政，事无巨细，亲自过问。为此，他写诗言道："百僚未起朕先起，百僚已睡朕未睡。不如江南富足翁，日高丈五犹拥被。"同时，他总想着有人会篡位夺权。明初一些官员的不法行为，使他更坚信自己的看法。为了警诫百官，他一方面杀戮功臣，另一方面制定严酷刑法，震慑官吏。

开国君主在打天下时，最为需要的是人才。因此，他们想方设法招揽人才。一旦夺得天下，他们便会千方百计地杀戮功臣。疑心极重的朱元璋也不例外。他效法西汉高祖刘邦的手段，采取斩草除根的办法对功臣大肆杀戮，彻底消除心腹之患。

胡惟庸案发后，朱元璋认为，文臣武将之所以胆大妄为，是因为他们自恃功高，不打击他们的气焰，势必影响皇权，而且会动摇朱家江山。因此，朱元璋便借胡案大杀功臣，先后处死一万五千多人。

太子朱标对于父亲滥杀功臣很不理解，进谏道："父皇诛夷太滥，恐伤和气。"当时，朱元璋默不作声。第二天上朝，朱元璋令人将一根带棘的铁棒放在朱标面前，要他拿起。朱标面有难色。朱元璋笑道："朕令汝执杖，汝以为杖上有刺，怕伤汝手，若得棘刺除去，就可无虞。朕今所戮诸臣，便是为汝除棘，汝难道不明朕意么？"朱标听后默不作声。借胡惟庸案处决功臣只是初开杀戒，事情还远远没有结束。

定远人蓝玉，系明大将常遇春表弟。在朱元璋起兵过程中，蓝玉是朱元璋麾下一员足智多谋、英勇善战的爱将。他"临敌勇敢，所战皆捷"，为朱元璋平定天下建立了卓越功勋。明开国后，他被封为大将军。洪武初年，蓝玉参加了一系列对北元的反击战，"数总大军，多立功"。洪武二十一年（1388），蓝玉率十五万大军征漠北，大获全胜，一直打到捕鱼儿海。为此，朱元璋封他为凉国公。

蓝玉显赫的战功，威震明廷。徐达、常遇春死后，他成为军中最有威望的武将。随着地位的升高，蓝玉滋长了骄横跋扈的习气，他日益无法无天，我行我素，"浸骄蹇自恣，多蓄庄奴、假子，乘势暴横。尝占东昌民田，御史按问，玉怒，逐御史。北征还，夜扣喜峰关。关吏不时纳，纵兵毁关入。"另外，蓝玉还"在军擅黜陟将校，进止自专"。"西征还，命为太子太傅。玉不乐居宋、颖两公下，曰：'我不堪太师耶！'"（《明史·蓝玉传》卷一百三十二）蓝玉的恣行妄为引起了朱元璋的注意，铲除蓝玉只是时间早晚的问题。

洪武二十六年（1393），锦衣卫指挥蒋瓛告发蓝玉谋反。朱元璋立即下令缉拿蓝玉，并将其党羽鹤庆侯张翼、舳舻侯朱寿、景川侯曹震、东莞伯何荣、吏部尚书詹徽、户部侍郎傅友文等一同逮捕。不久后，以谋反罪将蓝玉及党羽一同处死。

为了打击权臣，震慑官吏，朱元璋又以"蓝党"罪名，将与蓝玉有往来的人一一缉拿处斩，先后共有一万五千多人被处死，"列侯以下坐党夷灭者不可胜数"。随后，朱元璋又将颍国公傅友德、宋国公冯胜赐死。经过这次诛杀，"元功宿将相继尽矣"。

朱元璋大杀功臣，铲除"功高震主"的文臣武将，对于巩固皇位确有作用，但有丰富经验的重臣被一一剪灭，又使朝廷失去了有才干的官吏，使后来的皇位继承者失去了得力的辅佐大臣，以致燕王朱棣起兵后，朝廷竟派不出一员得力的大将来，从而导致建文帝的失败。

◇杀一儆百慑百官

大兴党狱，目的是剪除对皇权威胁极大的功臣宿将。对于那些无显赫功勋、权位普通的官吏们，朱元璋也没有放松警戒。对于贪赃枉法、言行不轨的普通官吏，朱元璋同样严惩不贷。空印案、郭桓案就是明显例子。

农民出身的朱元璋，对于贪官污吏深恶痛绝，他认为，贪污不仅会影响朝廷正常收入，败坏吏治，而且还会惹怒百姓，导致官逼民反。因此朱元璋登基后，就告诫官吏须清正廉洁，并规定，"凡贪钞六十两以上者，剥皮并枭首示众"。洪武八年（1375），朱元璋发现，每年地方衙门派计吏到户部核算钱粮时，都带有盖着官印的空白文册，如吏部驳其钱谷数字不清时，便重新填写。朱元璋认为此中必有诈，下令将户部有关官员和地方衙门主印长官一律处死，史称"空印案"。洪武十七年（1384），户部侍郎郭桓勾结浙西地方官，侵吞税粮。此事被告发后，朱元璋下令将郭桓等数百人逮杀，将与此有牵连的数万人下狱致死。

在对不法官吏进行打击的同时，为了使官吏能够清正廉洁，朱元璋制定了一系列法规：

一是制定了《授职到任须知》，对地方官吏的职权范围、办事项目、办事程序、办事方法做了详细具体规定。

二是亲制《责任条例》，颁行各地，要求各地"刻而悬之，永为遵守"，其目的在于澄清吏治，"惩吏职之弗称"。

三是定"南北更调用人之法"，本地官员不得在原籍任官。

四是制定榜文，申明官吏职守及惩戒办法。朱元璋制定的榜文很多，据庞嵩《南京刑部志》所载，计有刑部十九榜，都察院十榜，工部五榜等，共四十五榜。这些榜文一般用木板做成，有些用铁板制成，悬挂于各部衙门及府、州、县衙内，时常提醒官员牢记职责，遵守法规。

统一全国安边关

　　明朝建立之初，虽然全国大部分地区已为朱元璋所控制，但割据势力遍布四周，中国并未统一。当时，东北地区为元丞相纳哈出控制，他率二十万大军屯驻在金山一线；西北地区的秦、晋、关陇地区在地主武装控制之下，拥有相当的军事力量；元顺帝虽然已逃亡，但其在漠北上都又组建了政权，保存着完整的政府机构和一定规模的军队；四川则由明升的"大夏政权"主宰着；而西南边陲云南还在元梁王和"土酋"段氏手中。若不及时控制上述地区，消灭割据势力，新生的朱明王朝将受到严重威胁。因此，立即进行统一战争，控制全国，安定边疆成为朱元璋的当务之急。

　　如何进行统一战争？应当采取何种策略完成国家统一？明代君臣经过认真思考，制订了这样的策略：首先解决蒙古问题，集中主要力量打击元朝残存势力，巩固北部边疆；在保证北方用兵的前提下，逐步消灭南方割据势力。

　　朱明王朝的上述统一策略是在冷静地分析了当时形势情况下提出的。元朝虽已灭亡，但元顺帝还在，颠沛流离的顺帝对塞北孤苦贫乏的生活十分不满，时刻都在想武力返京，过从前的都市豪华生活。史载："汗（元顺帝）居应昌，常郁郁不乐，作歌曰：'失我大都兮，冬无宁处。失我上都兮，夏无以逭暑。惟予狂惑兮，招此大侮。堕坏先业兮，获罪二祖。死而加我恶谥兮，予妥欢帖睦尔奚辞以拒。'歌声甚哀，继之以泣，至今蒙兀人尚能按之。"（《蒙兀儿史记·妥欢帖睦尔本纪》卷十七）由此可见，元顺帝抱有强烈的复国意愿。另外，散居东北、西北的元朝实力派拥有相当势力，他们控制的地域远远超过南方各割据势力的地盘。并且，以铁骑为主的游牧民族，军事力量很强，在历次与中原农耕民族作战中都占据上风。虽然他们此时已遭沉重打击，但时过不久，他们又会重新组织起强大的军队，南下劫掠势所必然。正因如此，朱元璋决定以打击蒙古贵族为主，实行先北后南战略，这是一个明智的选择。

◇刚柔相济御蒙古

在确立了以蒙古贵族为打击重点、安定北部边疆战略后，朱元璋便开始考虑对蒙古的具体战略。

起初，朱元璋认为，蒙古贵族还拥有相当强的军事力量，要求得北疆安宁，必须消灭其有生力量。因此，他采取了主动出击的办法，与元军残部作战。

在西北地区，朱元璋在徐达攻克元大都后，就令他率师西征秦、晋地区。当时在山西防守的是元将扩廓帖木儿的军队。扩廓帖木儿闻徐达率大军取太原，便"率兵出雁门关，由保安州（今河北涿鹿县）经居庸关以攻北平"，企图用围魏救赵之策解太原之围。而徐达并未理会，率军直抵太原，并于扩廓回救太原途中突袭扩廓军，扩廓大败。

在进军西北的同时，朱元璋在北方战线上也发兵猛攻元军。

洪武二年（1369）六月，常遇春、李文忠率十万大军北征沙漠，明军经过三河、惠州，于锦川击败元将江文靖部，到达全宁时，与元丞相也速部交锋，缴获甚多。接着明军乘胜围大兴州，大败元军，擒获丞相脱火赤。随后，明军攻开平，元顺帝见难以固守，率部北奔，明军俘房元宗室亲王庆生、平章鼎住，同时俘获元将士万余人，车万辆，马三千匹，牛五万头。此次用兵，明军取得重大胜利，一举攻下开平，元顺帝被赶往应昌，元军有生力量受到了沉重打击。

洪武三年（1370）正月，朱元璋命徐达为征房大将军，李文忠、邓愈、冯胜、汤和为副将军，分两路征沙漠。西路军由徐达率领，其进军路线为"自潼关出西安、捣定西，以取王保保"。东路军由李文忠率领，进军路线为"出居庸，入沙漠，以追元主"。同年四月，西路军出安定，于沈儿峪口大败王保保，擒元郯王、文济王及国公阊思孝、平章韩扎儿等将官一千八百六十五人、士兵八万四千五百人，缴获马匹一万四千八百余匹。王保保率少数随从逃奔和林。李文忠率领的东路军，出野狐岭，至开平，破应昌，俘获元主孙买的里八剌并后、妃、宫人、诸王、省院鞑官、士卒等。元太子爱猷识理达腊奔和林旧都。这次用兵，明军取得了重大胜利，不仅消灭了大量元军，而且使元朝残余势力从应昌、定西一线北撤。明朝的北部边疆因此比较稳固，为明朝政府抽出力量对四川、云南用兵创造了条件。

洪武五年（1372）正月，朱元璋又命徐达为大将军，李文忠、冯胜为左、右副将军，率十五万大军北征沙漠。这次明军分三路进击。徐达率中路军于同年二月出雁门关，至野马川击败蒙古兵。五月，徐达大军进至岭北，与扩廓帖木儿、贺宗哲军交锋，明军战败，死亡数万人，徐达只得退兵守要塞，最后才悄悄撤退。冯胜率领的西路军一路顺利，洪武五年（1372）五月到达甘肃，围攻亦集乃路（今内蒙古额济纳旗），元军守将卜颜帖木儿投降，随后，冯胜率部进至瓜州、沙州。东路李文忠部从应昌出发，一路攻克口温、哈剌莽、胪朐河，一直打到称海（今蒙古国西南部）才回师。此次出征，东西两路大军取得了胜利，但也有不小损失。仅东路军就有宣宁侯曹良臣、骁骑左卫指挥使周显、振武卫指挥同知常荣、神策卫指挥张耀战死。作为主力的中路军更是受到重大损失，死伤数万人。因此，明军回师后，朝廷"赏罚俱不行"。

经过明初几次用兵后，朱元璋感到，要彻底平定蒙古，此时还难以办到。于是便改变了原先的进攻战略，采取以防御为主、军事打击为辅的战略。洪武五年以后，朱元璋令北方军队于边镇修城池，筑要塞，建立北方防线，平时加紧练兵，同时屯田开垦。洪武六年（1373）正月，朱元璋便命徐达、李文忠到北部边镇练兵，他对徐达等人说："山西、北平紧靠蒙古，没有战事时，正好可以整顿军队，练习战阵，修筑城池，巩固边镇。"对于蒙古兵骚扰，朱元璋主张"来则御之，去则勿追，斯为上策。若专务穷兵，朕所不取，卿等慎之"（《明太祖实录》卷七十八），即是说，对于前来进犯的蒙古兵，只需将其赶走即可。

朱元璋由进攻为主转到以防御为主，这种战略的转变是极为明智的。因为，尽管当时明军实力总体上超过蒙古军，但明开国不久，百废待兴，如果一味用兵，势必耗费大量人力、物力、财力，不仅军事上难以达到目的，而且会影响到国内经济建设，影响到社会的安定。进行垦荒、修水利、治河、治漕需要大量投资，而当时国力有限，减少军事开支十分必要。

为了减轻蒙古军队对边境的压力，朱元璋在军事自卫的同时，还采取分化瓦解的办法，录用蒙古上层人物，孤立少数贵族。朱元璋占领大都后，一再重申"蒙古诸色人等，皆吾赤子，果有材能，一体擢用"。（《明太祖实录》卷五十一）对于蒙古贵族北遁后留下来的一般蒙古人，明朝政府将他们有的安排在南京附近，有的则被安排到荆州、黄州、常德、岳州、沅州、武昌等地。他们和当地汉人通婚，一起从事耕作。对于蒙古军人，明政府"简其壮勇者为驾前先锋"，或"分补侍卫"，有的被授予"蒙古卫所百户、镇抚"等官职。对于蒙古上层人物，明朝政府竭力加以争取，委以官职。如洪武六年（1373），任命答禄舆权为秦王府纪善，后来升为监察御史。洪武九年（1376），"以火你赤为翰林蒙古编修，更其姓名曰霍庄"，另外，明朝政府还任命乃儿不花、阿鲁帖木儿等为指挥使。

明朝这种招抚之策发挥了重大作用。例如，当脱古思帖木儿为其手下也速迭儿杀死后，知院捏怯来、丞相失烈门便投降了明朝。洪武二十年（1387），冯胜、蓝玉征讨金山蒙古军队时，由于放还原来俘虏的元将乃剌吾，乃剌吾说服了全国公观童来降，纳哈出最后也率二十万之众降明。

明建国之初，割据势力尚存，在众多影响统治稳定的因素中，以蒙古力量最为强大，朱元璋选准蒙古为首要解决的对象是很有见地的。

针对蒙古力量颇强而明朝新建、经济力量薄弱、百废待兴的实情，朱元璋对蒙古实施以防御为主、辅之以招抚通贡的方式与之周旋，这种策略是明智的，并收到了实效，东北纳哈出的臣服、西北通贡互市都说明了这一点。后世人们评述明太祖对蒙古政策时，颇有微词，说太祖之策失去拓展精神，没有进取意识，这些都是不了解明初实情之纸上谈兵，失之允当。

◇ 分进合击取四川

洪武三年（1370），明朝对蒙古用兵取得了重大胜利，明朝北部边疆得到巩固，朱元璋决定乘此机会进军四川。

洪武四年（1371），朱元璋发兵进军四川。明军分南北两路对四川进行攻击。南路军以汤和、周德兴、廖永忠为帅，率领京师卫军，及荆、湘一带水师，由瞿塘峡逆江进兵重庆。北路军以傅友德、顾时、何文辉为将，率领河南、陕西步兵及骑兵，由陕西攻成都。为配合南、北两路大军进兵，朱元璋令邓愈到襄阳训练军马，为大军运送粮饷。

此时，四川夏政权由明升掌管。明升系明玉珍之子。明玉珍原籍湖北随州，元末农民起义时，他与乡中父老聚众数千人，屯驻青山。后来，率众加入徐寿辉部。徐授明玉珍为元帅，归属倪文俊麾下，令其镇守沔阳。明玉珍作战勇敢，有计谋，镇守沔阳时，常率部驾船出没川峡间，劫掠元军粮草，屡屡得手。后来，明玉珍乘四川元军力量空虚，袭取重庆，攻占成都，徐寿辉便授他为陇蜀行省右丞。陈友谅杀徐寿辉后，明玉珍便断绝同陈友谅的联系，自立为陇蜀王。元至正二十二年（1362），明玉珍称帝，建都于重庆，国号夏，建元天统。五年后，明玉珍病逝，其子明升即位。

面对朱元璋两路大军压境，夏君臣主张不一，有人主降，有人主战。左丞戴寿认为降明为上策，他说："以王保保、李思齐之强，犹莫能与明抗，况吾蜀乎！一旦有惊，计安出？"太尉吴友仁认为："不然，吾蜀襟山带江，非中原比，莫若外交好而内修备。"（《明史·明玉珍传》卷一百二十三）明升采纳了吴友仁的意见，一方面和朱元璋通使修好，另一方面派平章莫仁寿以铁索横断瞿塘峡口。当南路明军临近瞿塘峡之时，明升又增派大将戴寿、吴友仁、邹兴率大军到瞿塘峡扼守。洪武四年（1371）闰三月，汤和、周德兴大军抵达大溪口，进兵瞿塘。等候已久的夏政权将士以逸待劳，顺江攻击，明军失利，退还归州，南路军进兵受阻。

北路军进军则极为顺利，主将傅友德于洪武四年（1371）四月连下阶州（今甘肃陇南武都区）、文州（今甘肃文县），迅速南下蜀中，不久又攻克江油、彰明、绵州，向汉州（今四川广汉）进发。北路军占广汉后，为了声援南路军，同时瓦解夏人斗志，用"木牌数千"，将攻克阶州、文州、绵州日期写在上面，然后投入江中。木牌顺江而下，重庆的夏军将士见后，军心动摇。

镇守瞿塘的夏军将士闻阶州、文州被明军攻克，便率军来救，但都被明军击败。

此时，汤和所率南路军又多次向瞿塘发起攻击，但均未得手，南路明军便屯军大溪口，希望等到长江潮落时再进军。朱元璋见北路军接连告捷，便责令南路军加紧进攻，配合北路军行动。水师首领廖永忠思得一计，挑选数百精兵抬小舟翻山越岭，绕过瞿塘，到达瞿塘守军上游，然后乘舟而下，与大溪口明军夹击瞿塘夏军。夏军被上游出现的明军搞得晕头转向，不敌明军，弃瞿塘而逃。明军乘胜攻取夔州。南路明军占据夔州后，兵分两路，汤和率骑兵，廖永忠率水师会攻重庆。同年六月十八日，廖永忠水师抵达铜锣峡，距重庆只咫尺之遥。明升大惧，右丞刘仁劝明升奔成都，明升母彭氏说："事势如此，纵往成都，不过延旦夕命，何益，不如早降。"（《国初群雄事略》卷五）二十二日，汤和至重庆，明升投降。北路大军见南路军攻取重庆，遂加快南下。七月，傅友德率大军抵成都，成都守将戴寿闻重庆已降，兵无斗志，"籍府库仓廪"，率部属出降。接着，明军又攻取四川其他州县，四川遂为明朝掌握。

◇出奇制胜平云南

明军平定四川后，朱元璋决计解决云南问题。

此时，云南大部分地区为元梁王把匝剌瓦尔密所统治。大理一带则为"土酋"段氏所控制。元朝灭亡后，盘踞云南的梁王仍奉元朝为正朔，服从退居沙漠的元朝残余势力的命令，并不断派人前去联络。大理段氏虽名义上属元朝，实际上处于独立状态，为争夺地盘，段氏与梁王之间不时发生争战。

云南地处边陲，战略地位十分重要，朱元璋对解决云南问题十分重视。考虑到云南遥处边境，山重水复，军事进攻不易的实际，他最初想用和平方式争取云南归附。

洪武五年（1372）正月，朱元璋派遣翰林院待制王祎前去云南招谕，希望梁王归附明朝。梁王不从，斩杀王祎。面对招抚失败，朱元璋并不灰心。

洪武八年（1375）九月，朱元璋又令湖广行省参政吴云率二十多人出使云南，招降梁王。吴云一行走到沙塘口时，被梁王军队阻滞，吴云又被杀害。朱元璋见和平方式难以实现云南归附，便决计以武力征讨。

洪武十四年（1381）九月，朱元璋令傅友德、蓝玉、沐英率师出征云南。出征前，朱元璋向诸将介绍了进兵策略。"取之之计，当自永宁（今四川叙永县），先遣骁将别率一军以向乌撒，大军继自辰、沅以入普定，分据要害，乃进兵曲靖。曲靖，云南之襟喉，彼必并力于此，以抗我师。审察形势，出奇制胜，正在于此。既下曲靖，三将军以一人提兵向乌撒，应永宁之师，大军直捣云南。使此牵制，彼疲于奔命，破之必矣。云南既克，宜分兵径趋大理，先声已振，势将瓦解。其余部落，可遣使诏谕，不烦兵而下也。"（《明史纪事本末·太祖平滇》卷十二）

这里，朱元璋明确提出：以一路军马从永宁进取乌撒，主力军马由普定进兵曲靖，攻下曲靖后，派一支部队进军乌撒，协助从永宁出发的军队合攻乌撒，其他人马进军昆明。这是一种分进合击的战术。目的是分散敌人兵力，各个击破。

朱元璋这一战略是深思熟虑后才作出的。他在进兵云南之前，仔细观察研究了云南地图，并向熟悉云南情况的人了解情况，对云南的山川地理形势了解得十分清楚。实践证明这种战略是十分正确的。

傅友德大军到达湖广后，即按朱元璋部署，兵分北、东两路进取云南：北路军由都督郭英、胡海洋率领，约五万人，由永宁直取川黔滇交界地乌撒；东路军由自己与蓝玉、沐英率领，由湖广西进，从辰州、沅陵入贵州，进攻普定、普安等地。两路主力部队进展神速，不日拿下普定。梁王听说普定已被明军攻克，十分惊慌，急忙派遣司徒平章达里麻率精兵十万，增援曲靖，希望在曲靖击败明军。

洪武十四年（1381）十二月，傅友德率大军到达曲靖，与梁王部队大战数十日，在白石江明军击溃梁王达里麻部，乘胜占领曲靖。曲靖为云南东部门户，这里四通八达，明军占领曲靖后，云南襟喉被扼住了。遵照朱元璋部署，明军占领曲靖后，又兵分两路：一路由蓝玉、沐英率领，直趋昆明；一路由傅友德自己率领，前往乌撒，接应郭英、胡海洋部。

在昆明的梁王闻得明大军直取云南心腹，便逃入罗佐山，随后又逃到普宁州的忽纳寨，在草舍中自焚而死。蓝玉、沐英部进驻昆明。同时，傅友德、郭英部也攻下乌撒。乌撒被攻克后，云南东部的东川（今云南会泽）、乌蒙（今云南昭通）、芒部（今云南镇雄）望风归附。

平定了梁王之后，明军又合兵进取大理。洪武十五年（1382）闰三月，明军攻下大理，"擒段明，分兵取鹤庆，略丽江，破石门关，下金齿，由是车里平缅等咸降，诸夷悉平。"（《国榷》卷七）至此，云南全境被平定。

明廷平定云南后，在云南设立了云南都指挥使司和云南布政使司，管理当地军政事务。为了加强对云南的控制，朱元璋在其军事要冲地带建立卫所，屯守防御。为防范少数民族的反抗，稳定云南社会秩序，傅友德、蓝玉等征滇大军继续留在云南，直到洪武十七年（1384）才班师回朝，而沐英则一直镇守云南。沐英死后，沐氏子孙世代承袭，镇守云南，直至明亡。

◇招降纳叛得东北

元朝建立后，设置辽阳行中书省（简称辽阳行省），管理东北广大地区。明朝建立时，东北地区为蒙古贵族所控制，辽阳行省平章刘益占据辽东广大地区，元将纳哈出拥兵金山（今辽宁开原）。为了早日平定东北，明建国不久，朱元璋即派员往辽东进行招谕。

洪武四年（1371），明廷派人到辽阳行省，劝平章刘益归附。刘益以"辽东州郡地图并籍其钱粮兵马之数"（《明太祖实录》卷六十一）降明，明朝立即设立辽东卫指挥使司，以刘益为指挥同知。洪武八年（1375）改为辽东都指挥使司（简称辽东都司），下设二十五卫。辽东都司建立后，原来元朝派驻当地官吏纷纷降明。洪武十五年（1382）二月，"故元鲸海千户速哥帖木儿、木答哈千户完者帖木儿、牙兰千户皂化，自女真来归"。一年后，"故元海西右丞阿鲁灰，遣人至辽东，愿内附"。这样，除金山地区外，东北地区原来元朝官吏都已归附明朝。

盘踞金山的纳哈出拥有二十万军队，凭借这支力量，常引兵深入辽阳、辽东地区，向明军及其归附部队进攻。洪武初年，朱元璋将主要精力用于对付北方元顺帝的残余势力，对东北的纳哈出部采取守势。等到明军稳固北方，并攻克四川、云南后，朱元璋便着手解决东北问题。

洪武二十年（1387）正月，朱元璋令冯胜为征虏大将军，傅友德、蓝玉为左、右副将军，率二十万之众征讨纳哈出。三月，明军到达松亭关外，为保证战争胜利，冯胜命将士筑大宁（今内蒙古宁城西）、宽河（今河北宽城）、会州（今河北平泉）、富峪（今河北平泉之北）四座城池，留兵五万守大宁，自领大军直趋金山。六月，明军完成了对金山的东西包围。纳哈出见孤军无援，便投降明朝，二十万元军归附明朝，元朝在东北地区的残余势力被彻底铲除，东北地区为明朝政府所控制。

民为邦本多体恤

常言道："水能载舟，亦能覆舟。"在起兵过程中，朱元璋由于实行了许多安民、保民政策，赢得了众多农民支持，他的队伍从而最终由一支弱旅而成为强大的王师。大明建国后，为了巩固皇权，使朱家天下万世承传，朱元璋除采取多种手段，防范外戚、宦官、大臣结党营私、干预朝政外，对广大的黎民百姓的管理也丝毫没有忽视。为了继续得到广大民众的支持，使他们不与朱明王朝作对，朱元璋在吸取前朝经验教训的基础上，实行了一系列符合农民利益的政策。

◇轻徭薄赋广垦田

明初，由于长期的战乱，许多地区土地荒芜，"居民鲜少"。如昔日繁华的扬州，这时"城中居民仅剩十八家"。（《明太祖实录》卷五）战争破坏最为严重的山东、河南，不少地区"多是无人之地""道路皆榛塞，人烟断绝"。具有雄才大略的朱元璋深知："民富则亲，民贫则离，民之贫富，国家休戚系焉。"（《明太祖实录》卷一七六）百姓境遇的好坏是治乱安危的关键，而要百姓有好光景，必须轻徭薄赋。为此，朱元璋宣布：无地人民五年不征赋。

为了使荒芜的耕地尽快得以垦种，朱元璋宣布奖励垦荒。洪武三年（1370）宣布，北方郡县荒芜田地召乡民无田者垦辟，户给十五亩，又给蔬菜地两亩，有余力者，不限顷亩，"皆免三年租税"。（《明太祖实录》卷五十三）凡无主荒地，准许百姓自种，并承认其土地所有权。洪武六年（1373）八月，"令州郡人民先因兵燹遗下田土，他人开垦成熟者，听为己业。"（《续文献通考·田赋二》卷二）为了鼓励农民多开荒地，洪武二十八年（1395）朱元璋发布诏令："凡二十七年以后新垦田地，不论多寡，俱不起科。"（《明太祖实录》卷二百四十三）

除允许农民自由垦荒外，明朝政府还移民屯田。洪武三年（1370）六月，徙苏州、松江、嘉兴、湖州、杭州无业农民四千多人到濠州垦田，其种子、耕牛、农具由官府提供，且三年不征赋。洪武四年（1371），迁徙北平山后之民三万五千八百户、一万九千七百零二十七口到卫府垦荒。洪武七年（1374），移江南民十四万户到凤阳垦种。这种移民垦荒政策在整个洪武年间都在进行。

除实施民屯外，朱元璋还组织军队屯田。军屯以卫所为单位进行，每军屯田一分（分为计量单位，一分多少不一，有二十、三十、五十、七十、一百亩不等），军屯所需种子、耕牛、农具由政府提供。洪武年间军屯数量不下六七十万顷，达到了朱元璋提出的"吾京师养兵百万，要全不费百姓一粒米"的目标。

商屯是屯田的又一种形式。为了解决边军粮饷不足问题，洪武三年（1370），山西行省建言，允许商人运粮到大同仓和太原仓，分别用米谷一石和一石二斗，提取两淮"盐引"一小引（二百斤），然后凭引到指定盐场领盐进行销售。商人觉得，与其从南方长途运粮到北方，辗转辛劳，不如就地招民开垦荒田，将所得粮食交纳仓库，商屯于是兴起。

经过多种形式的垦荒活动，全国耕地面积大量增加，从洪武元年（1368）到洪武十三年（1380），全国新垦土地达一百八十多万顷。到洪武末年，全国耕地总数达八百五十多万顷，超过历史上任何时期的耕地数。

◇兴修水利植桑麻

水利对农业生产影响很大，要恢复发展生产，使小农经济得以发展，必须兴修水利工程。朱元璋对兴修水利十分重视，要求各地组织力量进行水利建设。洪武元年（1368），修江南和州铜城堰闸，溉"周回二百余里"。洪武四年（1371）修广西灵渠，"为陡渠者三十六""溉田万顷"。洪武八年（1375），浚陕西泾阳洪渠堰，灌溉田地二百余里。洪武二十八年（1395），全国府县共开堰塘四万零九百八十七处，浚河四千一百六十二处，修陂渠堤岸五千零四十八处。

为了促进经济作物的发展，明太祖鼓励种植经济作物。规定，农民有田五至十亩者，种麻、桑、木棉各半亩，十亩以上加倍，田多者照此比例递增。种桑者，免征税四年。不种桑者，交绢一匹，不种麻、棉者，分别交麻布、棉布各一匹。为了鼓励农民多种经济作物，洪武二十八年（1395），明太祖宣布：自洪武二十六年（1393）后，山东、河南农民新种桑枣果树，一律不征收赋税。此外，明政府还要求地方官员教民植棉法，以求增加产量。

第
三
章

CHAPTER3

靖难夺嫡

嫡长子继承制是中国封建宗法制度的根本思想，也是汉族封建王朝皇位继承的一般原则。朱棣系朱元璋第四子，当然没有皇位继承权，因此，当朱元璋封长子朱标为太子时，朱棣只能被封为藩王。朱棣最后成为皇帝，其帝位当然是从其侄儿建文帝手中抢来的。在礼法森严的封建社会，非法夺位会受到群起攻之，并且以一隅之兵马同全国"正义"之师较量，无疑是凶多吉少，想要成功更是难上加难。是以汉代吴楚七国之乱不久，即被击溃，唐代安禄山、史思明叛乱也很快以失败而告终。可藩王朱棣却硬是将统辖全国的侄儿皇帝拉下了马，其中自然有许多个中缘由，但有一点可以肯定：朱棣拥有超人的胆识、非凡的谋略。正是依靠这种胆识、谋略，朱棣成为帝王，并且在登基后，在文治武功、内政外交方面取得了骄人的成就，把朱元璋开辟的事业向前推进了一大步，朱明王朝的二百七十多年基业因此奠定。

少年老成寓大志

元至正二十年（1360）四月十七日，朱元璋庶妻硕氏在应天城内生下一男婴。据说婴儿降生前后，"云气满室，光彩五色，照映宫闼，连日不散"。喜得贵子，在中国人看来是一件值得庆贺的事。新生儿带给朱元璋的当然有笑语，但更多的是忧郁。因为此时，雄踞两湖的陈友谅率百万之众顺江杀来。为了应敌，朱元璋来不及给儿子取名字就上前线去了。

至正二十七年（1367）十二月二十五日，即将大业告成的吴王朱元璋祀告太庙，随即给出生的七个儿子取了名字，七年前出生的第四子取名为朱棣。

善于总结治乱教训的朱元璋认为，元朝皇室衰微及纷争与太子不立有关，因此，在其登基之时，就封长子朱标为太子，希望诸子能够维护太子的权威，彼此和睦相处，使朱氏江山万年长久。与此同时，朱元璋认为要巩固朱氏江山，必须封藩王，屏障皇室，他说：

> 元失其驭，群雄并起，四方鼎沸，民遭涂炭。……朕躬率师旅，以靖大难，皇天眷佑，海宇宁谧。然天下之大，必树藩屏，上卫国家，下安生民。今诸子既长，宜各有爵，分镇诸国。朕非私其子，乃遵古先哲王之制，为久安长治之计。（《明会要·册封皇子》卷十三）

对于封藩，朝中一些大臣心存异议，但慑于朱元璋的威望，又不敢表示反对。封藩之事便决定下来了。

洪武三年（1370）四月初三，朱元璋向群臣宣布封藩决定：

> 朕荷天地百神之灵，祖宗之福，起自布衣，艰难创业……功成治
> 定，以应正统。考诸古昔帝王，既有天下，子居嫡长者，必正位储贰。
> 若其众子，则皆分茅胙土，封以王爵，盖明长幼之分，固内外之势者。
> 朕今有子十人，前岁已立长子为皇太子。爰以今岁四月初七日，封第二
> 子为秦王，第三子为晋王，第四子为燕王，第五子为吴王，第六子为楚
> 王，第七子为齐王，第八子为潭王，第九子为赵王，第十子为鲁王，侄
> 孙为靖江王，皆授以册宝，设置相傅官属。凡诸礼典，已有定制。於
> 戏！众建藩辅，所以广磐石之安；大封土疆，所以眷亲友之厚，古今通
> 谊，朕何敢私？尚赖中外臣邻，相与维持，弼成政化。故兹诏示，咸使
> 闻知。（《拟封建诸王诏》，《明经世文编》卷四）

四月初七，隆重的封藩仪式在奉天殿举行。各皇子依次进入殿内接受册
封。朱棣第三个走到殿前，读册官在旁宣读册文："昔君天下者，必建屏翰。
然居位受福，国于一方，并简在帝心。第四子棣，今命尔为燕王，永镇北
平，岂易事哉？朕起农民，与群雄并驱，艰苦百端，志在奉天地、享神祇。
张皇师旅，伐罪吊民，时刻弗怠，以成大业。今尔有国，当恪敬守礼，祀其
宗社山川，谨兵卫，恤下民，必尽其道。体朕训言，尚其慎之。"（《明会要》
卷十三）就这样，朱棣的燕王生活开始了。十六岁时他娶徐氏为妻，二十一
岁移藩北平。

作为庶出的第四子，朱棣没有希望成为皇帝，对于权力欲极强的他来
说，这是极大的痛苦。因为他认为，自己是诸王中最出类拔萃的。太子朱标
虽然有长者之风，但书生气太重，处事柔弱；秦王朱樉为诸藩之长，却寡德
失行，朱元璋对他也不抱希望；晋王朱棢虽然英武聪明、颇多智慧，但他天
性狂骄、肆无忌惮，朱元璋对他很不放心；其他藩王或较朱棣年幼或是其侄
儿辈，实力有限，朱棣自然不会将他们放在眼里。因此，尽管朱标此时已是
皇位法定继承人，但朱棣并不死心，他时刻觊觎着皇位。为达目的，他事事
小心，力图将一切都做得圆满，以期能取悦父皇，使父皇改变主意。

洪武九年（1376），曹国公李文忠奉令在北平督建燕王府。朱棣认为，这是一个取悦父皇的机会，他致书李文忠道："所有宫殿（指元大都旧宫），相度可存者存，若无用者拆去，须要停当。"一贯提倡节俭的朱元璋闻知此事后，十分高兴。

洪武十五年（1382）八月十日，马皇后病故。燕王朱棣同其他几个就藩在外的亲王先后赶到京师。朱元璋钟爱马氏，决定不再立皇后。为了表达自己的孝敬之心，离京回藩前，朱棣和几个亲王请求朱元璋选派高僧，随他们回藩国，为已故母后诵经祈福。这很合朱元璋心意。一位法名道衍的高僧被安排给朱棣，此人就是后来为朱棣登基出谋划策的姚广孝。

蓝玉是坐镇北方、征讨元军的将军。这位武将为了扩大自己在北方的权势，极力讨好燕王，他亲到燕王府将出征俘获的名马送给朱棣。朱棣认为蓝玉为一介武夫，不仅难以驾驭，而且往往会败坏大事，不愿意与他交往。他对蓝玉说："这些俘获的名马，尚未进献朝廷，我若接受下来，岂不是对父皇不孝吗？"朱元璋得知此事后十分高兴。舍小利取信于皇上，朱棣在这一点上做得很明智。

洪武二十三年（1390），朱棣又一次获得了表现自己才能的机会。此时，北元太尉乃儿不花率军南下，朱元璋下令晋王朱棡、燕王朱棣分路率师北征。朱棣想在这次北征中建功立业，取悦父皇。三月初二，朱棣率师出古北口，一望无际的沙丘使人感到茫然，部队走了很久，仍不见一个人影。朱棣觉得这样下去不是办法，便召集诸将言道："我与将军们受命出征，但却不知敌人踪影。他们既无城郭居止，塞外之地又是如此广阔无垠。我们必须有耳目，方能做到出师制胜。"他当即选派精壮骑士四处侦察，终于获悉乃儿不花屯兵于迤都的情报。朱棣随即令大军直趋迤都。

三月的塞外，春寒料峭，大地一片银光，严寒的天气使明军感到极不习惯，许多人有畏缩情绪，而朱棣认为这是歼灭敌人的良机，他勉励将士说："天气如此恶劣，敌人必不料我至，乘雪速行，正可出奇制胜。"随即加速前进，迅速赶到迤都，将敌人包围。朱棣采取军事威慑与主动劝降相结合的办法，使乃儿不花降服，第一次出征便取得成功。

朱元璋接到捷报又惊又喜。他原以为此次出征，晋王朱棡取胜的可能性更大，故出征前，朱元璋派人给晋王运钞一百万锭。但结果晋王却未见敌影，不战而还。朱棣的成功令朱元璋感到有些意外，同时也使他更为喜悦，他对群臣言道："扫清沙漠的是燕王，我从此再无北顾之忧了。"随即派人运赏钞一百万锭给朱棣。朱棣通过自己的才能，进一步提高了自己在父皇心中的地位。

由此不难看出，朱棣在被封为燕王后，通过放弃小利、投其所好、出奇制胜等形式，恰到好处地展现了自己的长处和能力，扩大了自己在朝中的影响，在部下面前树立了威信。尽管朱棣的努力没有使朱元璋改变皇位的继承人，但这一切对以后朱棣靖难战争的胜利以及登基后有效地治国安邦产生了积极影响。

装疯卖傻掩真相

洪武三十一年（1398）闰五月初十，七十一岁的朱元璋去世。皇太孙朱允炆承袭帝位，是为建文帝。

建文帝朱允炆系太子朱标长子，性情与其父一样，优柔寡断，仁慈有余，果敢不足。对于朱允炆的柔弱，朱元璋生前已有所察，称他为"半边月"。有一次，朱元璋令朱棣和朱允炆对对联。朱元璋的上联是：风吹马尾千条线。朱允炆对为：雨打羊毛一片毡。而朱棣的对联却是：日照龙鳞万点金。从中可见朱允炆的仁柔，朱棣的阳刚。

在朱允炆被封为皇太孙后，朱元璋与他多次讨论到封藩问题。朱元璋认为，封藩为正确之举，"我以御虏防患之事付之诸王，可使边尘不动，给你个太平皇帝做。"但朱允炆却忧心忡忡地答道："虏不靖，诸王御之；诸王不靖，孰能御之？"朱元璋沉默良久，无言以对。

其实，洪武晚年，藩王中拉帮结派、网络势力的势头已经显露。大批功臣先前被杀戮，而诸王军权日重。对此朱元璋也有所察觉。为监控诸王，他派心腹巡查北方，但他还没来得及采取措施就去世了。朱允炆坐上皇帝宝座后，便开始处理棘手的藩王问题。

早在为皇太孙时，朱允炆就为藩王之事请教过伴读师黄子澄，朱允炆问："诸王是我的尊属，各拥重兵，所作所为多不法，你看祖父百年之后，我应该如何办才好呢？"黄答道："此事不难处置。诸王府的护卫军士，仅足自守，而朝廷军队，犬牙相制。倘若诸王有变，只需临之以六师，谁能抵挡？汉朝七国并非不强，最终还是灭亡，这便是以大制小、以强制弱的道理。"

时下要解决藩王问题，朱允炆自然又找到了黄子澄。黄子澄与兵部尚书齐泰商量削藩办法。齐泰提出，先剪灭强藩燕王，后去弱藩。黄子澄不同意，认为应从弱藩下手，"周、齐、湘、代、岷诸王，在先帝时就多有不法之事，削之有名。""今欲问罪，宜先周。周王，燕之母弟也，削周是剪燕手足也。"（《明史·黄子澄传》卷一四一）朱允炆同意"削燕手足"方案，他于建文元年（1399）三月宣布周王朱橚有罪，"废为庶人，徙云南"。随后在不到一年时间内将湘王朱柏逼迫自尽，齐王朱榑禁锢京师，代王朱桂幽禁大同，岷王朱楩流放漳州。对于燕王朱棣，一方面派人加以监控，调工部侍郎张昺为北平左布政使，谢贵、张信掌北平都指挥使司，暗中派人侦察，监视燕王朱棣的行动；另一方面借口"北边有寇警，以防边为名，遣将戍开平，悉调燕藩护卫兵出塞，去其羽翼"。

有着丰富政治经验的朱棣对建文帝的削藩举措并不感到突然。自从朱元璋去世后，他就秘密派人到南京打听情况，通过买通宦官，刺探朝廷消息。当得到削夺周王的敕书后，他深知建文帝的用意在于削夺自己，于是便致书建文帝，为周王求情，认为"周王并无反迹"，依祖训不该夺爵。与此同时，朱棣急切地与谋臣姚广孝商量对策。姚广孝向朱棣言道：

> 主上（朱允炆）猜间宗室，侵渔齐藩，所戮辱囚首隶士伍，盖五王矣。虽未及燕，燕可觊幸免耶？大王先帝所最爱也，又仁明英武，得士卒心，主上所最忌也。夫燕，胜国之遗，而北方雄镇也。其民习弓马，地饶枣栗，悉雄蓟属。郡之材官良家子，彀甲可三十万，粟支十年。大王护卫精兵，投石超距者，又不下一二万。鼓行定山东，略淮南，此势若建瓴而下，谁为抗御？大王即不，南机或先发，欲高卧得耶？且旦暮匹夫耳。臣窃谓大王卜之心，与臣卜亡异。（《名卿绩纪·姚广孝传》卷三）

很显然，姚广孝建议朱棣早日起兵。燕王决定采纳他的建议，便着手布置，以勾补逃军为名，暗自广招兵马，练习战阵。姚广孝亲率卫士在燕王府深挖地穴，建造重屋，周围筑以高墙厚壁，派工匠日夜打造兵器。为了不让人发觉，姚广孝令人在造兵器的房屋四周养大群鹅鸭，以鹅鸭的叫噪声掩盖打造军器的声响。

老谋深算的朱棣深知，要进行战前的军事准备需要时间，为了争取时间，他想出了装疯卖傻的妙计。

朱棣让人对外宣称自己患了癫疯之疾。平日说话颠三倒四、神不守舍，他常出没于北平街头，满头乱发，衣不蔽体，暴饮暴食。看见别人吃饭，便冲上前去，夺人食物，乱呼乱叫。有时醉倒于巷角的水沟中，长时不起。

朱棣患病的消息传到京城，建文帝将信将疑，决定派北平布政使张昺、北平都指挥使谢贵前往探视。朱棣闻知二人即将前来，便定下应对之策。时值盛夏，炎热无比，当张、谢二人进入朱棣住宅时，只见他身披裘皮大衣，坐在炽热的炭火旁，全身战战兢兢，连呼天冷。当佣人送来药要他喝时，他故意胡乱抓碗，将碗打破，药泼得满地皆是。对张、谢二人，他胡言乱语了一通。二人见状，将所见情形报告给了建文帝。建文帝信以为真，放松了对他的警戒。

朱棣装病，还有换回儿子的目的。早先，朱元璋去世时，按祖训藩王不得进京吊唁，朱棣只得派自己三个儿子进京。葬礼结束后，朱允炆采纳谋臣建议，将燕王三个儿子留了下来。朱棣为了不让自己三个儿子作为人质，便借口病重，请求建文帝让其三子归府探视。朱棣的这个试探性请求有很深的含义：若能获准，则父子团圆，将来起兵便无可顾忌；如不被获准，则借机责怪朝廷，为起兵找口实。

建文帝接到朱棣的上书后，拿不定主意，找齐泰、黄子澄商量，齐泰认为不能同意朱棣的请求，应立即收捕朱棣三子做人质，以牵制朱棣。但黄子澄却认为此举不妥，收其三子，等于授之以柄，使其发难有名，不如纵其子以归，以示不疑，方可乘其懈怠不备而袭取之。建文帝同意了黄的主张。朱棣妙计得逞。

正所谓："宁伪作不知不为，不伪作假知妄为。静不露机，云雷屯也。"（《三十六计·假痴不癫》）朱棣深知与朝廷的战争不可避免，为了争得时间，他成功地运用了"假痴不癫"计，打消了朝廷对他的怀疑，不仅使朝廷放归了他的三个儿子，而且使自己有较多时间进行战前准备，这为后来靖难战争的胜利奠定了基础。长时间佯装疯癫，对于任何一个正常人来说都不容易做到，这需要极大的毅力。对于过惯了藩王生活的朱棣来说，更为困难，而他能够忍受这一切，说明他不仅有高超的计谋，而且有坚忍不拔的意志，具有非凡政治家的品格。

借用祖训起事

尽管燕王朱棣处处小心翼翼，但还是走漏了风声。燕王府长史葛诚向朝廷告密，说燕王大举招兵买马，有不轨之迹。

齐泰、黄子澄闻报，立即向建文帝建言："燕王谋反昭然若揭，陛下必须趁早下手。"柔弱的建文帝回答道："我即位不久，已接连削藩，如今再夺燕王，该如何向天下解释呢？"齐、黄答道："先发者制人，后发者为人所制，陛下万万不要落得为人所制的境地。"但建文帝又言道："燕王足智多谋，善于用兵，如今虽称有病，恐怕仍难以对付。"经过二人反复劝说，建文帝鼓起了削燕的勇气，他随即采取一系列防范措施：调都督宋忠屯开平；命徐凯练兵临清，耿瓛练兵山海关；令永清左卫移驻彰德，永清右卫移驻德州；调燕王府护卫蒙古旗兵指挥观童入京师。建文帝要对朱棣下手了。

就在这时，京城内流唱起这样一首歌谣："莫逐燕，逐燕燕高飞，高飞入帝畿。"（《明史纪事本末·燕王起兵》卷十六）是警告，还是威吓？

建文元年（1399）六月，燕王护卫百户倪谅上书朝廷，告发燕王府校官于谅、周铎等人密谋造反。朝廷立即将二人斩首，并将朱棣训斥一番。

燕王府护卫百户邓庸上京办事，齐泰将其突然逮捕；在严刑逼供下，邓庸和盘托出了燕王举兵的准备情况。这时，建文帝才知道事态的严重性。他下令北平都指挥使张信伺机动手，剪除燕王。

张信接到圣谕后甚感恐惧，其母见儿子心事重重，便再三追问，得知原委后，对张信说道："此事万万不可为。你父在时，常言王气在燕，你不能胡为，免得招致灭门之祸。"听了母亲的话，张信始终不敢行动。在朝廷与燕王的斗争中，张信想置身事外已不可能，斟酌再三，他决定投向朱棣，于是便到燕王府告密。

燕王朱棣对关键时刻调至北平的张信存有戒心，听说张信来见，燕王称病不起。最后张信改乘妇人小轿才进入王府。见到朱棣后，张信直言道："我知道殿下没病，如今我奉有朝廷密旨，捉拿殿下。殿下果真无他意，请随我赴京。若另有主张，请不必隐瞒。"朱棣知道张信所说是实，便将真心想法说出，然后立即召见姚广孝等人，急定起兵之计。

就在张信向燕王告密的同时，张昺、谢贵则按照建文帝密令采取行动，他们调集卫卒入城，加强防务，准备不日缉拿朱棣。

七月六日，有人窃得张昺的密件，燕王朱棣知道情况后，急令亲信张玉、朱能率八百壮士入卫王府。朱棣向二人道："敌众我寡，怎么办？"朱能说："只需擒住为首者，余下敌众再多，也无能为力。"姚广孝也献计说："如今朝廷既遣内使逮捕王府官属，我们正可以将计就计，把王府属官名单开列，交付内使，请他召张昺、谢贵二人入府逮人。待其入府，只需缚一夫之力，便可大功告成。请藏壮士于端礼门内，伺机而发。"

张昺、谢贵二人见了官属名单，毫不怀疑地进入了燕王府，朱棣请他们坐下，仆人献上西瓜，朱棣对二人言道："这是新进的西瓜，请尝一尝。"说罢自己拿起一块西瓜，欲食又止。突然，朱棣大声说道："如今平民百姓、兄弟宗族之间，尚知相恤，我身为天子亲属，却不能保旦夕之命。事已至此，天下还有什么不可为？"随即将瓜掷在地上。这是先定好的暗号，埋伏的勇士见此暗号，便一拥而上，将二人绑住。这时，张昺、谢贵才知上当中计。随同张、谢前来的士兵见将帅迟迟不出，便引兵退去了。朱棣随即处斩了二人。

等到张昺、谢贵被杀的消息传出后，北平都指挥司中忠于朝廷的将士便攻打王府。早有准备的王府将士先发制人，经过一昼夜激战，全歼城内守军，整个北平城为朱棣所控制。

建文元年（1399）七月七日，燕王朱棣聚集将士，举行誓师大会，他慷慨言道：

　　我太祖高皇帝、孝慈高皇后嫡子，国家至亲。受封以来，惟知循法守分。今幼主嗣位，信任奸回，横起大祸，屠戮我家。我父皇母后创业艰难，封建诸子，藩屏天下，传续无穷。一旦残灭，皇天后土，实所共鉴。《祖训》云："朝无正臣，内有奸恶，必训兵讨之，以清君侧之恶。"今祸迫予躬，实欲求生，不得已也。义与奸恶不共戴天，必奉行天讨，以安社稷。天地神明，照鉴予心。（《奉天靖难记》卷一）

　　这里，朱棣以祖训中"朝无正臣，内有奸恶，必训兵讨之"为由，宣布起靖难兵，以清君侧。其实，这是对祖训的断章取义。朱元璋《祖训》的实际内容应是："如朝无正臣，内有奸恶，则亲王训兵待命，天子密诏诸王，统领镇兵讨平之。"朱棣之所以改变说法，是想师出有名罢了，这是不得已之计。

靖难岁月血与火

朱棣拉开反抗朝廷的"靖难"战争序幕以后，走上了一条艰难而冒险的道路，以区区一隅之众对付朝廷的百万之师，谁有取胜的把握？好在此时的朝廷是"秀才朝廷"，仁弱的建文帝任用的齐泰、黄子澄、方孝孺等人全是只会纸上谈兵的秀才。朱棣正好抓住朝廷的这一弱点，凭借其勇猛顽强的精神、坚忍不拔的意志，与朝廷军队斗智斗力，最终度过了四年艰难的岁月。

◇攻心为上取怀来

朱棣起兵伊始就控制了北平城，为自己建立了一个后方基地，这是一个好的开端，但其面临的形势却十分严峻。北平周围被朝廷军队驻守着，各路兵马闻燕王兵变，从四周杀来。针对这种情形，朱棣清楚地认识到，要打破危局，必须主动出击，剪除四周藩篱。他简单地在城内举行置官属、升将士仪式后，随即令世子朱高炽、谋士姚广孝、将军郭资留守城池，自己率大军南下破敌去了。

朱棣大军进展神速，不日便破通州、占蓟州、克遵化、下居庸关。屯驻开平的宋忠部是明廷在北平周围实力最强的部队，闻朱棣率军南下，宋忠急率部三万余人，移师怀来，企图挡住朱棣大军。

面对宋忠大军，燕军中有两种主张：一部分人认为敌强我弱，不宜硬拼，应坚守城池，以静制动，待敌人前来时相机歼灭他们；另一部分人主张主动出击。朱棣最后采纳了后种主张，他认为，固守虽然稳妥，但需要等待，而朝廷北伐大军朝夕可至，如不及时扫除北平外围的障碍，巩固后方，则无异于坐以待毙。为了鼓起将士的信心，朱棣言道："当以智胜，难以论力，论力则不足，智胜则有余。贼众新集，其心不一。宋忠轻躁寡谋，狠愎自用，乘其未定，击之必破。"（《奉天靖难记》卷一）七月十五日，朱棣率马步精锐八千人火速向怀来进发。

宋忠素知燕王朱棣深谋远虑，北军（燕王军队）作战勇猛，因此，他也想以智胜对手。他想到自己部众多是北平人时，心头便涌上一计。宋忠对士卒说道："燕王暴虐，各位弟兄的家眷老小多被朱棣杀害，许多人曝尸街头，大家一定要找燕王报仇。"士卒们以为宋忠所言是真，人人怒目圆睁，咬牙切齿，十分愤怒，他们决心拼死杀敌，以报仇雪恨。朱棣从俘获的士卒中闻知这一情况后，知道这是宋忠之计。他即刻令将帅召集宋军兵士家属，打着旗帜，列阵于军前。宋军士兵看到与己对阵的不是父辈，就是兄弟，彼此向人群呼喊亲人的名字，并说燕王给他们粮食、衣物，是个好人，劝他们不要作战。宋军士卒到此方明白是宋忠欺骗了他们，皆无战斗之心。这时，不知是谁喊道："我们不打了！"宋军士兵随即倒戈向燕，攻击宋忠。宋忠被这突来的变化惊呆了，不知如何是好。朱棣乘势率众掩杀过来，喊声震天，宋军迅速溃败。宋忠部将孙泰十分英勇，面对燕军左冲右突，击杀了许多燕兵，但无奈势单力薄，为燕军流矢所中，死于乱阵之中。宋忠则率部向怀来县城奔逃，但燕军紧追其后，宋忠刚入城，燕军随即赶到，两军遂在城内展开巷战，宋忠大军人心涣散，毫无斗志。燕军斩杀大量宋军，宋忠本人也被擒获，余部纷纷溃散。朝廷派往北平周围最强的一支军队就这样被消灭了。

《孙子兵法》上讲："古之善用兵者，能使敌人前后不相及，众寡不相恃，贵贱不相救，上下不相收，卒离而不集，兵合而不齐。"在怀来之战中，朱棣正是巧妙地利用了这种攻心计策，针对明军都督宋忠欲以讹言激怒士兵而将计就计，找来宋忠士卒亲人，揭穿宋忠谎言，并以父子之爱、手足之情，动摇了宋忠军心，取得了战斗的胜利。

攻取怀来后，朱棣又率师迎战进攻遵化的大宁军马，朱棣利用与大宁军首领陈亨的旧交关系，使他避战，同时又用"反间计"除掉大宁军勇将卜万，从而使大宁军马退回松亭关口。这样，北平四周的主要敌人已被消灭，朱棣摆脱了四面受敌的处境。此后他可以腾出手来对付朝廷的北伐之师了。

◇引蛇出洞夺真定

宋忠战败的消息传到朝廷，满朝文武无不震惊。寡断的建文帝这时才认识到事态的严重性。在与朝臣商议后，他做出北伐的决定。

谁为北伐统帅？这是令朝廷颇费心神的事。能征善战的老将在洪武朝已被杀尽，挑来挑去，最后挑出个年近古稀的长兴侯耿炳文来。

耿炳文，濠州人，其父从朱元璋起兵，累功至管军总管。其父战死后由耿炳文袭替父职。在元末群雄逐鹿中，耿炳文随朱元璋南征北战，驻守长兴达十年之久，屡败张士诚之师。明开国后，又多次从征北元，多建功勋。建文元年（1399），耿炳文年已六十五岁，在朝中无将的情况下，他只得又披甲上马了。

八月十二日，耿炳文率师号称三十万抵达真定。他令部将徐凯率部驻扎河间，潘忠率部驻守莫州，杨松率部屯驻雄县，自己率主力坐镇真定城。

面对朝廷的北伐大军，朱棣并不急于迎战，他命大将张玉赴耿炳文军营周围侦探情况。张玉乔装打扮，混入南军（朝廷军队），打听清楚后向朱棣汇报道："南师北来，军纪涣散。主将耿炳文年老气衰，前锋潘忠、杨松有勇无谋。我们欲通南下之途，可以先破潘杨之师。"朱棣听完，十分高兴，他决定采纳张玉之计，先打潘、杨。

燕军随即移师涿州，向雄县进发。大军乘夜色渡过白沟河，逼近雄县县城。时值中秋节，秋高气爽，皓月当空，雄县县城内张灯结彩，一派节日气象，守将杨松毫无戒备，令将士宰牛饮酒，欢度良宵。杨松本人也酒性甚浓，喝得大醉，对城外的一切毫无所知。朱棣对将士言道："今晚是中秋节，敌人麻痹大意，没有防备，我们应乘机消灭他们。"夜深人静之时，朱棣令几名猛士越墙入城，士卒入城后，随即杀死守卫，打开城门。燕军便蜂拥进城，向南军大开杀戒，杨松毫无准备，许多人还没明白事情原委就身首异处。杨松本人也被斩杀。没多久，九千多南军被击败，朱棣攻占了雄县县城。

　　占据雄县后，朱棣料想莫州守将潘忠闻知雄县被围，定会带兵来援，于是决定设伏打援。他令千户谭渊率兵千人偷渡月漾桥，在此设伏兵，一旦潘忠军过，即占据桥头，截断其归路。自己则率大军在雄县等候潘忠的到来。不出朱棣所料，潘忠接到雄县告急消息后，率部火速赶来，当他到达雄县城下时，只见朱棣坐立马上，众将成"一"字形排开，后面是威武的燕军。见此情形，潘忠军还未交锋就已胆寒。朱棣一声令下，燕军一齐杀向潘军。此时金鼓齐鸣，喊声震天，生龙活虎的燕军十分勇猛，潘忠军哪里抵挡得住！一会儿便被燕军杀退。当潘忠军退至月漾桥时，只见桥上军旗飞扬，谭渊率部立于桥上，潘忠见退路被截，更是惊慌。燕军两面夹击，南军死伤甚众，潘忠亦被擒获。

　　击败潘忠后，朱棣率师轻取莫州。

　　"乘人之不及，由不虞之道，攻其所不戒也。"（《孙子兵法·九地篇》）在南军压境的形势下，朱棣镇定自若，找到了敌人薄弱环节，用攻其不备、设伏歼敌之法，在一天内消灭三万敌人，攻下两座城池，拉开了真定会战的序幕。

　　八月二十四日，首战告捷的燕军向真定进发，到达距真定城仅十余里的无极时，朱棣令大军停住，召集诸将商议对策。多数将士认为要攻取真定，应先取新乐。占新乐后，据城扼守，与真定形成对垒之势，然后再伺机攻取真定。朱棣认为，这种主张是出于对南军实力强大的考虑，不是一个好计策，因为据一隅之地会消耗自己的锐气，到耿炳文以大军压境时，会极为不利。但多数将领赞成此方案，朱棣颇感为难。此时，主将张玉力排众议，主张应主动出击。他说："如今我军应直趋真定，敌军虽众，却是新集，又立足未稳。我以得胜之师，一鼓作气，定能克敌制胜。"张玉的主张与朱棣想法一致，朱棣言道："张玉所言，甚合我意，我只需靠他一人，便足以成事。"

　　朱棣率大军直趋真定城，行进途中，莫州降将张保向朱棣提供了朝廷军队的虚实情况：朝廷十分重视这次耿炳文挂帅北伐，飞檄调集各路军马，但事情进展并不顺当，应调三十万人，实到仅十三万人。十三万兵马中，除二三万驻雄县、莫州外，其余驻真定。真定城处滹沱河北岸，东为无极，东北为新乐，是北上必经之路，西近太行山余脉，可取道入晋，真定为南北要冲之地。耿炳文将真定军队分成两部分，夹河驻扎，相互声援，若一部遭到攻击，另一部则支援。

朱棣原想用偷袭战术攻真定，听完张保的话，决定改变战法，用"先声后实"之策对付这位用兵审慎的老将。随即令张保返回耿军，向耿炳文谎称自己是兵败被俘、趁守卒不留意而逃回来的，并要张保将雄县、莫州兵败，燕军往真定杀来的情形一一向耿炳文禀报。各位将领见主帅将真实计划告诉耿炳文，都极不理解，禁不住问道："大王率军疾趋真定城，目的是乘耿军不备而破之，怎么能够让张保据实报信呢？"朱棣笑答道："诸将不必担心，我自有办法，到时大家会明白的。"

张保按照朱棣的安排回真定城去了，朱棣率大军直趋真定城东门，在进城途中，燕军士卒抓获两名耿军运粮士兵，二人供道，耿炳文已在前几天将滹沱河南岸驻军全撤到北岸去了。朱棣即令张玉、谭渊、马云、朱能率部绕道至真定门西南，攻击南军，南军两座营房很快被攻破，耿炳文闻讯即率军杀出城来。就在耿军与张玉、谭渊部众厮杀之时，朱棣率部突然出现在耿炳文背后，面对突如其来的另一支燕军，耿军十分惊慌，燕军将士两面夹击，铁骑横冲直撞，杀得耿军人仰马翻，耿炳文见难以抵挡，便率部逃入真定城。

此战，南军死伤甚多，三千多人投降，朱棣取得了胜利。这时，他才向将士解释他们先前的疑问："诸将有所不知，此前我们不知道南军虚实，想用攻其不备之术进攻，但当知道耿炳文已有充分准备之后，便不能用此策了。张保归去后，若能为南军所用，可以成为我们的内应，如不为所用，则必定向耿炳文报告我们的实情。耿炳文鉴于我军势盛，必然将南、北两军合军一处，共同防御，这样我们可以不受两面攻击，反而可以将他们一并包围，这样才能一举破敌。这叫引蛇出洞，先声后实。"诸将听了他的解释都十分信服。

◇掩人耳目袭大宁

耿炳文北方战败的消息传到朝廷，建文帝十分不安。谋臣齐泰、黄子澄安慰道："胜败乃兵家常事，不足为虑。"并提出任用曹国公李景隆取代耿炳文为帅，再次调集军马，出师北伐。

李景隆系李文忠之子，少年"读书通典故"，但此人无真才实学、异想天开，朝中一帮文人却说他是个人才，说什么"前不遣长兴侯而用曹国公，必无此失"。建文帝对他也抱以很大的期望，除授给他代表大将军威仪的斧钺之外，还授予他"通天犀带"，准许他"一切便宜行事"。

建文元年（1399）九月十一日，李景隆率五十万大军北上到达河间，他一改耿炳文以守为攻、稳扎稳打的战术，采取主动出击之策，企图一举攻克北平。

朱棣闻朝廷用李景隆取代耿炳文十分高兴。他对诸将说道："李景隆寡谋骄横，不知用兵。""如今（朝廷）授之五十万众，无异于自坑。当年赵括纸上谈兵，四十万将士尽为秦国所坑杀。李九江（景隆）之才，尚远不及赵括，这次前来，定败无疑。"（《明太宗实录》卷四上）朱棣随即还指出了李景隆的五大败弊：

> 为将政令不修，纪律不整，上下异心，死生离志，一也；今北地早寒，南卒裘褐不足，披冒霜雪，手足皲瘃，甚者堕指，又士无赢粮，马无宿蒿，二也；不量险易，深入趋利，三也；贪而不治，智信不足，气盈而愎，仁勇俱无，威令不行，三军易挠，四也；部曲喧哗，金鼓无节，好谀喜佞，专任小人，五也。（《明太宗实录》卷四上）

朱棣在战略上藐视敌人，但在战术上却十分重视敌人。李景隆虽是骄兵悍将，但毕竟有五十万之众，要击败他，除应当主动出击、牵制对手外，还必须尽快扩充军队，壮大力量，于是朱棣想到了大宁的那些兵马。

大宁地处塞外，是明朝北方军事重镇，宁王朱权分封于此。驻守大宁的除步兵外，还有朵颜三卫突厥骑兵。朱棣认为如果能够袭取大宁，使三卫骑兵为己所用，则能改变自己与明廷军队的力量对比。而此时宁王虽未与自己合作，但对朝廷削藩心存不满，朱棣认为宁王的时下心态也有利于自己夺取三卫。

正当朱棣在思索应敌之策时，永平守将郭亮差人报告说，江阴侯吴高率辽东军马包围了永平城。永平为北平至辽东的要冲，但城防坚固，兵精粮足，一时不会陷落。可朱棣一接到报告，即告将士：北上救永平！此时，朱棣军中将士还不知道要攻打大宁，他们对朱棣不设法应付即将北上的李景隆大军以守护北平，而去救不足为虑的永平十分不解。朱棣为了保守秘密，不愿讲出袭取大宁的计划，只好含糊其辞地回答诸将："我师出援永平，北平所留将士，与李景隆对阵固然不足，但用来据城守御则有余。我若以全师守城，是自示弱于敌；兵出在外，变幻莫测，内外相为掎角，才能破敌制胜。此次师出，非仅专为解永平之围，还为促李景隆速来，吴高其人一向胆怯，闻我至，必定解围而走。则我不仅可解永平之围，还可败李景隆于回师之中。"听了朱棣的解释，将士疑惑稍解。

九月十九日，朱棣安排好北平城的防务后，率大军出援永平去了。二十五日，燕军达永平，吴高闻讯率围城部队撤走。朱棣用离间计，致书建文帝，言吴高与自己有旧，建文帝得书，便削去了吴高爵位。除掉吴高后，燕王朱棣率军突然转向大宁，此时，燕军将士才知道，这次行动原是要袭取大宁。朱棣对诸将言道："大宁城内皆由老弱病残将士把守，精锐之师皆守松亭关，我若进袭大宁得手，抚慰城内将士家眷，则松亭关将不战自降，取大宁，既可解辽东之敌攻我侧翼之忧，又能得三卫骑兵，使我兵力倍增，这对将来极为有利。北平城坚固，非一时半刻所能克，待我取了大宁，火速回师增援，北平之围自然可解。"众将士齐声言："善！"

十月六日，朱棣大军抵达大宁城下，朱棣决定采用"笑里藏刀"之计夺取城池。他派人送信给城内宁王，说要前来叙兄弟之情。朱棣进城后，见到宁王，二人十分亲热，朱棣拉着宁王的手言道："建文负我，北平被围，危在旦夕，请求兄弟救我。"宁王朱权一面劝慰朱棣，一面奏明朝廷，请求赦免燕王。就在二人叙旧之时，隐伏在大宁城外的朱棣士兵悄悄潜入城内，他们结交三卫士兵，联络感情。朱棣估计手下一切准备就绪，便起身告辞。宁王送燕王出城外，走不多远，早已埋伏好的燕王士卒突然跃起，捉住宁王，而宁王士卒此前大多为朱棣收买，见状袖手旁观。朱棣便向宁王讲朝廷削藩对彼此都不利的道理，宁王答应以大宁军马附从"靖难"。就这样，朱棣便兵不血刃地占据了大宁城。

　　掩人耳目是战将出奇制胜的常用办法。朱棣为了充实与朝廷军队作战时的力量，特别想得到大宁兵马。朱棣深知要明目进取十分困难，必须突袭才会奏效。为此，掩盖进取目标，抑制进攻意图非常重要，他向战士掩饰进攻目标，直到逼近目标，才和盘托出真正攻击对象，达到了掩人耳目之目的，最后成功地袭取了大宁，实现了最初的设想。

　　取大宁城后，朱棣与朱权商议收降驻守松亭关将士问题。守松亭关主将为刘贞，副将有陈亨、陈文。陈亨与朱棣有旧，朱棣令陈亨家奴赶回陈亨军中，要他归服自己，并伺机除掉刘贞。陈亨遂与陈文联络，二人于十一日突袭刘贞军营。刘贞毫无防范，慌乱中逃走，三卫士卒全部降燕。

◇ 虚实相间救北平

　　就在朱棣袭取大宁之时，北平城四周却是杀声震天。李景隆军分三部围攻北平城：一部围攻北平九门，一部攻打通州，一部屯兵郑村坝，以待朱棣回师。南门的战斗最为激烈，守将李让、梁明与南军展开争夺战，双方伤亡惨重。燕王妃徐氏见南门告急，率城中妇女助战，他们向南军掷抛石瓦，抵挡南军。彰义门前也是险象环生，南军勇将瞿能父子率部猛攻，但即将杀入城门时，李景隆怕二人得功，令他们停止攻城。守城士卒得以组织反击，并连夜以水泼城，第二天水结成冰，南军不能攀登。北平守将朱高炽为了减轻南军对城内的压力，夜晚派小队燕军出城偷袭李景隆军营，南军为求安宁，后退扎营。双方攻守战处于胶着状态。

　　朱棣闻知北平告急后，决计用"先声后实"之计解围。十月十八日与宁王朱权合师回救北平，二十一日大军到达松亭关。此后，他放慢进军速度，十一月五日渡过白河，向郑村坝行进。

　　朱棣采用的这种先快后慢的行进战术有深刻蕴意。火速率师入关，造成奔袭决战的声势，这样会减轻北平守军的军事压力。入关后又迟迟不进，迫使李景隆昼夜防备，在很长时间内不让其安宁。而长时间的防范，军队必然疲劳，待李景隆军转逸为劳时，自己军队却是缓慢进军，由劳为逸，这样便取得了主动。

十一月六日，朱棣认为发动进攻的时机到了，令将士进攻郑村坝南军，李景隆列阵迎击。燕军以朵颜三卫骑兵为先锋首先向南军发起冲击。李景隆失去骑兵主力，难以抵挡燕军铁骑，但李军仗着人多一次又一次组阵还击，从午时战至傍晚，南军损失惨重。李景隆见燕军强悍，对前景感到恐惧，深夜引兵南逃。朱棣便率大军进抵北平城下，与围攻九门的南军大战。南军将士在内外夹击下，大多投降。十一月九日，朱棣回到北平城。朝廷北伐的第二仗又以失利告终。

◇两强相争勇者胜

李景隆战败后，率残部逃到了德州，为了争得时间，重新组织力量，他致书朱棣，希望"罢战息兵"。朱棣深知这是南军的缓兵之计，在批驳来书的同时，积极做南下准备。

建文二年（1400）四月初一，李景隆率休整后的部队从德州北进，在白沟河与郭英、吴杰率领的另一支朝廷军队会师，他们想在这里迎击燕军。此时燕王朱棣也率师飞速南下。四月二十日，燕军渡过白马河，进抵苏家桥，与白沟河只数里之遥。一场大战即将开始。

四月二十四日，朱棣令大军由西北沿河前进。为防遭伏，他率百余骑到白沟河东岸，鸣炮虚张声势。朱棣见没有反应，即率师全部渡过河面。燕军刚过河登岸，却发现南军都督平安率万余骑兵严阵以待。面对这位骁将，朱棣不敢硬拼。他令数百骑佯装闯阵，诱对方出击，然后乘敌阵乱，率大军掩杀过去。果然平安率部与朱棣佯攻部队交上锋来。朱棣率部绕至平安背后突然杀向南军，平安腹背受敌，败走。

初战告捷的燕军继续南进，但眼前出现了李景隆、胡观、郭英、吴杰的数十万大军。朱棣仍令数百骑冲阵，但很快为对方强大队伍所吞没，朱棣只得率大队人马一齐冲杀过去，双方展开了激烈的攻杀，前面倒下了，后面的人又冲上去，双方从早晨杀到深夜。朱棣在冲杀中与大队脱离，身边仅剩下三骑相随，在茫茫夜色中迷失了方向，朱棣不敢乱闯，他在河边下马，最后凭着水流辨别方向，直到黎明才回到营地。

第二天，双方再度厮杀。李景隆将全军列成数十里长阵以待燕军，朱棣也列阵相迎。南军将领平安率部猛攻燕军后军房宽所部。燕军失利。与此同时，一支南军绕至燕军后面，突然进行攻击。朱棣见状，只身带一队人马迎击这支南军。面对强大的敌人，朱棣哪里抵挡得住，身边将士向他建议道："敌众我寡，难与之相持，请退就大军，合力抵御。"朱棣虽然也感到力不能支，但仍拒绝将士们的要求，对他们说道："我们在此阻击背后敌军，那边的将士们才能专心与敌人相拼，若我们退去，我们就陷入敌人夹击之中，敌众我寡，形势就更为不利了。"说罢又率师与敌苦斗，敌箭纷纷射来，朱棣战马被射中倒地，便换上坐骑再战，一连更换了三次战马，朱棣已是精疲力竭，他的一队人马被逼到河堤之下，身处绝境中的朱棣急中生智，他跃马登上河堤，举起鞭子，似招呼堤后士兵的样子，李景隆的追兵误以为堤后有伏兵，迟疑不前，朱棣乘机逃走，到南军明白过来时，朱棣儿子朱高煦率部赶到，他们合力杀退追兵，回到营地。

午后，双方又展开拼杀，南军仗着人多，首先向燕军进攻。南军将领瞿能高呼"灭燕"口号直扑过来，燕军在南军猛烈攻击下，渐处下风，就在这关键时刻，一阵狂风刮起，李景隆军中帅旗被吹断，南军将士失去了指挥，不知所措，攻势锐减。朱棣抓住时机，组织进攻，并命部分劲骑绕至敌阵后，乘风纵火。李景隆大营浓烟四起，南军一片慌乱，燕军如潮水般攻上，南军防线崩溃，燕军乘胜追击，李景隆南走德州。

白沟河之战，是靖难以来双方最为激烈的战斗，南军损失十多万人，并损失瞿能等多员勇将，朱棣大军也损失不小，但此战充分显示了燕军的战斗能力和坚韧精神，使南军对燕军产生了畏惧心理。白沟河战役后，燕军继续南下。五月九日，燕军占领德州，攻克南军北伐大本营，并获得大量辎重。燕军的优势从此奠定。

◇败中求取制胜术

击败李景隆北伐大军，可以说是消灭了最危险的敌人，但朱棣要走的路还很长，行进途中还会遇到许多阻碍。济南之战就是一例。

济南失利

李景隆德州败逃后，朱棣率大军直趋南下，五月十六日进抵济南城下，随即对其实施包围，想夺取城池。

固守济南城的是山东参政铁铉和都督盛庸。朱棣显然低估了城内的防御力量，他令人射降书入城，劝谕守将投降。谁知城内射出的回信要朱棣效法周公辅成王之故事，退兵罢战。朱棣劝降不成，恼羞成怒，扬言要堵塞河道，以水灌城。城内人们闻言十分惊慌，守城将士一片哭声，许多人主张出城投降。此时，守将铁铉对军民说道："大家不用怕，我自有破敌之策。"随后，他便令心腹出城向朱棣乞降。降书写道："奸臣不忠，使大王冒霜露，为社稷忧。谁非高皇帝子？谁非高皇帝臣民？其降也。然东海之民，不习兵革，见大军压境，不识大王安天下、子元元之意，或谓聚而歼之。请大王退师十里，单骑入城，臣等具壶浆而迎。"（《明史纪事本末·燕王起兵》卷十六）

"智者千虑，必有一失。"朱棣也竟然放松警惕，不辨真伪，相信了铁铉的话。

第二天，朱棣按照城内人要求，骑马率十多名护卫来到城边。朱棣跨过吊桥，直抵城下。但见城门洞开，无数军民在城内排列成两排，齐声高呼"万岁"。朱棣得意扬扬，催马入城。忽然，铁铉一声令下，悬在城门上的千斤铁板急剧落下，不偏不倚，正好砸到朱棣坐骑的马头，朱棣跌下马来，大惊失色，慌忙换马而逃。铁铉急令士兵拉起吊桥，以求截断朱棣退路，但吊桥太重，一时未能拉起，朱棣侥幸逃过吊桥，等铁铉率军杀出，朱棣已经逃远。

朱棣回到营中，对铁铉恨之入骨，令将士猛攻城池。守城士卒拼命抵拒，朱棣一时无法拿下。为了早日攻下城池，朱棣调集大炮轰击城墙。眼看就要破城了，这时铁铉令士兵将书有"太祖高皇帝之灵"的木板悬挂于城墙上，燕军见后，不敢再用炮轰了，朱棣对此也束手无策。与此同时，南军正向济南集结，平安率部向德州进发，企图切断燕军粮道。朱棣谋臣见情形不妙，对朱棣言道："师老矣，请暂还北平，以图后举。"朱棣接受建议，于八月十六日撤兵北归。

战沧州，鼓士气

济南战役朱棣不仅未能达到目的，反而损兵折将。战后，燕军将士士气低落，谋臣姚广孝写下一首感怀诗："八月中秋不玩月，九月九日不登山。可怜时节梦中过，谁对黄华有笑颜。"（《逃虚子诗集·九日感怀》卷九）诗中流露出沮丧的心情。

雄才大略的朱棣深知，济南失败并没有使自己实力根本受损，但将士们的沮丧情绪会给将来带来极大的不利，如果不及时改变现状，待下次与朝廷军队交锋时，后果不堪设想。而扭转局面的最好办法，莫过于尽快率师打一次胜仗，他将攻击目标放到了沧州。为了做到万无一失，他向将士掩饰了进取目标。

建文二年（1400）十月十五日，朱棣下令出师辽东。将士们对此都迷惑不解。主将张玉、朱能对朱棣言道："如今大敌当前，我们却劳师远征。辽地早寒，士卒不堪，此行恐非利。"朱棣屏退左右，答道："如今吴杰、平安守定州，盛庸守德州，徐凯、陶铭在沧州加固城防，欲结为掎角之势。德州、定州早已防守严密，只有沧州一处城防未竣，若攻其不备，则可取胜。我佯称征辽东，就是想趁其不备。失此良机，再取则难。"二人听后都点头称善。为防泄密，他们对部下仍称攻取辽东。沧州守将徐凯也信以为真，不做预防。

十月十九日，燕军抵达夏家店，两天后从直沽突然南下。部队改道南行后，不知底细的士卒说道："据闻昨夜有白气两道，自东北向西南，占卜的结果是'利南'之兆，故要改道南行。"

二十三日，燕军疾行三百里，二十五日清晨抵达沧州城下。这时燕军士兵才知道这次袭取的目标是沧州。

沧州守军毫无战斗准备，燕军到达时他们还在搬运土木，修筑城寨，在燕军突然攻击下，不知所措，没多久，燕军便歼灭了沧州守军。

东昌之败

沧州之战的胜利使燕军士气大振，同时朝廷方面失去了对燕军的掎角夹击之势。朱棣决定继续南下。

十二月初四，朱棣率大军渡黄河，抵达东昌，他要在这里同朝廷军队再次较量。朝廷大军在盛庸、铁铉率领下，迎接燕军的挑战。

二十五日，朱棣先发制人，率部向南军列阵猛冲，南军列阵突然向两边散开，待朱棣深入后，将列阵合拢，朱棣陷于南军包围之中。燕将朱能见势不好，忙率数百骑来救，但就在朱能要靠近南军时，盛庸令士卒向朱军发火器，不少燕军被烧伤，朱能被挡在阵外。燕将张玉见朱棣受围，拼命率部杀入敌阵，四处寻找朱棣。朱棣利用南军对付增援燕军之机，率部向西南方向死冲，最终突出包围圈，盛庸、铁铉率军追赶，直到天黑才收兵。

第二天，朱棣率部撤退，南军一路设伏击杀燕军。燕军撤至深州，又遭到南军平安、吴杰部的截杀，朱棣全力抵挡，才闯过此关。建文三年（1401）正月十六，燕军才回到北平。

东昌之战是燕王起兵以来最大的一次失败。朱棣失去了张玉等勇将，众多士兵为南军斩杀，骑兵在冲阵时为南军火器所伤。史载，东昌无功，"是役也，燕师精锐丧失几尽。"（《明史·盛庸传》卷一百四十四）此次的失利使朱棣认识到，要长驱南下，条件尚不成熟，要从根本上消灭朝廷军队需从长计议。

祭奠亡灵

东昌失败，使燕军士气受到很大影响，同时，燕军中也滋生着一种强烈的报复欲，若能充分利用，则可以变成巨大力量。朱棣接受谋臣姚广孝的建议：封赏有功将士，祭奠亡灵誓师。

在封赏仪式上，朱棣说道："师勤远征，忘却了战一次休整一次的经验，以至损兵折将，过在主帅，不在诸将。胜负乃兵家常事。"他随即宣布升燕山左护卫指挥使王真、燕山中护卫指挥使费瓛、指挥同知刘江、燕山右护卫指挥白义为北平都指挥佥事，其他有功人员也分别给予奖赏。

祭奠亡灵是朱棣更为注重的，他认为，这样做对死去的将士是一个纪念，对活着的将士是个安慰和鼓励。建文三年（1401）二月初九，隆重的祭奠仪式举行。朱棣亲读祭文："奸恶集兵，横加戕害，图危宗社。予不得已，起兵救祸，尔等皆摅忠秉义，誓同死生，以报我皇考之恩。今尔等奋力战斗，为我而死，吾恨不与偕，然岂爱此生，所以犹存视息者，以奸恶未除，大仇未报故也。不忍使宗社陵夷，令尔等愤悒于地下，兴言痛悼，迫切予心。"念到这里，他脱下身上战袍，投入火中，对众人大声说道："将士在予，情意深厚，予岂能忘？吾焚此以示同死生，死者有知，鉴予此意。"说着便放声大哭。众官兵及亡者家属见此情景都为之感动不已。他们言道："人生百年，终必有死，而得人主哭祭如此，夫复何憾？我等当努力，上报国家，下为死者雪冤。"（《奉天靖难记》卷三）当场不少人请求出征。奠灵誓师的目的达到了。

胜败乃兵家常事。朱棣自发动靖难战争以后，取得了一系列胜利，但也饱尝了济南、东昌之败的痛苦。失败并不可怕，关键是要能够从失败中吸取教训，聪明的将领往往能够从失败中悟出克敌制胜的办法。朱棣的过人之处就是能够从失败中找到壮大自己、消灭敌人的对策。济南之战失利后，为振奋军心，他袭取沧州，鼓舞了士气；东昌惨败后，他祭奠亡灵，奖励有功将士，极大地唤起全体将士杀敌的激情，达到了变坏事为好事的目的。

◇识破罢兵离间计

拒绝罢兵

北平祭灵不久，朱棣又率军南下。此时，朱棣吸取了以前的作战教训，改变了战术：一是改围城攻坚为调动南军，与之野战；二是改铁骑冲阵为四面包抄；三是准备了大量抵御火器的工具。这样一来，战局发生了变化，燕军于建文三年（1401）三月下旬败盛庸于单家桥，闰三月上旬败平安、吴杰于滹沱河。南北双方处于对峙状态。

朝廷方面闻平安、吴杰丧师滹沱河，燕军抵达大名府，感到事态极为严重。为了扭转局面，建文帝采取了如下因应之策：

宣布罢免齐泰、黄子澄，并派薛嵓去燕王军中，请求罢兵言和。

朱棣知道朝廷派薛嵓来并非为了罢兵，即对薛说道："你临行之时，皇上还有何言？"薛答道："但言殿下释兵，来谢孝陵，则兵可息。"朱棣回答道："宗藩阽危，祸难不已，社稷深忧，必执奸丑，献俘太庙，以谢孝陵，我之愿也。所典之兵，受之皇考，以为护卫，用备不虞，制度已定，难以更改。今欲释兵，是以徒手待缚，此奸臣谬计，欲以欺人，虽三尺童子，不为

所罔矣。"(《奉天靖难记》卷三)

朱棣设宴招待薛嵓，并派人带他参观军营。当时燕军连营百余里，旌旗蔽空，戈甲鲜明，军营内外，队伍整齐。只见将士驰马射箭，赤膊角力，一片生机。薛见后，胆战心惊，回到朝廷后，他将见到的一切如实相告。建文帝以"为燕游说"罪，罢薛嵓官职。朱棣还要薛嵓带回一封信，要建文帝罢散天下兵马。建文帝初为朱棣所言所动，后在方孝孺等人的劝阻下才打消罢兵的念头。

识破离间计

建文帝罢兵之计未得逞，又决定采用离间计对付朱棣。此前，谋臣方孝孺对建文帝言道："离间计为历来兵家所采用，善于用之者，可事半功倍。今燕王父子可用此计除之。请陛下下诏书让燕王世子高炽称燕王，燕王定会怀疑世子。世子若被怀疑，朱棣必班师回北方老家巩固后方，燕王一走，朝廷大军可从容准备北伐。"建文帝觉得此计甚好，即令方孝孺起草诏书，然后派人将诏书交北平城的朱高炽。

朱棣南下前令世子高炽、二子高煦、三子高燧共守北平。二子、三子恃才傲物，性情暴烈，对世子多有不恭，三人间常有摩擦。二子、三子常在朱棣面前告世子的状。此时，他们见南京朝廷派使臣携书来找朱高炽，二人认为高炽必定私通朝廷，阴谋造反。于是二子朱高煦与燕王中官黄俨星夜赶赴前线，向朱棣禀告了一切。中官黄俨一直奉承高燧，怨恨朱高炽，他向朱棣言道："世子高炽有通敌之嫌，今南方来人与之接洽，恐怕要谋反了。"朱棣听后半信半疑。

世子朱高炽聪明过人，当朝廷派人来时，他就估计使臣来意不善。接到诏书后，他觉得其中必有蹊跷，便没有打开看，而是派人带来使一同到朱棣军中。正当高煦指责高炽时，朱高炽的军士赶到，将诏书交给了朱棣。朱棣读完，明白了一切，他不禁言道："嗟乎！几杀吾子！"(《明太宗实录》卷八)

缓兵计和离间计常为敌对双方在较量中所采用。当我方力量不够或准备不足之时，为瓦解对方攻势，常采用缓兵之计，善用此计者，可以为己方争取时间，使自己积累足够力量和做好充分准备迎击对手，从而变被动为主动。如果此计运用不当，为对手所识破，对手则会加紧进攻，不给敌方以喘息机会，我方则会更加危险，历史上缓兵计成功、失败的例子都很多。离间计则是为了避开正面与敌冲突，巧妙打击敌人的一种方法，使用得当，可以收到以敌制敌、四两拨千斤之功效。明廷针对朱棣凌厉的攻势，为改变被动状态采用了缓兵计和离间计，其思路无疑是正确的，只可惜被朱棣识破。明廷此计败露，并非计策本身不当，而是对手太聪明了。

◇ 声前掩后渡淮河

建文三年（1401），燕军与朝廷军队（南军）在淮河以北交锋，燕军多次击败南军，其军事优势已经明显。这时从南京城中逃出的宦官向朱棣透露了"京城空虚"的消息，这引起了朱棣的注意，谋臣姚广孝认为，机不可失，建议朱棣"毋下城邑，疾趋京师，京师单弱，势必举"。（《明史·姚广孝传》卷一百四十五）

建文三年（1401）十二月初二，朱棣在北平誓师，决定南渡淮河，直取京城。

南下的燕军在淝河、齐眉山受挫后，凭其坚忍不拔的毅力，歼灭了平安、何福所率南军，并很快占领泗州，于建文四年（1402）五月抵达淮河北部。

护守淮河的是南军老将盛庸，此时，他率步骑兵数万人，战舰数千艘，安营扎寨于淮河之南，企图挡住南下的燕军。针对朝廷方面的充分准备，朱棣不想贸然进攻。他想绕过正面的盛庸大军，从侧翼进入淮南。淮安成了他设想的目标。

淮安由驸马梅殷驻守。朱棣以"去南京进香"为名，派人向梅殷借道。梅殷识破了朱棣的意图，对来使说道："关于进香之事，皇考有禁令，不遵者为不孝。"朱棣佯装不知，派人送信给梅殷，直言道："今兴兵除君侧恶，天命有归，非人所能阻。"梅殷令人割下来使耳朵，驱其回去，并言道："留汝口，为殿下言君臣大义。"朱棣见从淮安不行，又生假道凤阳之计。

凤阳知府徐安听说燕军将从本土过，立即派人拆去境内浮桥，并将所有舟楫全部藏起来，朱棣见交通被切断，取道凤阳也落空了。

绕道过河的办法不能实现，朱棣一连几天闭门思索，他最终想出了一个好办法：声前掩后从上游渡淮。朱棣将邱福、朱能唤入，要他们率部悄悄行至淮河上游，伺机过河。自己则在正面做渡河准备，以掩护邱、朱二人的行动。

朱棣率大军进驻淮河北岸，指挥士兵编竹筏，练泅渡技术，并不时击鼓呐喊，装出要渡河的样子，南岸盛庸闻讯，立即调集军队，令士兵进入营寨，严密监视对岸动静，一旦燕军渡河，即发火器攻击。但只见燕军呐喊，不见他们进攻，盛庸部队又不得不防。燕军每隔不久便呐喊一次，弄得南军人心惶惶，应接不暇，精神极度紧张。时间一久，南军将士十分疲劳，便陆续回营休息，就在这时，炮声隆隆，杀声震天，一股燕军杀进南军营内。南军将士措手不及，慌忙应战，不少人死于燕军刀下。与此同时，正面燕军乘机渡河，二路燕军前后夹击，南军死伤甚多。盛庸见难以抵挡，便率小股南军夺路而逃。朱棣大军终于渡过了淮河。

兵法言道："兵因诡道，胜在用奇。""凡战者所谓奇者，出其不意攻其不备。声前掩后，声东击西，使敌莫知所备，则胜。"朱棣正是巧妙地利用了声东击西的战术才达到目的。

◇慧眼识破缓兵计

燕军渡过淮河后，进展十分神速，先后降扬州，克高邮，占通州、泰州、盱眙、仪真，直逼京师。建文帝闻讯，惊恐不已，一面下"罪己诏"，一面通令各地，要求征兵勤王。但勤王之兵迟迟不见，京师空虚，难以把守。建文帝不知如何是好。此时方孝孺献计道："事急矣，宜以计缓之。遣人许割地，稽延数日，东南募兵当至，长江天堑，北兵不闲舟楫，相与决战江上，胜败未可知。"（《明史纪事本末·燕王起兵》卷十六）

建文帝听了方孝孺的话，流泪问道："谁可以出使议和？"方孝孺回答："庆城郡主最合适。"于是朝廷以太后之命派庆城郡主前往燕营。庆城郡主系朱棣堂姐，姐弟相见，抱头哭了一场。燕王言道："我不图更有今日，今与

郡主相见,有如再世。"接着燕王又问:"周王、齐王近况如何?"郡主答道:
"周王已被召还京师,恢复爵位,齐王仍在狱中押着。"燕王听后痛心不已,
庆城郡主乘机缓缓道出朝廷割地议和之意。朱棣严肃说道:"吾受命皇考,
封建茅土,且不能保,割地岂其本心哉!此奸恶谬计,欲以见欺,焉可为
信?我此行在诛奸恶,以清朝廷,奠安社稷,保全骨肉。事已,得复故封幸
矣,余非所望也。"(《奉天靖难记》卷四)庆城郡主见情形不好,又以众弟
妹诸王公主之托为借口,向朱棣言道:"此次前来,还受众弟妹之托。这三
四年动军马,运粮的百姓、厮杀的军士,死了许多。都是一家人的事,军马
不要过江,回去算了,不然将来天下太平了却不好说……"朱棣知道郡主是
在替建文帝说话,愤然回答道:"累年以来,奸臣矫诏,大发天下军马来北
平杀我。我为保全性命,不得已,亲帅将兵与贼兵交战。仰荷天地祖宗神明
有灵,怜我忠孝之心,冥加佑护,诸将士效力,故能累战而累胜。今大兵渡
江,众兄弟姐妹欲来劝我回北平。况孝陵未曾祭祀,父皇之仇尚未能报,奸
恶尚未能获。以尔弟妹之心度之,孝子之心果安在哉?如朝廷知我忠孝之
心,能行成王故事,我当如周公辅佐,以安天下苍生。如其不然,尔众兄弟
亲王众姐妹公主及多亲戚,当速挈眷移居守孝陵,城破之日,庶免惊恐。"
(《弇山堂别集·诏令杂考》卷八十八)郡主见事已如此,便起身告辞。朱棣
送郡主到营外,临别说道:"为我答谢皇上,我与皇上血肉至亲,只能相亲
相爱,别无他意。恳请皇上悔悟,不要听信奸臣计谋。再为我告诉诸王兄弟
姐妹,我仰仗神仙保佑,大难不死,兴兵至此,我们姐弟相见的日子不
远了。"

庆城郡主回到京城,如实向建文帝禀报了一切,建文帝知道计已被识
破,更加忧心忡忡了。

◇先拆藩篱后取京

朱棣拒绝割地议和后便率大军渡江攻城。建文四年(1402)六月初一,
朱棣败盛庸于浦口,南军放弃江北,退守江南高资港。六月三日,朱棣率大
军渡江,盛庸在江南岸列阵迎战,燕军登岸后,首先以骑兵冲阵,其余将士

擂鼓而进,盛庸部将见燕军气势如虹,内心畏惧。燕军没遇多大抵抗即击溃南军,占领高资镇。

拿下高资后,朱棣没有直取南京,而是先夺镇江,以防腹背受敌。镇江守敌投降,朱棣率师西进,不日到达龙潭。龙潭距葬太祖的钟山仅数里之遥,望着朦胧的钟山,他不禁感慨万千。

此时,南京城内一片混乱,朝中大臣有人主张逃跑,有人主张留守,建文帝不知所措。方孝孺认为:"今城中尚有雄兵二十万,城高池深,粮食充足,尽撤城外民舍,驱民入城,足以自守。"他建议建文帝一面率兵守城,一面再次向朱棣求和罢兵。

朱棣不理会朝廷方面的"求和",挥兵围城,六月十三日抵达南京城下。

此时,方圆九十六里的南京城内尚有不少士兵,如果有效地组织抵御,朱棣短时间内是难以攻下的。但朝中官员各怀异志,思进退之策,没人组织城池的防务,而且一些意欲投燕的官员、宦官四处活动,南京几乎成了一座不设防的城市。朱棣顺利地进入了南京城,建文帝下落不明。

六月十七日,朱棣在大臣再三催促下,登基即皇帝位,改元永乐,是为明太宗(后又称明成祖)。

第四章

CHAPTER4

开疆拓土　治国治民

靖难夺位的朱棣并不仅仅是一个贪图皇位之人，他登基后，审时度势，锐意进取，采取灵活多样的策略，在加强皇权、稳定统治、保边安疆、发展生产等诸多方面都有建树。朱元璋开创的事业由此得到光大，大明王朝进入盛世。

迭出新招固皇位

俗话说："得江山易，保江山难。"朱棣成为皇帝，总有点名不正、言不顺，要保住这种江山那就更难了。但朱棣毕竟是朱棣，他用一系列有效的办法，不仅非常成功地保住了皇位，而且为朱明王朝后世江山打下了稳固的基础，可谓是一代明君。

◇诛杀旧臣固新朝

朱棣是以"清君侧，除奸臣"的名义夺取帝位的，尽管他在起兵诏令中反复强调起兵是为"靖难"，但其结果是正宗的建文帝被逐，自己当上皇帝。不仅许多人认为他是谋权夺位，他自己对此也感到不好交代。如何才能消除人们的嫌疑？朱棣采取了最原始、最残忍的办法：杀戮！凡是不愿归顺的建文朝臣一律以奸臣名义给予诛杀。

朱棣起兵时，所列奸臣仅有齐泰、黄子澄两人，而登基后所列奸臣扩大了不少，《明史纪事本末》载为五十余人，《皇明表忠记》载为四十四人，《七修类稿》载为一百二十四人。

黄子澄是奸臣表中第一人，建文帝出逃后，他受命秘密招募救兵，乞师海上。逃到嘉兴后，他找到致仕官员杨任，共谋举事，后为人告发被捕。朱棣亲自审讯黄子澄，黄抗辩不屈，最后被用磔刑处死，其族人不分老少，全部斩首，"姻党悉戍边"。

兵部尚书齐泰在京师陷落后出逃招募救兵。闻知官府在缉拿自己，他失望了。为了活命，他用墨水将自己骑的白马染成黑色，认为这样可以逃脱追捕。但书生的计谋并不高明，当马走急后，马身上流下汗水，墨迹脱落，黑马又变成白马，他被认出，缉拿处死。

方孝孺是被诛杀大臣中最为惨烈的一个。方是当时有名的儒士，经史子集般般通，可谓是不可多得的人才。朱棣谋臣姚广孝很佩服方，曾对朱棣言道："城下之日，彼必不降，幸勿杀之。杀孝孺，天下读书种子绝矣。"朱棣默许。南京城被破后，方孝孺被执，朱棣想践所言，但有一条件，方孝孺必须归服。因为方若归服，凭其名声，天下有正统思想的读书人都会归服。

朱棣要方拟定诏书，告示天下，可方只是哭泣，不愿动笔。朱棣劝慰道："先生毋自苦，予欲法周公辅成王耳。"方问道："成王安在？"朱答："彼自焚死。"方又问道："何不立成王之子？"朱棣道："国赖长君。"方又问："何不立成王之弟？"朱棣答："此朕家事。"方孝孺接过笔，边哭边骂："死即死耳，诏不可草。"作《绝命词》："天降乱离兮，孰知其由。奸臣得计兮，谋国用犹。忠臣发愤兮，血泪交流。以此殉君兮，抑又何求？呜呼哀哉兮，庶不我尤！"（《明史·方孝孺传》卷一百四十一）朱棣一怒之下，令人将其处斩，"其宗族被杀者八百四十七人"。

为了严加打击建文帝旧臣，朱棣召回被建文帝谪贬广西的以残忍著称的陈瑛，授他左副都御史之职，专理都察院事，负责对建文奸党的处置。陈瑛审案苛酷，对大理寺少卿胡闰之，株连籍没数百家，"内亲尽矣，犹抄解外甥分戍"。陈瑛的手段令不少陪审官都心寒，可他却说："不以叛逆处此辈，则吾等为无名。"（《明史·陈瑛传》卷三百八）

这场大屠杀长达十余年，直到永乐十一年（1413）才结束。有人形容这次屠杀为"瓜蔓抄"。后来清乾隆帝作诗道："瓜蔓连抄何惨毒，龙江左右京观封。谨严难逃南史笔，忏悔讵赖佛氏钟……"

朱棣这次大力诛杀奸党有自己的考虑。被诛者以文人居多，这些人虽然弱不禁风，但识礼法，善于造舆论，蛊惑人心，是人心不定的重要因素，只有严惩他们，才会使他们畏缩，使人们不敢对自己帝位的合法性产生怀疑，这一考虑可谓切中要害。

◇寻找建文除心患

"家不可有两主，国不可有二君。"封建君主要维护自己的地位，绝对不允许一国同时存在两位国君。每当有各种形式的"皇帝""国王"出现时，原帝王会全力加以讨伐，并将铲除这些异王作为第一要务。相应地，若想推翻现政权的势力，壮大自己力量，显示自己行为的合理性，总会"制造新君"，或曰"明王出世"，或曰"天降圣人"等等。

朱棣率师攻入京城时，建文帝不知所终。当时宫中起火，有人从灰烬中找出一具烧焦的尸体，认为是建文帝。朱棣对此十分怀疑。

朱棣建国后，有关建文帝的传说很多。如"永乐四年（1406）四月，建文帝至西平侯沐晟家，留旬日。五月结茆白龙山。永乐五年（1407）冬十二月，建文帝祭死难诸人，自为文哭之。时朝廷侦帝甚密，户科都给事胡濙访求张三丰，盖为帝也。帝知之，遂遁迹不出。"

对于刚登基的朱棣来说，能否尽快找到建文帝成为他安定政权的重要因素。为了早日除去悬在心头上的这块石头，他在全国进行严密侦察。

郑和是朱棣派出寻找建文帝的第一人。传说南京城破后，建文帝逃到了西洋，永乐三年（1405），郑和率庞大船队下西洋，但没有得到建文帝的下落。

另一个受命密察建文行踪的是户科都给事中胡濙。永乐五年（1407），他以寻找道仙张三丰为名，"遍行天下州郡乡邑"，查建文行踪。胡濙不断将有关情况报告给朱棣，朱棣对他的来报十分重视，日夜阅读。为了保密，朱棣另派太监监视胡濙行动。胡濙母亲病故，朱棣仍令胡继续侦察，就这样，胡濙在外面秘查了十多年，但仍无所获。

永乐二十一年（1423），胡濙赴宣府见率师征阿鲁台的朱棣。此时虽已是深夜，朱棣听说是胡濙到来，仍起床召见，二人密谈很久。估计此时胡濙谈到建文帝已死的消息。朱棣于第二年不再派人查寻建文帝，原先被监禁的可能知道建文帝下落的大臣也得以释放。

朱棣在位二十二年中，有二十一年为寻建文帝所困惑。

◇尊礼崇儒合礼法

中国是一个礼仪之邦，在封建社会，三纲五常是维系王朝政治稳定的重要因素，而对封建纲常礼仪的诠释权掌握在儒生士大夫手里。因此，得到儒生士大夫的支持，王朝就事出有名，得不到他们的支持，王朝的军政举措会遭到"违礼制"的指责，进而整个国家的臣民就会对政策法令的合理性产生怀疑，王朝统治就难以维持下去。因此，各朝都以争取士大夫的支持为第一要务。对于得位不正的朱棣来说，得到士大夫们的支持显得更为重要。为了争取这帮文人，他绞尽了脑汁，想尽了办法。

第一，广行仁政。洪武时期，为政苛猛，"无几时无变之法，无一日无过之人……祸不止于一身，刑必延及亲友。"不仅百姓提心吊胆，官僚士大夫也忧心忡忡，为官有"如作虎穴游"。残酷的文字狱更是弄得江南士大夫人心惶惶。人们期盼着朝廷能够行仁政，为社会提供宽松的环境。建文新政得到不少人支持就是例证。聪明的朱棣看到了天下人特别是封建士大夫对洪武苛政的疾恨，对宽仁政治的渴望，下令实行"宽猛相济"的政策：

> 为治之道，在宽猛适中，礼乐刑政，施有其序。唐虞三代至汉唐宋，率由兹道。舜诛四凶，明五刑，夏禹承之，声教达于四海；周公相武王，灭国五十，至成康而后，刑措不用；……宋初，太祖惩五代之乱，用刑颇重，咸平以后，务从宽仁，载之前史，可考见矣。朕皇考太祖高皇帝，奋起布衣，当胡俗沉浸百年之后，奸雄睥睨反侧之余，拨乱反正……复为祖训垂宪子孙，而墨、剿、剕、宫，并禁不用。朕以菲德，缵成大统。……尔文武群臣，尚思各共乃职，敬乃事，勿为朋比，勿事贪黩，勿恣情纵欲，以干匪彝。至于用刑，必钦必慎，期于刑措，用臻康理，以上不负皇考创业之艰，而朕于守成之道，亦庶几焉尔惟，钦此。（《明太宗实录》卷二十三）

朱棣在这份宣言中，表达了慎刑宽仁的思想。这给渴望"仁政"的地主士大夫莫大的安慰。他们对朱棣政权产生了好感。

第二，开科取士。施"仁政"是朱棣争取士大夫的第一步，但仅有这一步是远远不够的。朱棣深知要取得士大夫的支持最有效的办法是给他们实惠。对于以"齐家治国平天下"为最高目标的知识分子来说，其最大的渴望、最大的实惠是入仕朝廷。为此，朱棣决定更大规模地开科取士，吸纳更多的士大夫参与国家管理。永乐元年（1403），在全国举行乡试，次年会试，录取人数达四百人，这个数字与洪武十八年（1385）乙丑科录取人数相同，是明朝的最高数。针对朱元璋压抑南方士大夫，朱棣反其道行之，大量录取南方知识分子。永乐二年（1404）录取的四百七十二人中，一二甲共九十六名，全为南士，三甲三百七十四人中，南士占三百三十五人。广开科举赢得了知识分子的广泛欢迎。

第三，尊孔重经。孔子为儒家文化的代表，谁祭奠孔子，谁就会得到儒生的支持，谁就会在中国封建社会取得正统地位。朱棣十分注重尊孔。在靖难之役中，当他率师南下经过孔子故乡时，为表示对圣人的尊重，他命令将士不得入境骚扰。登基后，他又举行了一次规模浩大的祭孔活动。永乐四年（1406）二月初一，朱棣向群臣言道："孔子万世帝王之师，其道之在天下，载于六经，天下不可一日无生民，生民不可一日无孔子之道。朕将临国学，躬礼孔子，以称尊崇之典，所司其差吉日行之。"（《天府广记》卷四十三）三月初一，朱棣率群臣至孔庙，行超逾常规的四拜之礼，随后到太学，授《五经》给国子监祭酒，并率群臣听经师讲经。国子监的儒臣为这空前的礼遇而陶醉。

为了更为广泛地将士大夫笼络起来，朱棣下令开馆修书。他将有学问的知识分子请到京师，修《大诰三编》《四书大全》《五经大全》《性理大全》，后来又修《永乐大典》。看到儒家经典刊行于世，知识分子无不欢欣鼓舞。朱棣的尊儒隆礼政策，赢得了士大夫的广泛支持，他们纷纷与永乐政权合作。《明史》详细记载了这种情形："当是时，海内混一，垂五十年。帝方内兴礼乐，外怀要荒，公卿大夫彬彬多文学之士。"士大夫对朱棣评价也很高："文皇帝之心，孔子之心也。固欲天下皆纯质之俗，斯民皆诚笃之行，而况左右供奉之臣哉！"（《东里文集·朴斋记》卷三）"崇道德，弘教化，正人心，成天下之才，致天下之治"的目标基本实现。

◇创设内阁求制衡

巩固皇权是一个系统工程，用强硬手段铲除反对势力固然必要，建立一套维护君主集权的制度更为重要。明成祖朱棣在这方面有所发明。

朱元璋为了防止丞相对皇权的干预，实行了废相废省的措施。这样一来，皇权得到了空前加强，但同时也带来了不少麻烦。一是丞相、中书省没有了，朝中政务无论巨细都要皇帝亲自处理，时间一久，皇帝显然没有精力处理这样繁重的国务。如何在实行集权的同时，又能使皇帝从烦琐的事务中摆脱出来，是一个现实问题。二是丞相、中书省废除后，六部权力相应上升，如果对六部权力不加以牵制，很可能会造成"前门驱虎、后门引狼"的局面。如何限制六部权力也是一个必须解决的问题。

对于这些大问题，朱元璋尝试了一些办法。首先是设置四辅官，作为皇帝顾问。朱元璋选置的四辅官，多是"起田家，惇朴无他长"的老儒，难以达到协助处理政务的目的。不久，朱元璋又设殿阁大学士，计有武英殿、华盖殿、文华殿、文渊阁、体仁阁等大学士。其职责是协助皇帝处理政务，但实际上这些人没设固定办公机构、没有固定官职，不能掌机务，仅"备顾问而已"。由于朱元璋疑心太重，担心顾问专权，一切政务基本上还是自己处理，他在死前还是没有很好地解决这个问题。

朱元璋的探索虽然不成功，但给明成祖朱棣以极大的启迪。

朱棣的做法是：从翰林院中选拔一些资历较浅、年轻干练的文臣组成顾问班子，在东阁置办事机构，协助皇帝处理有关政务。由于这个办事机构设于殿阁内，故称"内阁"。

朱棣首批选取的阁臣有杨士奇、解缙、胡广、金幼孜、胡俨、杨荣、黄淮等人。朱棣对他们说道："尔七人朝夕左右，朕嘉尔勤慎，时言之宫中。恒情，慎初易，保终难，愿共勉焉。"阁臣们每日早朝后，向皇帝单独密奏要事。

永乐时的阁臣不仅仅是皇帝的顾问，而且还代皇帝处理一些政务。此时，内阁与六部关系职责也有明显规定。六部事务由内阁审核后，交由皇帝裁决。不过这时的阁臣品位不及六部尚书，阁臣也没有权力统管六部，但六部九卿也无权干涉内阁，二者实际上是一种平行机构。内阁与六部分别按自己想法写出对有关事务的处理意见。这样一来，皇帝处理政务实际上有了两套班子，一套是内阁，一套是六部，后人称为"内朝""外朝"。通过设置内阁，朱棣实现了既牵制六部又使皇帝从烦琐事务中摆脱出来的目的。

永乐朝创设的内阁制度为明代以后各朝继承和发展，成为有明一代的固定制度。这种制度对明代政治稳定产生了重大影响。有人评论道："至我太宗文皇帝，简任内阁儒臣，日与咨访政治，然彼时内阁多是朝廷亲选翰林编修等才猷历练能识人才、治体公忠体同者为之，不曾骤加高品。至于选入翰林者，又皆唯才是取，不拘内外新旧职事。"（《西园闻见录》卷二十六）正因为如此，永乐时，政令畅行无阻，决策妥宜。

◇完善厂卫严缉察

对于以"篡弑"得位的朱棣来说，总以为有许多文武官员对自己不满，为了访察官员的动向，防范吏民们的反抗，他将其父朱元璋的特务统治办法发扬光大，进一步拓展了监控渠道，建立了以都察院、锦衣卫、东厂为核心的侦缉机构，对全国构成了一面严密的监控网络。

都察院是监察官吏机构，其职责是谏诤和弹劾官员。《明史·职官志》载：

> 都御史，职专纠劾百司，辩明冤枉，提督各道，为天子耳目风纪之司。凡大臣奸邪、小人构党、作威福乱政者，劾；凡百官猥茸贪冒坏官纪者，劾；凡学术不正、上书陈言变乱成宪、希进用者，劾……十三道监察御史，主察纠内外百司之官邪，或露章面劾，或封章奏劾。

朱棣登基后，他首先用都察院去惩治不愿降服的建文帝遗臣。此后，又利用都察院监控朝中官员。

被朱棣提拔为都察院都御史的陈瑛，深知朱棣的用意，对朝中官员严密监控。永乐元年（1403）八月，以"怨诽"罪弹劾历城侯盛庸，盛庸自杀。永乐二年（1404）劾奏曹国公李景隆及其弟李增枝。永乐五年（1407）弹劾驸马都尉胡观，其罪行是"强取民间女子，娶娼为妾，又心怀怨望"。

跟随朱棣靖难的雒佥，在永乐以后，被授为北京刑部尚书，对于当时用人之道，他指责道："朝廷用人宜新旧兼任，今所信任者，率藩邸旧臣，非公至之道。""侍卫将军皆光禄给食，不亦私厚。"朱棣以贪婪暴虐、擅作威福罪处斩了他。

靖难功臣贺银，掌通政司事后，因为将所受奏疏不送朱棣而送六科，被朱棣以"不能通政"罪下狱。

锦衣卫是明太祖为缉查不法朝臣而设立的特务机构。洪武后期被废止，朱棣登位后又恢复了这一机构。他任命纪纲、刘江、袁刚为锦衣卫头目，"广布校尉，日摘臣民阴事"。都督薛禄因被诬告犯冒赏罪为纪纲所处决。浙江按察使周新也为纪纲击杀。

东厂是朱棣新设的又一特务机构，这个由宦官执掌的机构其职责是监察各级官吏，缉访谋逆、妖言、大奸恶之人。本来朱元璋建国时，鉴于历史上宦官之祸，做出禁止宦官干政的诏令，并立铁榜："内臣不得干预政事，处者斩。"因为靖难战役中，宦官立下了重大功劳，朱棣便一改祖制，任用宦官，希望通过他们作为自己统治的另一个拳头，掣制朝臣。

永乐时东厂宦官确实为皇帝做了许多事情，其侦探消息极为细致。文渊阁庶吉士刘子钦，酒后席地酣睡，违反了礼制，东厂宦官发觉后，立即向朱棣报告。朱棣决定去其官职，充为工部办事吏。刘子钦便换上办事吏服，去工部与群吏做事。宦官将这种情况又报告了朱棣，朱棣又复其官。

◇巧妙削藩免覆辙

朱棣是以藩王起兵才夺取皇位的，藩王对皇权的危害性，朱棣是再清楚不过的了。为了防止类似自己的事情发生，巩固业已取得的皇位，朱棣决定削藩。

与建文帝相较，朱棣削藩则有策略得多。他采取了欲夺先予的计策，即先恢复藩王，再削夺藩王。

朱棣之所以要先恢复藩王地位是有深刻原因的。朱棣刚坐上皇帝宝座，皇位未稳，需要得到广泛支持。而藩王们由于与自己同病相怜，是朱棣的最有力的支持者。在政局未稳的形势下，是千万不能削夺他们的。另一方面，朱棣自己起兵是打着维护祖制、反对削藩旗号的，突然自己又宣布削藩，无疑是自我否定，民众也难以接受。因此，朱棣登基后，便恢复被建文帝削夺的各藩王旧位。

永乐元年（1403）正月，朱棣宣布恢复被建文帝废革的周王橚、谷王橞、齐王榑、代王桂、岷王楩的藩王爵位，并给他们增加岁禄，如周王加岁禄五千石，谷王加岁禄两千石。永乐六年（1408），令原为太祖分封的沈王、安王、唐王、郢王、伊王分别就藩潞州、平凉、南阳、安陆、洛阳。后来又分封自己的儿子朱高煦为高阳王、汉王，朱高燧为赵王。

复位后的藩王错误地估计了形势，他们认为"靖难"的胜利是他们自己的胜利，朱棣只是恢复了他们本应有的地位。居藩不法之事便屡屡发生。如齐王朱榑，广招异人术士，阴蓄刺客，命护卫据守青州城，不准守吏登城巡夜，并将守吏杀死。谷王朱橞，杀王府长吏，招匿亡命，造战舰、弓箭。

朱棣本来就想削藩，只是一时觉得时机不成熟，而现在藩王们的种种劣迹为削藩提供了口实。永乐四年（1406）八月，朱棣宣布削废齐王，永乐十五年（1417）废谷王为庶人。

朱棣削藩手段与建文帝不一样，他是有选择地进行。对于危及皇权的藩王坚决削夺；对于劣迹昭著、不影响王权的，则仍保留其位。如伊王朱㰘击伤百姓，将男女剃光头发，剥去衣服，以此取乐，民怨沸腾，但因不害皇权，未被剥夺。

削去二王藩位后，朱棣又采取了一系列措施，从制度上限制诸王。

首先是将镇抚北疆的藩王迁入内地。建文四年（1402），迁宣府谷王入湖广长沙。永乐元年（1403）徙东北宁王于江西南昌。永乐五年（1407），改封韩王于平凉。

其次，削夺藩王护卫。诸王拥有军队是危害皇权的根源，朱棣看准时机，以各种罪名削夺诸王兵权。永乐元年（1403）四月，削夺代王桂护卫，仅给三十名校尉做随从。七月以罪夺岷王护卫。永乐四年（1406），调蜀王椿护卫入云南，为沐晟节制。永乐十年（1412），削辽王植护卫。永乐十四年（1416），削汉王高煦二护卫。永乐十九年（1421），削周王二护卫。这样一来，藩王的军队基本上被削夺。

第三，派武将戍边，取消藩王对将帅兵权的节制。洪武时期，用诸王戍边，当地军队受他们节制。朱棣接受诸王节制军队的教训，决定用武臣将兵，镇守边关。同时派宦官作为监军，分镇各边关。宣布藩王不得节制武将。永乐元年（1403）冬，秦王朱尚炳一行赶到潼关。时天已黑，潼关将士闭关，秦王令人叩关，守将姚镇道："朝廷禁门，深夜不得启也。"秦王入京后向朱棣诉说："潼关姚指挥慢朝廷甚，夜不容入关。"姚镇到京师，当着满朝文臣说道："潼关，国家重地也。臣止知陛下，非知秦王。"朱棣赐宝钞奖励了他。

朱棣虽然没有尽削诸藩，但由于采取了上述措施，各藩王从藩屏帝室、镇守一方的地位，变成为仅坐食禄米的皇室地主。对于这种变化，《明史·诸王传》载道："自是以后，矫枉鉴覆，法网綦密。……藩封之局，日剥月削，虽支子代有封立，而恩泽递降，规制无如。其旧封远者，宗派繁昌，禄秩难给，末胄疏属，不免饥寒。即号称雄藩，而牵于文法，长吏得以束缚之，所谓维城之寄无有也。"

巩固北边卫疆土

巩固皇位只是朱棣登基后要做的第一件大事。除此之外，另一件大事也是他必须处理好的，这就是如何对付蒙古贵族，巩固北部边防问题。

◇怀柔礼让显圣恩

元朝灭亡后，蒙古贵族北遁，在开平建立了"北元"政权。朱元璋虽然在洪武年间对"北元"政权进行过打击，但没取得明显效果，蒙古军队对明朝仍构成严重威胁。洪武末年，蒙古北元政权陷入内部纷争之中，形成兀良哈、鞑靼、瓦剌三部。朱棣登位后，与兀良哈关系甚好，但鞑靼、瓦剌不愿与明通好，并杀死明使臣郭骥。两部骑兵经常往来塞下，并与明军发生冲突。蒙古铁骑对明朝北疆造成的威胁依然严重。

永乐初年，持续四年的靖难战争使南北经济遭到破坏，整个国家经济较为脆弱，在这种形势下，明朝政府要对北部蒙古发动攻击战，显然是不可能的。另外，朱棣当时最为迫切的是巩固刚登上的皇位，维护朝廷稳定，不可能将全部精力用于对付蒙古贵族。加之此时明廷对蒙古两部不甚了解，明军也不敢贸然进攻蒙古。有鉴于此，朱棣决定对蒙古采取怀柔防御战略。

主动招抚是朱棣优先考虑的对策。为了能与蒙古各部平安相处，朱棣决定派使臣到蒙古各部进行晓谕。

永乐元年（1403）二月，朱棣派人送书给鞑靼可汗鬼力赤，言道：

元运既衰，我皇考太祖皇帝受天下，抚有天下。朕太祖嫡子，奉藩于燕，恭承天眷，入继大统，嘉兴万邦，同臻安乐。比闻北地推奉可汗正位，特差指挥朵儿只恍惚等赍织金文绮四端，往致朕意。今天下大定，薄海内外，皆来朝贡，可汗能遣使往来通好，同为一家，使边城万里烽堠无警，彼此熙然，共享太平之福，岂不美哉！（《明太宗实录》卷十七）

由于蒙古方面没有回复，朱棣于当年七月又一次致信鬼力赤，信中将元世祖与明太祖并列，表达了"遣使往来，讲好修睦"的愿望。

永乐元年（1403）春，鞑靼内部发生内讧，阿鲁台杀鬼力赤，迎元后裔本雅失里为汗。朱棣闻知后，又致书本雅失里。朱棣言道："尔元氏宗嫡，当奉世祀，吉凶二途，宜审思之。如能幡然来归，加以封爵，一厚以赐赍，俾于近塞，择善地以居，惟尔所欲。"再次表示了招抚怀柔之意。

朱棣于永乐初年的招抚之策，虽然没有得到蒙古方面的积极回应，但不断地遣使，增加了对蒙古的了解，对后来的反击战争起了积极作用。

朱棣不愧为著名政治家，在实施招抚政策的同时，他积极整顿边防，加强防御。撤掉北部藩王后，他选派有经验的武将戍守边关，同时，加强边地的武装力量。朱棣对蒙古各部保持着高度警觉，他经常告诫守将："动静之间，常加警醒，不可轻率。"鉴于当时的形势，朱棣决定采取守势。他告诫边将道："严固边防，审度事机，可发军则发，不可即止，务在万全，慎毋轻率。"

朱棣的守御不是被动的死守边镇，而是带有战役性的大防御。其集中体现是经营东北、西北，以形成对蒙古的夹击之势，这是一个高瞻远瞩的策略。

辽东地处蒙古各部之东，如果能够控制辽东，则就掣制了蒙古政权的一翼。从永乐初年开始，朱棣就开始了经营辽东的工作。永乐元年（1403），朱棣派人宣谕女真各部，表明朝廷的怀柔政策，要各部与朝廷遣使通贡。十一月明廷设建州卫军民指挥使司，以阿哈出为指挥使。此后，在女真地区大规模设置卫所，到永乐末年共设卫一百八十四，所二十。在众多卫所中，最为著名的是奴儿干都司的设置。永乐七年（1409），明朝政府在原奴儿干卫的基础上设立奴儿干都指挥使司，治所在特林。任命康旺为都指挥同知，其管辖范围西起鄂嫩河，北至外兴安岭，东南抵大海，东北达库页岛。奴儿干都司建立后，朱棣常派宦官前去巡视，太监亦失哈就多次到奴儿干都司巡视，并立有永宁寺碑，记载其事。都司官员也常来朝廷报告情况。通过设立卫所、通贡派使，明成祖控制了东北局势。

在西北地区，针对蒙古鞑靼部常骚扰畏兀儿地区、当地畏兀儿各部落与鞑靼矛盾较深的情形，朱棣决定以畏兀儿人牵制鞑靼。在统一畏兀儿地区后，朱棣于永乐四年（1406）设立哈密卫，以马哈麻火者为指挥使，使之与鞑靼抗衡，同时又利用它控制西域地区。后来，明成祖在哈密卫基础上，又相继设立沙州、阿端、曲先等卫所。

对东北、西北地区的成功经营，使明朝政府拥有了一把卡住蒙古部落的铁钳，蒙古部落的东、西、南三面为明朝政府包围，明朝政府对蒙古部落的战略态势发生了变化。

◈主动反击御蒙古

要根本改变北部边疆的危局，必须对蒙古部落实行军事打击，显示明朝政府强大的力量，从而使蒙古贵族不敢犯边。在经过了一系列准备之后，朱棣认为显示这种力量的时机成熟了。从永乐八年（1410）到永乐二十二年（1424），他先后五次亲征漠北。

第一次亲征漠北是在永乐八年（1410）正月。在此之前，朱棣利用鞑靼首领本雅失里与阿鲁台之间的矛盾，命大将军丘福率精骑十万征鞑靼。尽管朱棣一再告诫丘福，"兵事须慎重""宜时时如对敌，相机进止，不可执一"，但有勇寡谋的丘福，仍然犯轻敌冒进错误，于胪朐河全军覆没。为了报此之仇，让鞑靼人知明军威力，朱棣决定再击鞑靼。鉴于"诸将无足任者"，他决定亲征。

北国的二月，冰雪未解，寒气逼人。朱棣率师五十万向塞北进发。一路"兵甲之雄，车马之盛，旌旗之众，耀于川陆"。明军过宣府，沿万全、兴和、沙城北进。五月初一，大军抵达胪朐河。此时，本雅失里与阿鲁台矛盾未解，前来迎击明军的是本雅失里的大军。五月初二，双方相遇斡难河，蒙古骑兵首先发动攻击，明军迎击，激战不多时，蒙古兵溃败。明军缴获不少辎重。

初战取胜的朱棣并不满足，他要利用敌人的矛盾狠狠教训鞑靼人。五月二十二日，朱棣率师击阿鲁台，阿鲁台猝不及防，为明军所败。七月明军班师回京。当年冬，鞑靼派人来京，表示愿意贡马归附。

就在明军对付鞑靼之时，瓦剌部兴起。永乐十一年（1413），瓦剌遣使到明廷，要求明廷将甘肃、宁夏地区划归自己所有。为了打击瓦剌的嚣张气焰，朱棣决定亲征瓦剌。永乐十二年（1414）三月，朱棣率五十万大军北征。为了使北征能够胜利，朱棣制定了周密的措施。这些措施包括："凡见鹿及黄羊、野马诸杂兽等惊走，突入奔营及入队伍者，务须报告；望见尘起，不问旋风扬沙及野兽腾踏尘起，及见死马死牛羊等物，与牛羊驼马等类，并驼马牛羊踪迹，俱须来报；如拾得物件，或男子如人衣服首饰，及一应文字等项，不问久远新定遗下之物，随即报知；行军在道，不许打围；远望似马非马，似鹿非鹿，似人非人，亦即来报；白日见烟，入夜见火，不问似火非火，人火鬼火，俱须报知。"（《明太宗实录·永乐十二年四月己酉》卷一百五十）周密的准备，预示着战争的胜利。六月七日，明军与瓦剌军相遇于忽兰忽失温。望着旗甲鲜明、戈戟森列、铁骑腾踔的明军，瓦剌兵有点胆怯了。明军用骑兵和火铳军相继向瓦剌军攻击，瓦剌军见明军人多，乘夜逃遁。明军虽然在这次战斗中击杀敌兵不多，但他们高昂的斗志和强大的战斗力使瓦剌镇服。第二年春，瓦剌头目马哈木贡马谢罪，表示愿与明通好。

两次北征，沉重地打击了鞑靼、瓦剌的嚣张气焰，使他们对明朝政府产生畏惧心理，明王朝的北部边疆局势更加稳定。

为了保持北方边疆的长治久安，进一步打击蒙古鞑靼、瓦剌部，朱棣于永乐二十年（1422）、永乐二十一年（1423）、永乐二十二年（1424）又三次远征漠北。

成祖对蒙古用兵，巩固了明朝北部边疆，稳定了朱明王朝的统治。对此，近人孟森言道："五征漠北，皆亲历行阵，假使建文承袭祖业，必不能有此。"

◇高瞻远瞩迁都城

　　首都是国家的心脏。国都位置恰当与否关系到王朝的命运，国都选择恰当，王朝就兴旺发达、长治久安；反之，则会国运短祚，江山易主。有人认为李自成之所以失败是错误地以北京（1403 年，朱棣改北平为北京）为国都，若定鼎西安，则大顺王朝或可延绵数年。有人认为，正是因为定都开封，宋代才造成偏安结局。由此可见，选都意义重大，历代统治者都十分重视对都城的选择。

　　国都的选取是否恰当，关键在于对当时国内政治、经济、军事形势做综合分析，只有抓住事关全局的问题，都城选择才会恰当。可见，选都又可集中体现统治者的政治才能。只有雄才大略的政治家才会选取最佳都城。明成祖朱棣选择北京为国都，充分展示了他的战略眼光。

　　朱元璋起兵不久，不少谋臣从当时形势考虑，建议定都南京，朱元璋接受建议，攻下金陵后即宣布以此为国都，并改名为应天。明开国后，为定都问题又有不同意见，有人主张建都汴梁（今开封），有人主张定鼎大都（北平），有人主张建都关中（西安）。这些主张最后都未被朱元璋采纳。洪武年间，南京作为都城没有变更。尽管如此，朱元璋对开国后仍定都南京是有疑惑的。他说："朕经营天下数十年，事事按古有绪，惟宫城前昂中洼，形势不称。本欲迁都，今朕年老，精力已倦，又天下新定，不欲劳民，且废兴有数，只得听天。惟顾鉴朕此心，福其子孙。"（《涌幢小品·宫殿》卷一）朱元璋的未竟之业，落到朱棣头上了。

　　朱棣登位后，鉴于当时的国内形势，他已清楚地认识到必须迁都了。

　　首先，迁都是为防御蒙古、巩固北部边疆的需要。从当时的军事形势看，明朝的主要威胁来自北方蒙古势力，元朝残余势力虽然此时已受到沉重打击，但仍保持着相当的力量，其复辟的可能性依然存在。蒙古贵族北遁漠北后，明与北元的战线已北推到今蒙古一带，应天失去了居长江、临四方的形势。坐镇南京的朱棣对漠北事务有鞭长莫及之感。如果迁都北平，在临近隐患策源地建立全国统治中心，则可以就近有效组织军马，灵活反应，及时制止祸乱，巩固国基。

其次，北平是朱棣的发迹地，他熟悉那里的一切，那里有许多他的支持者，以北平为首都可以控制全国政局。

第三，此时北平已处于临中夏而控北荒的位置，以此为都城，既可以"控四夷创制天下"，又利于对辽阔的北疆进行开拓，使明朝具有较大的发展空间。

可见，明成祖朱棣迁都北平很有政治战略眼光。虽然如此，朱棣并没有立即提出迁都计划，之所以如此，有下列原因：

第一，朱棣自己刚从建文帝手中夺取政权，时下最大的问题是维持稳定。定都应天是太祖定下来的，若迁都北京则意味着违背祖制，会招来非议，聪明的朱棣绝不会在皇位未稳之时，又给自己找新的麻烦。

第二，明廷官吏大部分是江南地主，这些人过惯了江南生活，不愿意北迁。如河南布政使周文褒、王文振及参议陈祚上疏言"建都北京非便"，反对迁都；还有相当多的大臣以定都南京可以"省南北转运供亿之烦"为由，反对迁都。

第三，北平作为首都的条件还不成熟。靖难战争对北京地区破坏很大，四周一片萧条景象。此时南北交通大动脉——大运河已阻绝多年，南粮不能北运，北京为都城，供给困难，势难持久，加之此时北方军事力量布置未就，没有足够力量捍卫京城。

条件不成熟可以创造。为了实现早日迁都北京，朱棣进行了一整套准备工作。

一是在北平设置机构。永乐元年（1403）正月，改北平为北京；二月设北京留守行后军都督府、北京行部、北京国子监，升北平府为顺天府。永乐七年（1409），设行在六部、都察院于北京。至此，北京的另一套政府机构业已组成。

二是大兴土木。永乐四年（1406），开始修北京宫殿。永乐七年（1409），以北京北面的昌平黄土山为陵址，营造陵墓。永乐十四年（1416），营建北京城。

三是广置卫所，屏障护京。永乐七年（1409）六月，设宣化、清平、居庸、榆林、镇安、怀来、宣城、宁远、威远、德胜诸卫，并在原设京卫上十二卫（锦衣、旗手、金吾前、金吾后、羽林左、羽林右、府军、府军左、府军右、府军前、府军后、虎贲左）基础上，增设金吾左、金吾右、羽林前、燕山左、燕山右、燕山前、大兴左、济阳、济州、通州十卫。

四是发展北京周围经济，开通大运河。朱棣以移民办法开发北京周围地区，永乐元年（1403），将直隶（南京）、苏州、浙江等地富民迁至北京。永乐二年（1404），将山西万户民迁至北京。永乐三年（1405），又将山西万户迁至北京。同时，将大批罪犯也迁徙到北京周围垦种："犯杖给牛种，五年后赋役如民田；犯徒流不给直，三年后如民田。"经过大规模的移民垦荒，北京周围地区经济发生了重大变化。史籍载道："意不二三年间，民益日广，相与披荆棘，除草莱，立成街市，渐至人烟繁夥，百货骈集，野有余粮，民无菜色。"

"西北甲兵，东南财富"。朱棣深知，仅靠北京地区经济是难以承担起京都及西北兵事的需要的，必须将江南财富送达京师。为此，从永乐九年（1411）开始，他命宋礼、陈瑄等人组织疏浚大运河，到永乐十四年（1416），运河体系修复。南粮北运实现了。

与此同时，伴随时间推移，朝中大臣对迁都北京的意义有了深刻的认识。永乐十二年（1414），朝臣杨荣言道："予尝考天下山川形胜，雄伟壮丽，可为京都者，莫逾于金陵。至若地势宽厚，关塞险固，总握中原之夷旷者，又莫过于燕蓟。虽云长安有崤函之固，洛邑为天地之中，要之帝王都会，为亿万年太平悠久之基者，莫金陵、燕蓟若也。……迨我皇上继承大统，又以燕蓟左环沧海，右拥太行，内跨中原，外控朔漠，宜为天下都会，乃诏建北京焉。"（《明经世文编》卷十七）与杨荣意见相同的人越来越多，迁都派力量越来越大，迁都心理条件具备。

在上述工作都已完成的情况下，朱棣认为，迁都北京的条件成熟了。永乐十八年（1420），发布迁都诏：

开基创业，兴王之本为先，继体守成，经国之宜尤重。昔朕皇考太祖高皇帝，受天明命，君主华夷，建都江左，以肇邦基。肆朕缵承大统，恢弘鸿业，惟怀永图，眷兹北京，实为都会，惟天意之所属。实卜筮之攸同，乃做古制，徇舆情，立两京，置郊社宗庙，创建宫室。上以绍皇考太祖高皇帝之先志，下以贻子孙万世之弘规。爰自营建以来，天下军民乐于趋事，天人协赞，景贶骈臻，今已告成，选永乐十九年正月朔旦，御奉天殿朝百官，诞新治理，用致雍熙。（《明太宗实录》卷二百三十一）

强国富民固国基

对于任何一个王朝来说，要求得长治久安必须解决两个问题：富国及安民。朱棣是一个雄才大略的皇帝，他登位初即注意到这两个问题了。

四年的靖难战争造成大片土地荒芜，民众离散，"白骨露于野，千里无鸡鸣"，农业生产受到严重破坏，国家赋税难以收上来，要维持政权，必须有保证政府运转的经济基础，发展生产势在必行。

农民是衣食父母，国家赋役出自成千上万的小民，小民生活"小康"，国家才有稳定的赋役来源，社会才不会发生动荡，朱棣对这一点有深刻的认识。他希望给小民一个"五谷丰登""家给人足"的社会。永乐元年（1403）九月，朱棣对重臣说道："朕即位未久，恐民有所失，每宫中秉烛夜至，披阅州郡图籍，静思熟记，何郡近罹饥荒，当加优恤，何郡地迫边鄙，当置守备，旦则出与群臣计议行之。""如得斯民小康，朕之愿也。"（《明太宗实录》卷二十三）他还打比方说道："满堂宴笑，一人对隅而泣，则一座为之不乐。若今天下有匹夫匹妇不得其所，实为君德之累。"（《皇明政要》卷八）安辑小民、富国强兵成为朱棣施政的重要纲领。为实现国泰民安这一目标，朱棣从下面几方面来着手实施。

◇赈济灾荒蠲赋税

永乐时期，水旱虫等灾害频仍，农业生产受严重影响，农民生活十分艰难，对此朱棣采取赈济措施。如永乐元年（1403），江南之苏、松、杭、常地区发大水，当地生产生活受严重影响，朱棣及时派户部尚书夏原吉前去救灾。夏原吉到达灾区后，一方面放赈，另一方面组织民众修河治水，进行生产自救。永乐二年（1404）五月，江南地区又遭水灾，"五月大雨，田禾尽没。邑中农民忍饥求救，腹着车木行，足踏车轴，眼望天哭。儿女辈呼父母索食，绕车而哭。男女壮者相率以糠杂菱、荬、藻、荇食之。老幼入城行乞，不能得，多投于河。六月，有诏赈济，民始少苏。"（《光庵集·永乐赈济记》）这次水灾发生后，明太宗朱棣派太子少师姚广孝去赈灾。姚临行前，朱棣对他言道："人君一衣一食，皆民所供。民穷无衣食，岂可不恤？君，父也；民，子也。为子当孝，为父当慈，各务尽其道。尔卿往，体朕此心，不可为国惜费，盖散财得民，仁者之政。"（《明太宗实录》卷三十二）姚广孝到达灾区后，蠲免当地食粮六十万石，使灾区"民始少苏"。（《明太宗实录》卷二十六）

永乐二年（1404）六月，北方真定、枣强等处发生严重蝗灾，朱棣闻知后，下令先开仓济民，再具体上报核实。他责备有关官员道："民困如此，济之当如救焚拯溺，少缓即无及矣。今遣人核实，辗转往复，非两月不得。民命迫于旦夕，其可待乎？"

整个永乐时期，朝廷赈灾之多达百次以上，它解决了灾民生计，为灾区尽快恢复生产发挥了积极作用。

◇安辑流民兴屯田

朱棣登基后，面临的是一个流民充斥的社会。四年的战火使民众四处逃难，无田可种；连年的水旱灾害，使得灾民遍野。尽快安置这些流民是使社会生产恢复、社会秩序稳定的重要因素。朱棣称帝不久，即宣谕各地方要员应以安辑流民为其要务，并将结果及时上报。由于中央政府的重视，各地流民安置工作取得明显成效。据史籍记载，永乐元年（1403），河南布政司安置流民三十三万二千二百三十户，流民新垦荒地一十四万七千三百五十八顷；顺天府复业流民达一十八万九千三百户，开种土地六万三千三百四十三顷。永乐二年（1404）江南水灾发生后，明朝政府即于两年内安置灾民十二万之多。

当时，除流民众多外，土地抛荒也极为严重，北方因为战乱及耕作条件较差，土地荒芜现象严重。为了使抛荒土地得以耕垦，朱棣一方面将流民安置在荒地上，另一方面广兴民屯和军屯。

针对有些地区人口稠密、耕地不足的现实，朱棣决定移民屯荒。如河南裕州地广人稀，而山西泽、潞等州县地狭民稠，朱棣便决定"于彼无田之家分丁来耕"，移山西人屯田河南。永乐七年（1409），山东安丘人"人拥地隘，无以自给"，朱棣将他们移"宽乡"河北冀州枣强耕种。永乐九年（1411），山东青、登、莱三府发生水灾，流民移到东昌、兖州。朱棣令当地官府给流民种子、耕牛，让他们就地屯种。

为了鼓励人们垦种荒地，朱棣发布了一系列谕令。对于新垦荒地，永不征收赋税；农民缺乏生产工具、种子时，官府贷给。为了使农民能够尽力农耕，朱棣还发布了《教民榜文》，言道：

> 河南、山东农民中，有等懒惰不肯勤农务业，以致衣食不给，朝廷已尝差人督并耕种。今出号令，此后止是各该里分老人劝督。每村置鼓一面，凡遇农种时月，五更擂鼓，众人闻鼓下田，该管老人点闸。若有懒惰不下田者，许老人责决。务要严切督并，见丁着业，毋容惰夫游食。若是老人不肯劝督，农人穷窘为非，犯法到官，本乡老人有罪。
>
> 如今天下太平，百姓除本分纳粮当差之外，别无差遣。各宜用心生理，以足衣食。每户务要照依号令，如法栽种桑株、枣、柿、棉花。每岁养蚕所得丝棉，可供衣服，枣柿丰年可以卖钞使用，遇俭年可当粮食。此事有益尔民，里甲老人如常提督点视，敢有违者，家迁化外。
>
> （《大明会典·州县二》卷十九）

经过朱棣的督导，永乐时期民屯收效明显。有诗赞道："昔日无人牧马驼，荒凉惟有虎堪罗。……北徙民今治常产，南来我亦构成窝。风光无复前时比，市有亭衢野有禾。"（《嘉靖隆庆州志·艺文》卷一）

除民屯外，朱棣还沿袭洪武时期的军屯之法，来进一步发展生产。永乐时期，军屯除继承洪武时期的基本原则外，在制度上有进一步的改进。为保障军屯切实有效，朱棣制定了赏罚条例。规定："一岁军士食米人十二石之外，人均余十二石者，百户赏钞百锭，千户百一十锭，指挥百二十锭，都指挥百三十锭。均余十一石以下至七石之五等，每等视前各递减赏十锭。均余六石者，都指挥、指挥、千户俱无赏罚。均余五石者，百户罚俸一月，千户二十日，指挥十五日，都指挥十日。……均余无者，百户罚俸六月，千户五月，指挥四月，都指挥三月。军士食米人十二石之内，人均缺一石者，百户罚俸七月，千户六月，指挥五月，都指挥四月。均缺二石以上至六石之五等，每等视前各递增罚一月。"（《明太宗实录》卷二十七）

除赏罚外，永乐时期还变更了洪武时期军屯的一些具体办法。如永乐二年（1404）四月，"更定天下卫所屯田守城军士，视其地之夷险要僻以量人之屯守为多寡，临边险者则守多于屯；在内而夷僻者则屯多于守；地虽险要，而运输难至者亦屯多于守。"永乐三年（1405）正月，"命天下卫所以去（年）所定屯田赏罚，用红牌刊识，永为遵行。"永乐二十年（1422），"诏各都司卫所，下屯军士其间多有艰难，办纳子粒不敷，除自用十二石外，余粮免其一半，止纳六石。"

朱棣整顿军屯的办法实施后，取得了很好的效果，军粮中有一半可靠军士自行解决，国家财政更为富有。

◇兴修水利广植棉

为了发展农业生产，朱棣认识到必须大力兴修农田水利工程，才能够使生产有保障。从永乐元年（1403）开始，朱棣就在全国各地大规模地兴修水利工程。如永乐元年（1403），修筑江南和州保大等圩百二十余里。永乐二年（1404），修泰州河塘万八千丈，浚苏州千墩浦、致和塘、安亭、顾浦、陆皎浦、尤泾、黄泾共二万九千余丈，松江大黄浦、赤雁埔、范家坊共万二千丈。永乐四年（1406），修筑宣城十九圩，浚常熟福山塘等。特别值得一提的是，永乐九年（1411），工部尚书宋礼组织民夫三十万人，疏通会通河，打通大运河全线，南北交通得以改善。

朱棣继承了洪武时期广植桑麻的传统，大力提倡耕种经济作物。各地广兴种棉植桑，种桑棉多者可以免税，不种植者处以经济处罚。这样，永乐时期，棉花、桑蚕产量大增。如永乐十一年（1413），年收布帛达一百八十万匹以上（《明太宗实录》卷九十），永乐十七年（1419），共收得布帛一百二十万六千八百八十七匹，丝绵二十四万六千五百零七斤，棉花绒五十八万三千三百二十四斤。（《明太宗实录》卷一百一十五）人民丰衣足食。

　　朱棣上述发展经济的措施，起到了积极效果，粮食达二千三百四十五万零七百九十九石。（《明太宗实录》卷二十五）钱钞达四百万锭，基本上达到了"富民强国"的目的。对此，史书记载道："是时宇内富庶，赋入盈羡，米粟自输京师数百万石外，府县仓廪蓄积甚丰，至红腐不可食。岁歉，有司往往先发粟赈贷，然后以闻。"（《明史·食货二》卷七十八）

第
五
章

CHAPTER5

首辅用谋

明王朝为了加强中央集权，设立了内阁。内阁设立初期，权力极为有限，阁臣仅为皇帝顾问而已，不能处理政务。到了后来，内阁权力逐渐增大，超过六部，成为"外廷"的中心。为争权夺利，内阁与六部的矛盾斗争日趋激烈。

内阁的领头人称首辅，首辅拥有"票拟"权，即对上奏政务提出处理意见的权力，终明之世出现了严嵩、张居正等权力极大的首辅，他们无宰相之名，却有宰相之实。由于首辅拥有显赫地位和权力，阁臣为求得此位明争暗斗，追逐首辅成为中明之后政治斗争的一大特色。

首辅之"票拟"需经太监"批红"才能够实施，由于秉笔太监拥有"批红"权，内阁首辅要使自己的主张得以奏效，必须闯过秉笔太监"批红"关，这样，首辅与秉笔太监之间时有联合、时有斗争。

瞒天过海安朝政

杨廷和，字介夫，新都人。杨廷和少年好学，聪明过人，十二岁即中举人，成化十四年（1478），十九岁的杨廷和又中进士，被授为庶吉士、检讨之职。

杨廷和仪态风雅，性格沉稳，举止庄重大方，其为文简明流畅，极有章法。杨廷和平日喜好考订掌故，留心民风民俗，对边疆地理形势、攻防形势极为关注，以治理天下为己任。

弘治时期，杨廷和先后参与修撰《明实录》工作，并为太子老师，朝夕教授儒家经典。武宗正德二年（1507），杨廷和由詹事入东阁，由于不愿意附和宦官刘瑾，遭到排挤，被调南京任吏部左侍郎。后又回到京都，为文渊阁大学士，参与机务。首辅李东阳致仕后，杨廷和继任为首辅。

杨廷和沉稳持重，极富计谋，刘瑾当权时，他巧妙与之周旋。刘瑾倒台后，面对明廷危局，他又连施妙计，铲除奸凶，安定朝政。

正德十六年（1521）三月十四日，明武宗去世。武宗无子，皇位继承人一直空缺，此时皇上突然驾崩，新帝未立，朝中局势又极为复杂，处理不善会引发社会动荡。

精明的张皇太后感到局势不妙，立即召杨廷和进宫，商议有关事宜。杨廷和让太后屏去左右后说道："皇帝突然驾崩，而皇储未立，所幸时下众人不知，如走漏消息，必定有不怀好意之人，乘皇位空悬之机作乱，其中威胁最大者为提督江彬，望太后预加防范。"张皇太后听罢，十分惊慌，忙向杨廷和请求计策。杨廷和说道："为今之计，只有秘不发丧，先定大计，此处耳目众多，不如行至大内，再作计较。"太后应允。张太后与杨廷和在大内与太监张永、谷大用等人就立储问题商讨妥当。

第二天，朝内文武大臣齐集于内阁，杨廷和即从衣袖中抽出祖训，对众官员宣布道："兄终弟及，祖训诏然。兴献王长子，系宪宗皇帝孙，孝宗从子，皇帝从弟，按照顺序，理当推立。"随后即派人入启太后。杨廷和率百官至左顺门候旨。不久，中官奉出遗诏及太后懿旨，宣布定立兴献王长子朱厚熜嗣帝位。此时，文武官员才知晓武宗已离开人世。那些对兴献王长子继帝位不满的大臣，因为遗诏已下，帝位归宿已定，也没办法。一场潜伏的皇权危机终于解除了。

当甲方有重大失误或对突发事件准备不足之时，为避免乙方抓住自己的失误或乘机向甲方发难，甲方往往采用"瞒天过海"之计加以应对，即将自己的失误掩盖起来，封锁突发事件的消息，使对手一无所知，待时机成熟之时，再将事情原委公布，对手因为失去时机而不敢发难。明武宗突然驾崩，由于武宗生前未立太子，皇位继承人不明，此时若消息传出，朝中窥伺皇位者，必然蠢蠢欲动，并可能引发一场帝位争夺战。首辅杨廷和对此洞察清楚，他封锁消息，等与太后商定好皇位继承人后，才公布武宗去世消息，恰到好处地运用了"瞒天过海"之计。

笑里藏刀除江彬

　　立储问题解决并不等于明廷危局完全解除。当时，武宗去世时，手握重兵的武将江彬在外，如今新帝已立，如何处置江彬是关系朝廷政局的又一大问题。杨廷和决定，以武宗遗诏名义罢黜团营，看江彬有何反应，然后相机铲除他。

　　在外忙于改组团营的江彬，突然接到罢黜团营的遗诏，心中惊慌不已，急忙与其党羽商量计策。都督李琮认为："以前皇上对我们亲密有加，许多事情我们都清楚，今宫中行事如此神秘，一定是对我们产生了怀疑。如今皇上已经归天，为今之计，不如速图大计，如果成功，则享荣华富贵，万一不成，我们就远走塞北，苟延活命。"江彬觉得事关重大，不敢草率行事，便请安边伯许泰前来商议。许泰也忧心忡忡，举棋不定，他对江彬说道："杨廷和敢动边军团营，一定有准备，我们不能鲁莽行事，应慎重为妙。"江彬思索良久，最后决定让许泰入京探听消息，然后再作打算。

　　许泰到京城后，径直去内阁，刚巧碰上杨廷和。二人寒暄过后，杨廷和明白了许泰的来意，眉头一皱，计上心来。他面带笑容地对许泰缓缓说道："许伯爵来得好，我等因大行皇帝仓促晏驾，忙于诸事，头绪繁杂，正欲邀请公前来协助，无奈遗诏上面写明罢团营，遣边兵，这些事情都要仰仗江提督妥为解决，所以一时没有奉请，还请见谅。"许泰见杨廷和态度温和，所作解释又合情合理，便消除了先前的疑惑。他对杨廷和说道："江提督为此事特派兄弟我前来探问，国家大事准备如何处理？"杨廷和随即表示："奉太后懿旨，已派人前往安陆迎接兴献王世子继位，但来往尚需时日，现在国家事务倥偬，办起来没有一点把握，还请许伯爵回去禀报江提督，如果可能的话，还请他一同前来商量机宜，我同内阁诸僚翘首以待。"听了杨廷和这么一说，许泰十分高兴，立即辞别杨廷和回去了。

许泰一走，杨廷和立即召司礼监魏彬、太监张永等人密商对策，他将与许泰的谈话内容重复了一遍，然后说道："现在嗣统有人，大家不必忧虑，但还有大患未除，你们说应该怎么办呢？"魏彬问道："你所说的大患，莫非是指水木旁（指江彬）么？"杨廷和还未来得及回答，张永即抢答道："何不速诛此贼！"杨廷和见大家意见一致，便说出了自己已经邀请江彬等人入宫，届时要大家相机擒拿他们。大家都表示赞同。随后，杨廷和令魏彬速禀太后，太后当即应允。

许泰向江彬一一禀报了见杨廷和的情形以及京城的动向。江彬知晓后，心里安定多了，图谋异志的想法不复存在了。过了数日，江彬带着卫士数人，前往大内，魏彬在门外已等候多时，见江彬一行来到，即上前说道："坤宁宫正要落成，今天置屋脊兽吻，昨奉太后懿旨，简派大员及工部致祭，江公来得正是时候。"魏彬随即宣读太后旨令，令江彬及工部尚书李镋前往恭行祭典。江彬十分高兴，连忙换了衣服，入宫致祭。祭礼完毕，江彬遇见张永，张永十分亲切地邀江彬去宴饮，江彬不好推辞，便随张永入席。酒过数巡，忽然听到外面有人喊道："太后懿旨到！"张永、江彬忙跪下接旨，来人宣布："速逮江彬！"此时，江彬才知上当受骗了，但回顾左右没有一个亲信，知大事不好，便惊慌而逃，但当他策马到西安门，门已关闭，江彬又调马回头，往北安门狂奔，城边武士已等候多时，将他捆缚，李琮、许泰等人也被同时拿下。李琮见到江彬大骂道："早听我言，岂能为人所擒？"不久，江彬等人被处斩。杨廷和就这样轻而易举地铲除了朝廷的心腹之患。

江彬是明武宗宠信的武将，他掌握着朝廷军权，培养了一大批私人势力，实为朝廷的一大隐患。武宗突然驾崩，后嗣一时无人，江彬若在此时发动叛乱，则后果不堪设想。作为首辅的杨廷和在新主未立之前，面对危局，镇定自若，用笑里藏刀之计，一举消除了江彬集团。兵法上讲："信而安之，阴以图之，备而后动，勿使有变，刚中柔外也。"（《三十六计·笑里藏刀》）杨廷和正是利用了这一策略。

有备无患安边关

杨一清，字应宁，云南安宁人，年少即能赋诗作词，被认为是"神童"，因此被推荐到翰林院学习，明宪宗命令内阁找一位好老师教育他。十四岁时，杨一清乡试中举，成化八年（1472）为进士，不久便被授为中书舍人，后来又升为山西按察佥事，提督陕西学政。

杨一清善于思索，"性极敏"，十分关心国家大事；"好谈经济大略"，（《明史·杨一清传》卷一百九十八）在陕西任职八年间，十分留意边地事务，对边镇的山川形胜了如指掌。

弘治十五年（1502），因为兵部尚书刘大夏的推荐，杨一清被提升为都察院副都御史，督理陕西马政。此时沿袭已久的茶马互市，因为私茶大量出番而被废置。杨一清上任后，严禁私茶大量出境，由官府在边地售茶给蒙古部落，以此交换马匹。这样，茶马互市又开，明廷获利不少。为对付蒙古骑兵南下，杨一清选将练兵，在固原城附近再修筑平虏、红古二城，以声援固原重镇，并在黄河边筑修碉堡。杨一清还加强对边军的整顿，对贪污克饷的将领侯郑宏实行罢免，并裁减冗费，军队战斗力日渐提高。

武宗时期，蒙古骑兵常进扰明西北地区，延绥、甘肃、固原等边镇时常被围攻。在蒙古贵族的劫掠下，西北地区土地荒芜，百姓失所。面对蒙古贵族的劫持，明西北边军却没有办法。身为边臣的杨一清，发现了问题所在。他上书朝廷，指出"有警不相援"，边镇各自为政，不相统属是造成不能有效御敌的重要原因。一旦蒙古贵族南下，各边镇只注重自己利益，一边镇遭攻击，临近边镇因为不是自己防区而坐视观望，不救援，形成一镇对强敌的局面，当然不能抗衡敌军。鉴于此，他建议设一大臣兼领各镇。兵部尚书刘大夏同意他的意见，朝廷任命杨一清为右都御史总制延绥、宁夏、甘肃三镇事务。

杨一清上任后，提出了一整套修边策略。他指出："防边之策，大要有四。一是修复残断城墙，稳固边防；二是增设卫所，壮大边兵；三是经营好灵、夏据点，稳定内部；四是整顿韦州，抗御外敌。"对于这四点，杨一清一一进行阐明，并提出了具体办法。

首先，修复残断城堡。杨一清分析了边镇防线不全的情况及其利害，他说："陕西各边镇，延绥据处险要地段，宁夏、甘肃靠近黄河，并依大山，只有花马池至灵州地带，面积广大，而城堡失修。蒙古骑兵从残断墙入内，不仅附近地区遭受涂炭，而且固原、庆阳、平凉、巩昌等地也受其害。成化初年，宁夏巡抚徐廷璋修筑边墙，连绵二百多里。余子俊又对延绥重镇多次加固，因此，蒙古贵族有二十多年不得进入河套地区。后来，边备疏忽，边墙一天天毁圮，不足以挡蒙古骑兵，致使从弘治末年到今天，蒙古贵族接连入侵。后来，都御史史琳在花马池、韦州两地设立营卫，总制尚书秦纮仅修复四五个小城堡，以及靖虏至怀庆七百多里地带残断围墙，便说可无患也。不到两年，蒙古贵族又入侵，可见秦纮所修筑不足以抵御敌人。"

其次，以河套地区为防守重点。杨一清极为重视河套地区的战略地位，他从历史到现实说明了加强对这一地区控制的重要性："今天的河套即周代的朔方、汉代的定襄、唐代张仁愿在这里修筑了三座'受降城'，置烽火台一千八百个，突厥人因此不敢越境而牧马。古代成就大事的人，没有不是先劳苦而最后受益的。'受降'地方三面险要，'当千里之蔽'。我朝初年舍弃受降地，而设卫于东胜，已经失去一面之险要了。后来，又弃东胜而加强延绥，则以一面而遮千余里之险，这样，肥沃的河套地区成为蒙古贵族的老巢了。深山大河，全在蒙古一边，而宁夏外险仅南备河，这就是边患不断而不能根治之缘故。时下，实在应当再守东胜，凭借黄河构筑防御工事，东面连接大同，西面与宁夏相通，使河套方圆千里之地归我朝，用之放牧、农耕，在这里屯田数百万亩，可免去从内地输运粮食之苦，这是上策。如果做不到这一点，今天修筑边镇，到敌人进攻时，将更加束手无策。"

最后，筑西北防线。针对眼下形势，杨一清指出："延绥、安边营、石涝池至横城三百多里，应该设立墩台九百座，暖谯九百间，守军四千五百人；石涝池至定边营一百六十三里，应修筑护墙一百三十一里，险峻可产削者三十二里，再建立墩台，以连接宁夏东路；花马池地方无险可守，敌人来犯时，只能依靠军队硬拼，应该在此建立卫所；兴武营守御所兵力不足，应当招募补充；从环庆以西至宁州，应当增设兵备一人；横城以北，黄河南岸有墩台三十六座，应当加以修复。"

武宗对于杨一清的上述建议十分赞同，下令发国库十万两银交杨一清修筑防护墙。此时朝中大权为宦官刘瑾掌握，刘瑾恨杨一清不愿归服自己，多方与杨一清为难，他唆使手下诬蔑杨一清滥用边费，要将其逮捕下狱。因为大学士李东阳等人上疏救助，杨才免被受刑。杨一清不得已，便辞官回乡，其边防城墙只在紧要处修了四十多里。杨一清的设想没有实现，这便直接导致嘉靖年间蒙古贵族多次入侵河套和"庚戌之变"。

借刀杀人除刘瑾

明武宗信用宦官刘瑾，依仗皇帝的信任，刘瑾掌握了锦衣卫、东厂、西厂。他培植私党，对文武百官进行监视，打击正直官吏，广置庄田，欺压乡民，人民怨声载道，朝中官员无不对他恨之入骨。许多人都想铲除他，但都因办法不当而失败。升为首辅后的杨一清终于看准时机，用计铲除了刘瑾。

明武宗正德五年（1510），安化王朱寘鐇勾结死党叛乱，人民涂炭。作为武宗宠臣的司礼监太监刘瑾开始想瞒过武宗，虽然表面矫旨命官员征讨，实际上却对此事置之不理。后来由于朱寘鐇气焰极为嚣张，刘瑾见要隐瞒此事已不可能，便不得不向武宗报告。武宗即命都御史杨一清、太监张永率兵平叛。

杨一清率部出征不久，即将叛逆剿灭。在回师路上，他对张永感叹道："藩宗有乱容易清除，朝廷有乱则不能马上清除，你说怎么办呢？"张永听到此言吃惊地问道："你这话是什么意思？"杨一清便靠近张永，用手指写了个"瑾"字。张永见此叹气说道："刘瑾早晚侍候皇上，极得皇上宠爱，皇上一天不见他，就闷闷不乐，如今他拉帮结派，羽翼已丰，并且耳目众多，要想除掉他确实不容易。"杨一清低语道："你也是皇上的近臣，皇上对你也十分器重，并将讨伐叛逆的重任交付于你，可见皇上对你信赖有加，你若回朝后，向皇上说说宁夏之事，皇上肯定会问你此事兴起缘由，你届时呈上朱寘鐇伪造的檄文，并诉说刘瑾扰乱朝纲，图谋不轨，海内愤恨，天下将要大乱。我料想，到时皇上一定会采纳你的建议，诛杀刘瑾。刘瑾被杀，皇帝会更加器重你，到时再收复人心，矫正刘瑾的行为。"张永答道："此计是好，但若不成，岂不断送了自己?"杨一清说道:"别人向皇上奏请此事，成不成不敢肯定，如果你奏请，则一定会成功。退一步说，即使你的建议未被采纳，你可以叩头请求一死，表明你的忠心，皇上一定非常感动。现在是行动的时候了。请记住机不可失，行动迟缓会招来灾祸的。"张永点头赞同。

刘瑾听说杨一清、张永平定宁夏叛乱，押安化王朱寘鐇进京，就先行入宫，谒见武宗。武宗亲自在东华门设宴犒劳张永等将士，刘瑾一直陪同至深夜。后来因为心事重重，刘瑾退下。张永乘机从怀里掏出写好的奏折，诉说刘瑾激起宁夏叛乱，并列举了刘瑾图谋不轨的十七条罪状，要求武宗处置刘瑾。武宗因为饮酒过多，昏昏说道:"今天只喝酒，不谈别的事。"张永劝说道:"陛下喝酒的日子还多着呢。如今大祸临头，还犹豫不决，不但为臣会粉身碎骨，就连皇上也不能长守太平。"武宗闻此言吃了一惊，愤愤说道:"我待他不薄，他为何想害我!"正在此时，太监马永成也奏报说:"刘瑾要造反了!"并陈述了外面的传闻风声。武宗此时才彻底觉悟，急派张永率兵缉拿刘瑾。

当张永带兵到刘瑾住处，刘瑾还在床上做梦。张永即宣旨，令士卒绑刘瑾。

刘瑾就缚后，被打进天牢。当时，武宗还不想杀他，将大臣召集起来，宣读张永所奏，讨论应定刘瑾何种罪名。刘瑾的爪牙极力为之辩护，并说没直接证据，不能证明叛乱真假。武宗听后，沉吟片刻道:"速派人抄其家，待发现证据再行处理。"武宗亲率百官到刘瑾家搜查，寻得黄金二十四万锭，银五百万锭，而且还得到匕首一把。武宗见状，大发雷霆道:"大胆刘瑾，果想害我，拉出去斩了!"

武宗时期，宦官得势，刘瑾受宠又居宦官之首。由于他掌握军政大权，要诛杀他很不容易。"兵家惟其先，故能有夺人之心。"(《兵垒》)御史杨一清正是利用这一先声夺人之计，说服皇帝近臣张永，采用先发制人之策，以迅雷不及掩耳之势，将刘瑾擒拿，为朝廷铲除了一大祸害。

投其所好成首辅

张璁，字秉用，永嘉人，正德十六年（1521）进士。张璁本是一个才能一般的人，按其才学很难有腾达机会，然而明世宗孝敬生身父母的心愿给了他崛起的机会。

正德十六年（1521）三月，明武宗病死，武宗无子，最后确定由武宗从弟兴献王的长子孝宗从子朱厚熜继皇位，是为明世宗，年号嘉靖。

明世宗之父朱祐杬，系宪宗之子，封在湖广安陆，兴献王朱祐杬死后，由朱厚熜袭王位。朱厚熜是一个虚荣心极强的人物，他被确立为皇位继承人后，在入宫路线问题上，就与首辅杨廷和产生矛盾，否定了杨廷和提出的入宫路线，坚持要从皇宫正门径直进大殿接受皇位。登位不久，又为其生身父母的封号问题与朝臣发生激烈冲突，从而引发了明代历史上有名的"大礼仪"之争。

朱厚熜由藩王而入承帝位，但并非正统的皇帝继承人。他深忌大臣轻视自己出身不正，力图抬高生身父母地位。正德十六年（1521）四月二日，也就是他继位后第五天，下令礼官集议崇祀其生父兴献王的典礼，企图用尊崇自己生身父母的办法来抬高自己的地位。礼部尚书毛澄向首辅杨廷和征询此事的处理办法。杨廷和认为，按照宗法制原则，继位必须继统，明世宗应当效法汉朝定陶王入继汉成帝和宋代濮王入继宋仁宗的故事，"宜尊孝宗为皇考，称兴献王为皇叔考兴国大王，母妃为皇叔母兴国太妃，自称侄皇帝名，别立益王次子崇仁王为兴王，奉献王祀。有异议者即奸邪，当斩。"（《明史·杨廷和传》卷一百九十）这就是说，明世宗不得称自己的生身父母为父母，而应当尊崇其叔父明孝宗朱祐樘为生父。

对于这样的处理意见，明世宗当然不能接受，他气愤地说道："难道父母也可以变更吗？"下令朝臣再议此事，但朝中大臣都拥护杨廷和的意见。世宗见此，多次召见杨廷和，赐茶慰谕，希望他能够改变原议，但杨廷和不听，礼仪问题陷于僵局。

就在帝王与大臣围绕礼仪问题相持不下的时候，极富揣摸心思的观政进士张璁上《大礼疏》，提出了符合明世宗想法的主张。他说，汉定陶王和宋濮王入继汉成帝和宋仁宗，是在汉成帝和宋仁宗都在世之时，"皆预立为皇嗣，而养于宫中，是明为人后者也。"而今上则不同，武宗在世时并没有确定世宗为继嗣，只是到武宗死后，"而廷臣遵祖训，奉遗诏，迎立皇上，入继大统，遗诏直曰：'兴献王长子伦序当立。'初未尝明著为孝宗后，比之预立为嗣，养于宫中者，较然不同。……今日之礼，宜别为兴献王立庙京师，使得隆尊亲之孝，且使母以子贵，尊与父同，则兴献王不失其为父，圣母不失其为母矣。"（《明史纪事本末·大礼仪》卷五十）

张璁的疏议，为明世宗尊崇本生父母提供了理论依据，世宗得此奏疏，如获至宝，高兴地说道："此议实遵祖训，据古礼，此论出，吾父子获全矣。"（《明史·张璁传》卷一百九十六）世宗当即召见杨廷和，下令"尊父为兴献皇帝，母为兴献皇后，祖母为康寿皇太后"。但杨廷和抗命不从，双方闹得不可开交，最后达成一个妥协协议："世宗生父兴献王宜称兴献帝，母宜称兴献后。"

在第一回合交锋后，杨廷和利用手中权力排斥在议礼中意见不同的人，提拔与自己意见相同的人。正德十六年（1521）十二月，杨廷和将张璁安排到南京，任刑部主事，使之远离朝廷，并写信道："子不应南官，第静处之，勿复为《大礼说》难我耳。"

世宗不会满足已取得的胜利，他于正德十六年（1521）十二月下御札，要在兴献帝、后前面加上"皇"字，杨廷和等大臣坚决反对，他们以慈寿皇太后所发"懿旨"为依据，并将嘉靖元年（1522）正月清宁宫后殿失火与"兴献帝、后"加称"皇"字联系在一起。迷信神灵的世宗只得接受杨廷和等人的意见，世宗的目的没有达到。杨廷和等人虽然取得了胜利，但是由于他屡持异议，引起世宗不满，杨自己也觉得前景不妙，于嘉靖三年（1524）正月请求致仕乞休。

被赶到南京的张璁当然不会甘心，他看准了皇帝的心思，重新为礼仪而呐喊。在杨廷和罢官回乡前，南京吏部主事桂萼与张璁一道上疏，发表与杨廷和意见相反的主张，要求皇帝"循名考实，称孝宗为皇伯考，兴献王曰皇考，而别立庙于大内"。明世宗对此非常重视，但由于这一变更关系"天理纲常"，世宗下令"令文武群臣集议可否"。以吏部尚书乔宇、新任礼部尚书汪俊为首的多数大臣仍坚持杨廷和主张，给事中张翀等三十一人，御史郑本公等三十一人"各执章力论，以为当从众议"。张璁的意见只有少数人附和。世宗非常恼火，一气之下，夺了不少官员俸禄，在这种情形下，汪俊等人退了一步，更议"于兴献帝，兴国太后之'帝''后'前面各加'皇'一字，以备尊称"。奉兴献帝为本生皇考穆献皇帝，兴国太后为本生母章圣皇太后，并且在奉天殿侧别立一室以崇祭祀。世宗对此并不满足，他不正面回答这一意见可否，而是下令调张璁等人由南京回京师集议。

张璁深知皇上用意，继续上疏讨论原有主张，提出"今之加称，不在皇与不皇，实在考与不考"。明世宗对这一建议非常感兴趣，于是在嘉靖三年（1524）三月下令："本生父兴献帝，本生母兴国太后，今加称为'本生皇考恭穆献皇帝''本生母章圣皇太后'。"并决定在奉先殿侧别立一室，以崇祭祀。这时，张璁、桂萼等人已奉诏赴京行至凤阳，从邸报上看到世宗的上述命令后，又写奏疏，极论两考之非，说："臣知'本生'二字，决非皇上之心所自裁定，特出礼官之阴术。皇上不察，以为亲之之辞也，不知礼官正以此二字为外之之辞也。"主张只认生身父兴献王为皇考，去掉兴献王尊称中的"本生"二字。张璁等人至京师后，又"复列十三事以上"，进一步征古援今，系统地说明其主张，指斥"礼官欺罔之罪"。明世宗根据张璁的意见，多次召大学士毛纪等人，要求去掉其生身父母"尊称"中的"本生"二字。毛纪等人不从，世宗大发脾气，召百官至左顺门，正式下令："本生圣母章圣皇太后，今更定尊号曰'圣母章圣皇太后'。"朝臣对此极为不满，会朝刚罢，两百多朝臣跪哭于左顺门，请求世宗继续尊称孝宗为皇考。世宗一怒之下，逮捕一百三十四人下狱，一百八十多人受杖责。此后，绝大多数朝臣

"顺旨"，明世宗主张顺利地得以实现。

　　张璁由于在"大礼仪"过程中功绩卓著，深得世宗赏识和重用。召回京师不久，被任命为翰林学士，于嘉靖六年（1527）入阁，入阁后，首辅虽是杨一清，但张璁实权超过杨一清，成为实际首辅。嘉靖八年（1529）九月，杨一清致仕，张璁成为首辅。

　　纵观"大礼仪"全过程，我们可以看出，明世宗之所以能够实现其意图，与"崇礼派"的努力分不开。张璁可以说是崇礼派主将，从"大礼仪"开始到结束，他都起着领袖作用。善于揣摸帝意的张璁，审时度势，看准了皇帝对"礼仪"的重视，在众人反对的情况下，独持异议，为皇帝实现其意图找到了理论根据，并且根据皇帝的不同要求而不断进行新的论述，达到了与皇帝的默契。可以说张璁是一个阿谀奉承的小人，也可以说他是一个顺应潮流、远见卓识的智者。

　　从中国封建宗法制度的内容看来，"崇礼派"与"反对派"的主张都没有对错之分，两派都有合理之处，崇礼派以宗法制度的"孝"为理论依据，而反对派则以"忠"为理论立足点。崇礼派最后能够取得胜利并非是其道理胜过反对派，而是皇权运行的结果。在专制社会中，有什么能够挡住皇权的淫威呢？

随机应变掌机务

夏言，字公谨，江西贵溪人，正德十二年（1517）中进士，嘉靖初年为兵科给事中，参加过清理畿辅庄田的活动。嘉靖初年，首辅张璁以礼仪功臣自居，锋芒毕露，排斥异己，引起许多朝臣不满。由于张此时深得世宗宠信，且位居首辅，大臣们敢怒不敢言。后来，随着告发张璁的人日益增多，皇帝对他也渐渐厌恶了。

"性警敏"的夏言，是一个非常注意吸取经验教训、具有远见的人物。鉴于张璁锋芒毕露、目中无人、惹怒皇上、得罪下臣的教训，夏言一开始走上仕途便注意收敛自己，含而不露，采取顺上悦下的策略，时间一久，夏言便博得满朝文武的好感，由于他善于写青词，也得到世宗皇帝的赏识。

世宗皇帝是一个极为讲究礼仪的帝王，"大礼仪"之后，世宗"遂以制作礼乐自任"。（《明史·张璁传》卷一百九十六）当是时，"帝锐意文事，以天地合祀非礼，欲分建二郊合，并日月而四"。

对于世宗这一建议，作为首辅的张璁"不敢决"。夏言则投其所好，向世宗上疏道："自古帝亲耕，后亲蚕。"请世宗"亲耕南郊"，请皇后"亲蚕北郊""为天下倡"。世宗认为，夏言的这个"南北郊之说"与自己的"分建二郊"主意相合，便令首辅张璁向夏言说明己意，要其论证"分祭"的合理性。夏言不仅证明了"分祭"的合理性，而且进一步提出"分祀天地"的主张。朝臣对这一主张纷纷反对。明世宗将反对最激烈的詹事霍韬下狱，同时下诏书奖励夏言，赐四品服俸，并且采纳了他"分祀天地"的建议。

初尝胜果的夏言并不满足，继续在礼乐方面为皇帝出谋划策，他"赞成二郊配飨议""赞帝更定文庙祀典及大禘礼",这些都是世宗皇帝极力想实现的,夏言因为这些主张"大蒙帝眷",更加受到皇帝器重,嘉靖十年(1531)三月,夏言被提升为少詹事,兼翰林学士。

夏言的崛起引起了首辅张璁的忌恨,为了保持自己在皇上面前的绝对地位,张璁便处处与夏言为难,夏言也不甘示弱,针锋相对,两人矛盾越来越深。

嘉靖十年(1531)秋,鉴于武宗无子,为寻找皇位继承人而颇费心神的前鉴,行人司正薛侃上疏言道:"祖宗分封子弟,必留一人京师司香,有事居守,或代行祭飨。""乞寻旧典,择亲藩贤者居京师。""以待他日皇嗣之生。"当时,"明世宗方祈嗣",忌讳这类事情,一怒之下,将薛侃下狱审讯,并要求薛交代主使者。

薛侃在上此疏之前,奏疏曾让张璁党羽太常卿彭泽看过,彭泽预计此疏上奏后,会"触帝讳"而兴大狱,认为可利用此机会诬陷夏言,讨好张璁,又将疏草让张璁看,而后,彭泽对薛侃说道:"张首辅认为此疏很好,这是事关国家大事,定会从中支持。"并催促薛侃及时上奏。张璁看过疏草后,将之抄下,交给了世宗,并称:"这一奏疏出自夏言之手,皇上不要先发,等待上疏。"当皇帝将薛侃下狱审问时,彭泽暗示薛侃,说此事为夏言主意,但薛侃没有顺从,而是和盘托出真相,世宗知真情后,十分气愤,斥责张璁"忮罔",命他告老还乡。一心想除掉夏言的张璁,结果是搬起石头砸自己的脚。

世宗对夏言本有好感,在张璁陷害夏言后,夏言在皇帝心中地位进一步提高,不久,夏言被任命为礼部尚书。成为礼部尚书后,世宗皇帝的"制礼作乐"多为夏言所为,当时的阁臣翟銮、李时能力太差,对礼乐之制不熟悉,"仅充位"而已。嘉靖十五年(1536)闰十二月,夏言入阁,参与机务,此时夏言虽不是首辅,但"政多自(夏)言出"。不久,夏言取代李时,成为首辅。

夏言之所以能从一般官僚荣登首辅之位,除其有一定能力外,主要是紧紧抓住皇帝心理,投其所好,取得皇帝的信任。另外,在同张璁斗争中,夏言处事谨慎。张璁则由于位居高职后,对形势认识不清,设置陷阱,最终为皇帝所抛弃。

迎合帝意升相国

严嵩，字惟中，江西分宜人，弘治十八年（1505）进士，早年"读书铃山十年，为诗古文辞，颇著清誉"。进入仕途后，由于善于见风使舵，讨好皇上，最终成为首辅，权倾一时。

进入仕途后的严嵩深知，要使自己能够飞黄腾达，必须取得皇帝的信任，而要得到皇帝的信任则必须善于审时度势，了解皇帝的心态，一切以皇帝的意志为转移。嘉靖七年（1528），任礼部右侍郎的严嵩奉世宗皇帝命令到湖广安陆祭奠世宗生父的陵墓。事毕还京后，严嵩为了讨好世宗，说道："臣下奉令祭奠陛下生父，在宣读完册祭文的时候，天降喜雨，秋虹现空，成群的鹤鸟在天空翱翔，当神道碑立定于汉江旁时，江水急骤上涨，这是上天降祥瑞的征兆，请允许臣下撰文刻石记载这一盛事。"爱听好话的明世宗听了严嵩这一番吹嘘，心里十分高兴，立即下令升严嵩为吏部左侍郎。

爱慕虚荣的明世宗竭力想抬高生父的地位，他在明堂祀其生父，"以配上帝"，不久，又想将其宗庙迁入太庙。对于这一明显违背封建宗法礼仪的举动，包括严嵩在内的朝臣集体反对。明世宗对朝臣们的这种态度极为不满，"著《明堂或问》示廷臣"。极善于见风使舵的严嵩发现风向不对，马上改变自己原来主张，积极为世宗筹划礼仪诸务，使世宗皇帝实现了愿望。严嵩因为出力甚多，被皇帝"赐金币"。（《明史·严嵩传》卷三百八）从此以后，严嵩将全部精力放在献媚皇上上面。

严嵩地位不断上升之时，内阁首辅是夏言。夏言本来也是一个极善于揣摸皇帝心思、讨好奉承皇上的人。史载，夏言每被召见"谈政事"，均"有所缚会"（《明史·夏言传》卷一百九十六），但在见风使舵、讨皇上欢心方面，则远不如严嵩。嘉靖十八年（1539），夏言与严嵩随同世宗去湖广参谒帝陵。谒陵完毕后，夏言请求立即回京。而严嵩揣摩出世宗想要大臣撰写贺表诏示天下的心思，便向皇帝"再请表贺"。世宗非常高兴地说："礼乐自天子出可也。"下令表贺。从此，皇帝喜欢严嵩而疏远夏言。

明世宗为追求长生不老，信道士方术，日事斋醮，兴致颇浓。嘉靖二十一年（1542），明世宗在西内斋居，许诸贵人得乘马，夏言独用"小腰舆以乘"。明世宗喜欢戴香叶巾，"命尚方仿之制沈水香为五冠，以赐言及嵩等"，夏言推说，"非人臣法服"，不愿穿上。而严嵩则在召对之日，"故冠香叶，而冒轻纱于外，令上见之"。明世宗从此更加恨夏言而喜严嵩了。

严嵩不仅善于见风使舵，而且还善于忍耐。严嵩与夏言是同乡，严嵩较夏言先中科举，而官位却在夏言之下。对于这一点，严嵩觉得很不公平，但他深知"小不忍则乱大谋"，表面上得对夏言毕恭毕敬，经常摆酒席宴请夏言，主动到夏言府宅拜访问安。而夏言认为严嵩才能"实下己"，多次借故不见。对于夏言的轻视与冷落，严嵩表面上装得若无其事的样子，内心充满了对夏言的仇恨，发誓要取代他的位置，而夏言对此毫无察觉。

夏言遭明世宗冷落后，十分害怕被驱逐，此时严嵩已得到皇帝信任，夏言为保住自己位置，到严嵩府宅，想请求严嵩在皇帝面前为自己说好话，可狡猾的严嵩根本不与夏言见面，而是到世宗信任的方士陶仲文家，与陶商量，如何攻击夏言，取代其位。夏言发现了严嵩的阴谋后，唆使手下在皇帝面前状告严嵩，但此时的明世宗对严嵩爱意已深，根本听不进大臣的进言。严嵩见夏言欲置自己于死地，便充分利用皇帝信任自己的机会加紧反击。嘉靖二十一年（1542）六月，严嵩多次见皇上，每次都在皇上面前叩头哭泣，诉说夏言居高临下，欺侮自己。明世宗便手敕礼部，"历数夏言罪"，同年七月，削去夏言首辅之职。

夏言去职，严嵩扬眉吐气。嘉靖二十一年（1542）八月，严嵩升为武英殿大学士，入直文渊阁。此时年过六旬的严嵩精神抖擞，"不异少壮"（《明史·严嵩传》卷三百八）。为了进一步往上爬，严嵩装出一副勤政的样子，从早到晚一直在西苑板房工作，且不回家洗澡。世宗皇帝知晓此事后，"谓嵩勤"，对他更加信任了。

　　夏言被削职后，严嵩虽然受重用，但毕竟还没当上首辅，这时的首辅是翟銮，严嵩对翟銮位居己上十分不满，"终恶銮，不能容"。为了搞垮翟銮，他四处找机会。

　　嘉靖二十三年（1544），翟銮的两个儿子翟汝俭、翟汝孝与其老师崔奇勋以及翟銮亲戚焦清同时中进士，严嵩认为其中必有诈，便令其党羽给事中王交、王尧上奏皇上，言四人考试作弊，请求弹劾翟銮。八月，翟銮被削职为民，严嵩终于夺取了首辅之位。

　　严嵩能当上首辅主要是因为他能够迎合帝意，同时，在政治斗争中善于审时度势，当自己力量不够时，采取忍耐策略，一旦条件成熟后，则立即反击，结党营私，罗织罪名于政敌，显示出老道政客的能力。

以退为进二度相

严嵩成为首辅之后，成了一人之下、万人之上的权臣，地位的变化使他改变了以前那种为人奉承、迎合的处事态度，他变得独断专行、我行我素了。

严嵩"事取独断，不相告白"的态度，引起众多大臣的反感。阁臣吏部尚书许赞、礼部尚书张壁同纷纷向皇上表示对严嵩的不满，皇上很不高兴。狡猾的严嵩发现这一点后，向皇上进言说："独蒙宣召，于理未安。"今后诸大臣应当与自己一样，可向皇上进言机务，大家共同辅政，效法前朝蹇义、夏原吉及三杨共同辅政之故事。严嵩嘴上是这样说，但实际上并未这样做。世宗知道严嵩专横的情形后，对他讨厌起来。

早先被严嵩斗败的夏言，吸取了失败教训，不断酝酿着东山再起。为了重新取得皇帝的信任，他费尽了心思，每当遇上元旦节、皇上生日，夏言都上表祝贺，并谦称自己为"土臣"，明世宗渐渐对他又产生了好感。嘉靖二十四年（1545）十二月，夏言被召还内阁，"冬复其原职，且加少师，位在嵩上"。首辅之职从严嵩手里又转入夏言手中。

夏言再度为首辅，对其政敌严嵩恨之入骨，"直陵（严）嵩，出其上"，对所有奏折的批答，丝毫不征求严嵩意见，严嵩对此不敢说一个"不"字。对于严嵩任用的官员，夏言一一驱逐，严嵩也不敢救护，唯有心里充满了对夏言的刻骨仇恨。当时，对严嵩的专横、贪婪极为愤怒的朝中大臣，对于夏言压制严嵩拍手称快。时间一久，"废弃久，务张权"的夏言由于对官吏的打击面过宽，对于不是严嵩党羽的朝中正臣也加以打击，加之"所谴逐不尽当",朝臣对夏言也颇有怨言。有一次,御史陈其学"以盐法事"弹劾京山侯崔元和锦衣卫陆都督,夏言根据御史的陈述,拟旨处理二人,二人在皇上面前哭跪,被免除死罪。从此崔、陆二人对夏言恨之入骨,倒向严嵩一边,与严嵩一起谋划驱逐夏言的办法。夏言对此却毫无察觉。

夏言大权在握,目中无人,经常怠慢大臣。有一次,明世宗派太监找夏言,对于前来的太监,夏言将其看成奴仆,十分冷落,而太监们找严嵩时,严嵩对他们"执手延座",并不时赏给他们黄金,于是宫廷太监在皇帝面前称颂严嵩,贬低夏言。时间一久,皇帝对夏言也就不信任了。

明世宗喜爱青词,夏言和严嵩都是写青词的高手,水平不相上下,这也是他们受青睐的重要原因。开始二人都在青词写作上用功颇多,写出的青词经常得到皇帝的赞赏,夏言二度为首辅后,放松了自己,每天晚上早早地就睡了,其青词多为幕客所作,对这些别人代作的青词夏言连看都不看,就把它们进献给世宗皇帝。老调重弹的青词当然不会令皇上满意,皇上看过后,就将其弃之于地上,但没有人将此事报告夏言。而严嵩却与夏言相反,当他得到太监通报,发现皇上不喜欢夏言的青词后,经常通宵达旦地构思琢磨,写出的青词越来越好,皇帝对其好感不断增加。夏言、严嵩相反的前景不言自明。

夏言虽然在政治斗争中施展伎俩,但并不是一个碌碌无为的人,他以经邦济世自许,希望建立盖世功业。此时,西北蒙古贵族常率大军南下,进占河套地区。总督陕西三边军务的武将曾铣主张发兵驱逐"套寇",收复河套。明世宗与夏言都积极支持这一主张。后来,明世宗改变了主意。曾铣进击"套寇"失利。严嵩便与崔元、陆炳等乘机攻击夏言,说他们一向认为河套"必不可复",以前拟旨表扬曾铣之事,他们一无所知。明世宗于是下令逮捕曾铣。严嵩想借此事置曾铣于死地,并将夏言拉下马,便到处搜集曾铣的证据。当他得知镇守甘肃的咸守侯仇鸾,因为阻挠军务,被曾铣弹劾下狱时,便主动找到仇鸾,装出十分亲密的样子,从与仇鸾的交谈中,严嵩获悉曾铣曾同夏言继妻之父苏纲、夏言三人经常讨论边关之事时,便代仇鸾在狱中草拟一份奏疏,诬蔑曾铣掩盖军败,欺骗朝廷,克扣军饷,行贿受贿。这一子虚乌有之事竟然使皇帝相信了。世宗下令"深入其说,立下(曾)铣、苏

（纲）诏狱"。曾铣因此被处斩，夏言于嘉靖二十七年（1548）正月被夺官致仕，同年十月被杀死。夏言下台后，严嵩便成为首辅。

夏言被逐出首辅后，反省自己，采取了以退为进的策略，击败严嵩，重新荣登首辅之位。但他又顾此失彼，二度为首辅后，没处理好同众大臣、太监的关系，在应付皇上方面又松懈，最后被严嵩抓住把柄，反戈一击，弄得家破人亡。严嵩二度成功，说明他在政治斗争中比夏言技高一筹。

无声无息除异己

第二次成为首辅的严嵩在官场上的政治经验更加丰富。他吸取了第一次失利的教训，在对上对下的政治斗争策略上都有很大的变化。

对于皇上，严嵩采取"一意媚上"的办法，事事注意根据皇上的好恶来处理。严嵩深知，皇上的信任是成功的关键。第二次为首辅后，他大权独揽。此时，皇帝住西苑，喜欢同方术之士接触，朝中大臣只愿见严嵩一人。但明世宗此时并没有完全糊涂，为了防止大权旁落，他"虽甚亲礼（严）嵩"，但对其所言并不完全相信。对于严嵩提出的国务处理意见，他有时同意，有时故意采取相反的办法，希望用这种办法来离散严嵩的势力。应该说，皇帝的这种让人捉摸不透的对策是较为高明的。但严嵩却对此有相应办法。当皇帝责备自己的党羽并要进行惩罚时，严嵩为了救人，他在皇上面前"顺帝意痛诋之"，首先也是对其爪牙进行训斥一番，然后对其过失婉转找理由进行解脱，皇帝听了他的解释后，又不忍处理这些人了。当他要陷害忠良、排斥异己时，"必先称其媺"，即首先在皇帝面前讲出此人的优点，然后话锋一转，指出此人的不足，这些不足之处又恰恰是皇帝特别忌讳、痛恨的。这样一来，皇帝便对此人产生强烈的憎恶感。严嵩这种"移帝喜怒"的办法，"往往不失"，基本上每次都达到目的。

对于大臣，严嵩采取"顺我者昌、逆我者亡"的办法来进行处置。对于顺从自己意见的大臣，则提拔重用；对于与己为敌的大臣，坚决打击。严嵩打击异己的办法也十分巧妙，往往不露痕迹，让人弄不清原委。具体说来，就是利用明世宗"英察自信，果刑戮，颇护己短"的特点，指出异己者的那些令皇帝讨厌的行为，激怒皇帝，达到"戕害人以成其私"的目的。如嘉靖三十年（1551），沈炼上奏，言严嵩有十大罪，请求弹劾。弹劾未成，沈炼反而被贬谪到保安。严嵩对沈炼十分痛恨，一心想除掉他。嘉靖三十六年（1557），"蔚州妖人阎浩"案发，严嵩及其子严世藩指使党羽宣府大总督杨顺等人，将沈炼名字列入案中，这样沈炼被处斩于宣府。嘉靖三十二年（1553），杨继盛上书揭发严嵩"十大罪""五大奸"，严嵩想令刑部处决杨继盛，但明世宗不想杀他，只是令人将他关起来。严嵩对活着的杨继盛十分害怕，为了不"养虎遗患"，嘉靖三十四年（1555），严嵩在一个估计皇帝必然批准的决案中，将杨继盛的名字列入其中，杨最后被杀，"弃西市"。同样用这种办法，严嵩将谢瑜、叶经、童汉臣、赵锦、何维柏、吴时来、徐学诗等人或弹劾或处死。史载"他所不悦，（严嵩）假迁除考察以斥者甚众"，而且"皆未尝有迹也"。（《明史·严嵩传》卷三百八）

谨慎周全除严嵩

　　徐阶，南直隶华亭人，善于写青词，为明世宗所信任，并有一定治国安邦才能，夏言为首辅时，曾向明世宗推荐徐阶。

　　夏言倒台，严嵩第二次为首辅。严嵩对于与夏言有关的大臣竭力打击、排斥，由于徐阶曾得到夏言推荐，自然也成了严嵩排斥的对象。善于审时度势的徐阶面对危局，采取了一种卑躬屈膝的办法，以求自保。他为人处世谨慎，不让严嵩抓住把柄，同时远离政治，将主要精力放在写作青词、迎合帝意上，令其左膀右臂也少出头露面，对朝中大事沉默寡言。时间一久，严嵩认为徐阶不与自己为敌了，便不以他为打击对象，徐阶慢慢地摆脱了危险。嘉靖三十一年（1552）三月，徐阶以礼部尚书兼东阁大学士，参与机务。

　　严嵩大权在握，打击异己，培植私党，广占房田，搜刮民财，惹得天怒人怨，明世宗知道其所为后渐渐憎恶严嵩，而渐亲徐阶。嘉靖三十七年（1558）三月，刑部给事中吴时来、刑部主事张翀、董传策同日上疏弹劾严嵩，此事在严嵩的压制下未成。由于张、吴二人为徐阶门生，董为徐阶同乡，严嵩怀疑此事系徐阶主意，便将张、吴、董下狱拷问，但没有结果。明世宗在这件事情上虽然没有怪罪严嵩，但对他更加怀疑。这使徐阶在以后同严嵩争权中处于有利地位。

　　嘉靖三十八年（1559），严嵩之妻欧阳氏病死，按理严嵩之子严世藩当护葬归，这件事使严嵩十分为难。因为严嵩年老智昏，对于皇上的辞旨深奥的御札，多"瞠目不能解"，而其子严世藩却"一见跃然，揣摩曲中，据之奏答，悉当上意"。几乎皇帝所有的问策，都由严世藩代笔。严嵩一天也不能离开严世藩，因此严嵩便向皇上请求，以孙子严鹄代严世藩护葬归乡，让严世藩仍留京都，皇上同意了他的请求。不过这时，严世藩已不能"入南房代议"，严嵩只好将皇上的御札中提出的问题，派人送给严世藩，但严世藩经常与诸姬游玩，很难找到他的人，皇上的问题不能够及时解决，在宦官的催促下，严嵩只好自己应对。严嵩的对策难如帝意，皇上对他的不满一天天加深。

嘉靖四十年（1561），明世宗所居住的永寿宫发生火灾，只得移居玉熙殿，由于玉熙殿较为窄小，世宗想营建新殿。当世宗皇帝向严嵩征求对此事的意见时，严嵩提出希望皇上离宫暂住南城的建议，而"南城系英宗为太上皇时所居也"，明世宗对此十分忌讳，严嵩的这一建议引起皇上强烈不满。当皇上征求徐阶意见时，徐阶主张重修永寿宫。皇上采纳了徐的建议。第二年工程完毕后，改名为万寿宫。由于徐阶的建议很合世宗的意图，从此明世宗"益亲（徐）阶，顾问多不及（严）嵩。即及（严）嵩，祠祀而已"。（《明史·严嵩传》卷三百八）严嵩失权只是早晚的事。

不久，严嵩又与道士兰道行发生矛盾，兰"恶严嵩"，便在皇上面前借用仙人语意，诉说严嵩的"奸罪"，世宗问道："如果真像神仙所说的那样，神仙为什么不惩罚他呢？"兰道士又假借神仙口气说道："此事留待皇帝自裁。"信道不疑的明世宗开始考虑除去严嵩了。

道士在世宗面前诉严嵩罪状的事为御史邹应龙知道了。邹对严嵩十分痛恨，他立即将此事报告了徐阶，并表示要上疏言严嵩罪状，徐阶认为除去严嵩机会已成熟，支持邹应龙的行动。嘉靖四十一年（1562）五月，邹上疏皇上，"极讼严嵩父子不法"，并对皇上说，如果自己所说有假，愿意斩首。于是严嵩被令致仕，其子严世藩被充军边地，担任首辅十多年之久的严嵩彻底倒台。

严嵩致仕后，徐阶为首辅，明世宗把严嵩值班所用房子赐给徐阶，徐阶写了三句话挂在房里面："以威福还主上，以职务还诸司，以用舍刑赏还公论。"

张璁、严嵩为人处世奸狡，引起皇上猜忌，徐阶从中吸取教训，处事公开大度，使皇上心情舒畅。同时，对于当时的"南倭北寇"用兵，小吏大臣们完全看阁臣眼色行事的局面，徐阶也力知矫正，他下令裁减锦衣卫士卒，减少诏狱，官吏全凭政绩升迁。当时朝中一直认为徐阶为"名相"，直到世宗死去，徐阶的首辅地位一直未变。

严嵩先后两度为首辅，掌机要时间达十多年，徐阶之所以能够击倒为政经验老到的严嵩，主要有两方面原因：一是徐阶富有谋略，在其力量弱小时，隐其所长，含而不露，当其力量增长后，结识同仁，迎合皇帝，团结对严嵩有怨的官吏。二是严嵩自己失误所致，严嵩在权力鼎盛之时，横行霸道，目中无人，并且慢怠皇上，最后导致再度倒台。徐阶善于从前几任首辅的失败中总结教训，他成为首辅后，一方面专心事上，另一方面对臣僚较为宽容，且有一定治国方略，故其首辅之位到致仕前一直没有动摇。

阳奉阴违胜高拱

张居正，字叔大，号太岳，湖广江陵人，嘉靖二十六年（1547）进士，隆庆元年（1567）二月，任吏部左侍郎，兼东阁大学士，四月晋礼部尚书，兼武英殿大学士。

张居正是一个很有才气的人，徐阶对他十分器重。同时，张为人讲义气，严嵩为首辅时，忌恨徐阶，原先与徐阶有来往者，因为害怕获罪，许多人都断绝了与徐阶的交情，而张居正却照常与徐阶来往。正因为如此，严嵩对他也很器重。

徐阶代严嵩为首辅后，"倾心委居正"。明世宗去世后，其遗诏是徐阶与张居正商量后，共同起草的。徐阶致仕后，李春芳接任首辅，不久，高拱取代之。

张居正与高拱关系甚好，早在嘉靖年间，二人一同任职于国子监，相处融洽。李春芳代徐阶为首辅后，张居正与"所掌司礼"官李芳谋划，召用高拱，使领吏部，而夺李春芳首辅之职。高拱这样才成为首辅。

高拱成为首辅后，起初一段时间与张居正合作得很好，但不久便发生了矛盾。张居正与徐阶交情深，徐阶下台后，其三个儿子都紧随张居正，而高拱因为痛恨徐阶，对其子女也不肯放过，先后将他们打入大狱治罪。张居正出面为徐家说情，高拱手下认为张居正接纳了徐家的贿赂，张、高二人便从此断绝来往。

随着高拱的日益专横，张居正对他越来越不满，积极谋划夺取首辅之位。此时，太监冯保与高拱发生矛盾，张居正利用这一机会，终于达到了目的。

冯保在嘉靖年间任司礼监秉笔太监，隆庆元年（1567），提督东厂，兼管御马监事。当时，司礼监掌印太监缺员，按次序，应该由冯保递补，任大学士的高拱却推荐御用监陈洪代补，冯保对高拱很有意见。不久，陈洪罢职，高拱又推荐孟冲，冯保于是深恨高拱。闻知张居正与高拱有矛盾，冯、张二人便联合起来，共同驱逐高拱。

穆宗去世前夕，冯保密嘱张居正预草拟遗诏，高拱知道此事后，十分不满。穆宗死后，年仅十岁的神宗继位，政务由穆宗陈皇后及神宗生母李贵妃主持。冯保便在后、妃面前"斥孟冲而夺其位"，并矫造遗诏，说自己与阁臣同受顾命。当时，冯保既掌司礼监，又提督东厂，兼总内外，权势很大，首辅高拱有大权旁落之感，试图将权力从冯保手中夺回，便"条奏请诎司礼权，还之内阁"，令给事中雒遵上疏攻击冯保，并准备自己拟旨驱逐冯保。高拱派人将自己的想法通知张居正，希望张居正从中支持。

此时，张居正的态度十分关键，如果他倒向高拱，则冯保必败无疑。可张居正并没有这样做，他思索着：倒向高拱，冯保自然倒台，但自己并不能得到好处，首辅仍然由高拱当着；如果倒向冯保，则高拱必败，这样自己可登上首辅之位。考虑成熟之后，张居正便将一切向冯保和盘托出。冯保"诉于太后，谓高拱擅权不可容，太后颔之"。第二天，太后召见群臣，高拱满以为被驱逐的必然是冯保，然而，诏书一念，却是诉说自己的罪过，他彻底失望了。高拱倒台后，张居正继任为首辅。

张居正为首辅后，继续与冯保交好，对于陈皇后、神宗生母李贵妃则极力讨好，受到她们的信任，这样张居正几乎独揽朝政。阁臣吕调阳、张四维对张居正的主张不敢表示异议，"恂恂若属吏，不敢以僚自处。"（《明史·张居正传》卷二百十三）连皇帝都害怕张居正。朝中大事皆决于张居正。万历六年（1578）三月，张居正乞归葬父，神宗吩咐阁臣："有大事毋得专决，驰驿之江陵，听张先生处分。"直到张居正死前，朝政基本上为他把持。张居正是明代最有权力的首辅。

张居正成为首辅主要是得到太监冯保的支持，二人合力，驱逐了共同敌人高拱。在与高拱斗争中，张居正施展了阳奉阴违、联合拉拢的办法，最后达到了目的。

事事考成肃吏治

张居正为首辅后，决定对明朝的积弊进行改革。当时，明廷政局混乱，上情不能下达，中央政府政策不能有效执行，行政效率低下。张居正认为造成这种状况的根源在于吏治腐败。官吏或"虚声窃誉"，或"巧宦取容"，或"爱恶交攻"。张居正对于当时官场上的因循敷衍之风深恶痛绝，他指出，近年来，章奏繁多，各个衙门每天都有题奏，虽然奏疏众多，但多是敷衍了事，无实际效果。张居正把当时官场中的上下级关系，说成是婆媳关系，做婆婆的尽管终日在嘴上唠叨不停，做媳妇的却是充耳不闻。张居正还认为，造成农民起义的原因，是"吏治不清，贪官为害""吏不恤民，驱民为盗"。为此，张居正决定从整顿吏治入手。为实现吏治清明，他提出了"考成法"。

明朝原有一套考察制度，但行之不久，便形同虚设。为了能够对官吏考察落到实处，张居正制定了考成法。考成法所定官吏好坏的标准是"惟以安静宜民者为最，其沿袭旧套虚心矫饰者，虽浮誉素隆，亦列下考"。即是说，一切以利于百姓、政有实绩为标准，如果弄虚作假、浮夸取誉，考评则定为最低等。考成法的具体办法是一级考一级，层层考核。具体说来就是抚按官考核其下属州县官吏，吏部考察抚按官，内阁考察吏部。"若抚按官不能悉心甄别，而以旧套了事，则抚按官为不称职矣，吏部宜秉公汰黜之。吏部不能悉心精核，而以旧套了事，则吏部为不称职矣，朝廷宜秉公更置之。庶有司不敢以虚伪蒙上，而实惠旁孚，元元之大幸也。"（《张文忠公全集》奏疏五）为了使事事有着落，有交代，张居正又建立了随事考成制度。规定中央各部院将要各衙门办理的事务一一造册登记。登记册共造三份，除本部留一份外，一份送六科，办完一件，注销一件；一份送内阁，备查。"若各该抚按官奏行事理有稽迟延阁者，该部举之；各部院注销文册有容隐欺蔽者，科臣举之；六科缴本具奏有容隐欺蔽者，臣等举之。"即是说以部院考察抚按，以六科监督部院，以内阁督察六科。这样使各级官吏对中央发布的政令不敢敷衍塞责，同时，也使建言立法者应考虑到事之可行与否，不敢随意发令。

"天下之事，不难于立法，而难于法之必行；不难于听者，而难于言之必效。"有法不行，有令难止，是封建社会痼疾。这在明中后期表现特别突出。张居正针对这一状况，有针对性地提出实施了"考成法"，较好地解决了这一问题。史载，自"考成法"实施以后，"一切不敢饰非，政体肃然"，中央政府的政令"虽万里之外，朝下而夕奉行"。这为其他各项改革奠定了基础。

开源节流理财政

明中后期，封建国家面临着严重的财政危机，皇室俸禄的大量增加及北部边疆连连不断的用兵，使明朝政府国库日益空虚。隆庆元年（1567），国库存银仅一百三十五万两，而明朝政府一年所需用银至少要五百五十三万两，国库收入仅够使用三个月。封建国家在财政问题上已到捉襟见肘地步。

张居正为首辅后，面对严重的财政危机，采取了一系列解决办法。

一是节流。主要是裁减冗官冗费，同时对皇室的费用力求删节。如神宗朱翊钧开馆修《实录》，按惯例，礼部要为监修官员赐宴。张居正上疏，请求免除赐宴。他说，一次宴请耗资数百金，省此一事，可为国家节约经费，神宗接受了他的建议。在张居正执政时期，没有太多滥赐浪费现象。

二是开源。这是张居正扭转财政危局的重要措施。针对权豪势家，隐瞒土地数量，逋欠国家赋税，严重影响财政收入的状况，张居正下令在全国范围催征田赋，清理逋欠。规定，隆庆以前拖欠田赋一概免除不究，隆庆元年至四年间拖欠田赋免除三分，征收七分，拖欠七分中，每年带征三分。并要求地方官吏合力办理此事，如完不成田赋催征任务，则撤职拿办。

三是丈量土地，按照土地数量多少纳赋。明代财政危机根本原因是贵族、官僚、地主隐瞒所兼并土地，逃避赋税，造成"子民税存而产去，大户有田而无粮"。（《明世宗实录》卷二百四）即是说，失去土地的农民还要交纳赋税，兼并土地的地主却可以不交税粮。这致使全国纳税土地面积大幅度下降。为了解决这一问题，张居正决定在全国范围内重新丈量土地，无论是农民土地，还是地主官僚土地都一概丈量，并以此作为纳税依据。万历六年

(1578）开始清查土地，到万历九年（1581）共清查出全国实存土地七百一十三万顷，较弘治时期多三百万顷。国家纳税土地增多，有力地缓解了财政危机。

四是实施"一条鞭法"，改革赋役制度。针对赋役制度混乱、赋役不均、国家税收受影响的现实，张居正于万历九年（1581）推行一条鞭法，对原有赋役制度进行改革。其主要内容是：赋役合并，部分丁役摊入田亩中征收，田赋征银，纳银代役，赋役由官府直接征收。

一条鞭法是中国赋役制度史上的一次重大改革，它统一了赋役，简化了征收项目和手续，在一定程度上抑制了豪强漏税及官吏贪污行为，减轻了农民负担，增加了国库收入，促进了农业及商业的发展。

张居正的上述开源、节流措施，取得了极大成效，到万历十年（1582）"帑藏充盈，国最完富"，国家仓库秋贮的粮食可够十年用，国库余金达四百万两，已全面扭转明朝政府财政危机。

第
六
章

CHAPTER6

———

阉竖弄权　亦有心得

中国封建社会各个朝代几乎都有宦官干政现象，但为害最深、破坏性最严重的莫过于东汉、唐、明三代。东汉宦官将皇帝玩弄于股掌之间，他们操纵着皇帝，最终导致天下大乱。唐代宦官对朝政也有很大影响。明代宦官与东汉、唐代相比有自己的特点。一方面，明代的王振、汪直、魏忠贤、刘瑾等人操纵朝政，排斥异己，鱼肉百姓，给明代政治、经济造成极大破坏；另一方面，明代宦官始终没有动摇皇权，一旦皇帝不信任他们，他们的命运便宣告完结。

明代宦官干政有其形成的历史过程，并非开始就有。鉴于历史上宦官干政、扰乱朝纲的惨痛历史教训，明太祖朱元璋建国后，特别规定：严禁宦官干政，重者斩，轻者"即日斥逐乡，终身不齿"。（《国榷》卷六）因此，整个洪武朝，没有出现宦官干政现象。

成祖朱棣由于在靖难战役中得到宦官之助，对宦官十分感激。他一举打破前朝不许宦官干政的禁令，大量任用宦官。宦官不仅可以接受教育，而且还拥有监军、镇守操纵厂卫、提督京营、任免官吏等权力，宦官势力从此抬头。

英宗以后，由于帝王多沉溺于酒色犬马之中，不理政事，宦官势力恶性发展，先后出现了王振、汪直、刘瑾、魏忠贤四大阉竖，他们排斥异己，结党营私，掠夺田地，搜刮民财，将明朝朝政搅得一片混乱。

在专制社会中，宦官干政有其必然性的一面，但具体到某一个宦官，其所以能够受宠、擅权，则与其阴谋诡计有关。那种善于使用伎俩、惯于用谋的宦官，则往往取得帝王信任，并能挫败朝臣，操纵朝政。明代的著名宦官之所以能够权倾一时，是因为他们在政治斗争中都备有自己的一套策略。

欺世盗名登高位

英宗正统朝宦官王振被列为明代四大阉竖之一，他由一名普通太监，升为皇帝信用的司礼太监，操纵了英宗朝朝政，卖官鬻爵、夺人田地，并挟英宗亲征，导致土木堡之役明军失败，英宗被俘，给明代政治带来了极大的破坏。王振之所以能够崛起，除当时干练的大臣相继故去外，与他本人的阴谋诡计有很大关系。

祖籍河北蔚县的王振，少年时在家乡读书，后由儒生为教官，为官九年无功，被贬发边疆。此时，皇帝下诏：天下男子如果愿意阉割净身，可以入皇宫行走。王振便净身入宫。由于他有文化，被安排给宫中太监教书，皇宫里的人们都称他为"王先生"。

当时，宫中宦官虽然在内堂读书，但其文化水平比起王振来要逊色得多。而且，王振曾在官场中待过，在舞文弄墨和玩弄权术方面是他的同行无法比拟的。由于具备这些条件，王振很快得到宣宗信用，派他侍奉皇太子朱祁镇读书。不久，他便被提升为司礼监太监。王振的文化水平、官场经验以及为太子师、掌司礼监等条件为其后擅权奠定了深厚的基础。

宣德十年（1435）正月，明宣宗去世，太子朱祁镇继位，是为英宗。此时继位的英宗年幼，朝中诸事由张皇太后负责处置。王振认为擅权时机到了。为达目的，他一步步地活动着。

年幼的英宗对王振十分害怕，呼其为先生而不敢称其名。王振为了扩大自己的影响，博得皇帝及朝臣信任而故作姿态。

有一次，英宗与小太监们在宫廷玩耍击球，看见王振路过，英宗立即停止。第二天，王振在内阁当着皇帝及辅佐大臣"三杨"（杨荣、杨士奇、杨溥）的面跪下，动情地说道："先皇帝为了一球子，几乎误了天下，今之陛下重蹈其辙，社稷的前途会怎样呢？"王振的铮铮谏言、忠心耿耿的样子使在场的三杨感动不已，他们同时发出"宦官中也有这样卓识的人才真是难得"的感叹。

为了使三杨对自己产生好感，王振每次到内阁去传旨时，都装出一副恭敬的样子，到了内阁，他站在门外而不入，直到三杨唤他入内，他才小心翼翼地进入，并且对于三杨赐座，装出一副受宠若惊、感激不已的样子。

熟悉明代官场的王振深知，要操纵权力，必须有一帮人支持。为了结纳亲信，培植势力，王振利用职务之便，笼络大臣。英宗继位皇帝的后半年，太皇太后命王振偕文武大臣阅兵于朝阳门外，王振谎报其私党隆庆右卫指挥佥事纪广骑射为第一，将纪越级提拔为都督佥事。

王振的努力取得了一定成效，但要擅权、操纵朝政则还有许多障碍。一是明代对宦官干政的禁令虽没有以前严格了，但在当时仍有相当的约束力，文武大臣对宦官防范较严。二是张皇太后对王振相当有戒心。例如，英宗继位后的一天，张皇太后将英国公张辅、大学士杨士奇、杨荣、杨溥、尚书胡濴召到殿前，对英宗说道："这五个大臣是前朝皇帝简拔辅佐你的，朝中大事，只有得到他们同意，才能够实施。"接着又将王振找来，对他说道："你伺候皇上不当，起居没规律，今天将你赐死。"经过英宗及在场大臣的求情，才宽免王振。但张太后对他说道："今后不准干预国事。"为了消除张太后的戒心，进一步赢得朝臣信任，王振处处表现出忠心公正的样子。正统四年（1439）十月，福建按察佥事廖谟杖死驿丞。而驿丞是阁臣杨溥的乡里，廖谟则是杨士奇的乡里，杨溥要处死廖谟，为驿丞报仇，而杨士奇则坚持认为廖谟系因公杀人，不应该论罪，企图庇护廖谟。二人"争议不决"，请求太后裁决。王振乘机向太后建议："两位阁臣处理此事都带有同乡观念，判死罪太重，判因公过失不予追究则太轻，最好的处置办法是将廖调他处降职使用。"张太后接受了王振的意见。通过这件事，张太后认为王振处理事情"秉公无私"，逐渐信任他了，让他"渐摭朝事"，参与朝政的裁决。王振的地位得以提高。

　　王振要完全控制朝政，还需除去"三杨"及张太后。对于"三杨"，王振利用英宗年幼和对外臣的顾虑，玩弄权术，唆使英宗对大臣施用重典，不少人因此下狱而死。由于有英宗支持，司礼监很快就与内阁分庭抗礼了。朝中大臣"见振皆释"，三杨的地位受到动摇。正统五年（1440），杨荣对杨士奇说道："王振视我们为眼中钉，我们限制他，他能够容忍吗？一旦有一天皇帝下诏令禁我二人入阁，我们只有束手待毙了。"不久，王振察觉到杨荣接受宗室贿赂，便向皇上请求调查追究此事，杨荣羞愧难当，忧愤而死。杨士奇也因为其子杨稷犯法，受到王振挟持，而"坚卧不出"。这样，三杨中有两杨为王振扳倒。正统七年（1442）十月，张太后病死，王振擅权的最大障碍消除了。朝中有影响的大臣只有杨溥了。但此时的杨溥已"年老势孤"，无法与王振抗衡。这样，王振便无所顾忌，大权独揽。他首先除去朱元璋时在宫中所立"内臣不得干预政事"的禁碑，然后广植私党，收受贿赂，卖官鬻爵，操纵厂卫，对于触怒他的异己官僚，诬构罪状，加以打击，明廷的权力操纵在他手中。

　　纵观王振的擅权过程，我们可以看出，他采取了"忍耐、等待"的策略，施展"故作姿态，卑躬屈膝"手段，获取信任，紧紧抓住皇帝这一主心骨，利用皇帝做护身符，打击异己，最后达到了大权独揽的目标。

无中生有除政敌

　　曹吉祥，滦州人，英宗时入宫为太监。时王振擅权，曹便依附王振。正统初年，明廷发兵征讨麓川思任发叛乱，曹吉祥被任命为监军。后来，明军征兀良哈，曹同成国公朱勇、太监刘永诚分路进击取胜。不久，又与宁阳侯陈懋等一起率军镇压福建邓茂七农民起义军。曹吉祥每次奉令出征时，都要带上不少奴仆隶于帐下，征讨回师后，又将这些人留于家中，因此其家中有许多兵器、战甲及军人。

　　景泰年间，曹吉祥"分掌京营"，后来与石亨勾结，发动"夺门之变"，使英宗复辟。由于拥立英宗有功，曹吉祥被升为司礼太监，"总督三大营"，其儿子曹钦，从子曹铉、曹铎、曹䥧等都被提升为都督。并且曹钦还被封为昭武伯，其门下私养者达一千多人，朝中大臣都依附于他，其权力与石亨相当，为人并称为"曹石"。

　　那时，因为夺门之变有功而被升迁的人还有徐有贞，他以大学士入阁掌机务。徐入阁后，想独揽大权，采用各种手段将原来的阁臣一个个排挤出去，连曾经帮助过自己的陈绍也不放过，内阁的大权便为徐掌握。英宗十分信用徐有贞，认为他极富才干。当时，朝臣们对曹吉祥、石亨擅权纳贿、横行霸道十分不满，为了取得大臣们对自己的好感，徐有贞便与曹、石分立，经常对他们流露出厌恶情绪，并时常在英宗面前诉说曹、石二人的不法之事。对于徐有贞的行为，耳目众多的曹吉祥心里十分清楚，他在寻找机会铲除徐有贞，二人的斗争愈演愈烈。

　　天顺元年（1457）五月，御史杨瑄、张鹏、周斌等联合上疏，要求弹劾曹吉祥，他们用大量事实列举了曹强夺民田、广植私党、冒功滥职、滥用私刑等多种罪行，英宗为此询问徐有贞的处置意见。徐有贞认为这是铲除曹的有利机会，回答道："理应治罪。"由于宠爱曹氏，英宗没有按他的建议处理。徐有贞倒曹不成，曹吉祥知此事后想出反击徐的办法。一是与石亨联合，向徐有贞发难。曹、石为争权本有矛盾，但看到徐有贞将自己同列为打击对象，二人便暂时撇开矛盾，联合起来。石亨对曹吉祥说："今天内廷由你掌管，外廷我说了算，而徐有贞想排斥陷害我们，其用意十分恶毒，应当联合对付他。"曹吉祥也认为："内阁想独揽大权，排除我们。"二人便经常在一起，商讨铲除徐有贞的办法。二是使用无中生有、挑拨离间之计攻击徐有贞。曹吉祥深知，要搞垮徐有贞，必须使皇帝疏远徐有贞。如何才能够使徐有贞失宠呢？曹吉祥便想出了离间之计。曹吉祥深知，英宗皇帝极为信任徐有贞，他们经常商谈大事，"时屏人密语"，曹为了弄清谈话内容，便要其手下宦官偷听皇帝与徐有贞谈话内容。得知谈话内容后，曹吉祥便故意在英宗面前泄漏出来。英宗对此感到十分惊异，便问曹从哪里听到的这些话，曹吉祥便回答说是从徐有贞处听来的，并说："陛下哪一天说了些什么话，外面的人们没有不知道的。"就这样，在曹吉祥的挑拨离间下，英宗皇帝便逐渐地疏远了徐有贞。

在扳倒徐有贞身后的靠山后，曹吉祥便大肆向徐发起进攻了。他与石亨串通，指使言官上书，说徐有贞"图擅威权、排斥勋旧"。（《明通鉴》卷二十七）徐有贞被下狱，随后流放金齿，天顺四年（1460）才被释放回老家苏州。

在与徐有贞的斗争中，曹吉祥深知徐有贞得皇上的宠信，是一个极强的对手，便通过无中生有、嫁祸于人等手段使皇帝失去了对徐的信任，接着又抛弃与权臣石亨的矛盾，联合对徐，最终实现了目的。

曹吉祥、石亨在与徐有贞斗争中获胜后，内阁便成了他们的附庸，其擅权乱政到了肆无忌惮的地步。天顺三年（1459），石亨第八子石彪被封为侯，其弟侄家人冒功锦衣者达到五十余人，部曲亲故窜名夺门籍得官者达四千余人。石亨还公开卖官鬻爵，"以货之多寡为授职美恶，人之先后为得官迟早"。当时郎中朱铨因送礼三千而升官，龙文因送礼八百而被提拔，社会上有"朱三千，龙八百"之说。

曹、石二人的随心所欲与皇权发生了矛盾，英宗对他们产生了不满情绪。他在寻找铲除二人的办法。有一天，英宗对内阁大臣李贤说："曹、石二人横行霸道，目中无人，依从他们则高兴，不依从就不满，这些人干政擅权，各地官员有事都找他们，应当怎么办呢？"李贤建议英宗采取这样的对策：朝中大事，由自己独断，不征求别人意见，这样可防止权力下移；另外，一步步地剥夺他们的权力。

英宗采纳了李贤的建议，不让曹、石二人轻易接近自己。从前曹吉祥、石亨不管大事小事，动不动就"入见英宗"，以此来抬高自己地位，扩大自己的影响，现在英宗改变了做法，命令："今后不是宣召，不许擅自进内。"这样，曹、石逐渐被疏远了。

面对英宗态度的改变，曹、石敏锐地感到了皇上对他们已产生了厌恶。石亨决计学"陈桥兵变"故事来对付皇上。他令石彪掌握大同兵马，想依靠大同强壮的兵马做将来叛乱的内应，自己则加紧控制京师军队。英宗对石亨、石彪父子掌握内外军队感到不安，想先去掉石彪兵权，命他火速回京。石彪不从，派千户杨斌来京奏报，英宗从杨斌处得知石彪所为，便又下令石彪返京，待石彪返京，立即逮捕。此间，不少大臣上奏指责石亨不法之事，英宗便又罢石亨官职。石亨手下向皇帝报告了石想谋反之事，英宗立即下石亨狱，不久石亨、石彪等人被斩。

曹吉祥见石亨集团被灭，心里十分清楚，下次该轮到自己了。狡猾的曹吉祥认为：与其坐以待毙，让皇上收拾自己，不如孤注一掷，发动政变，或可侥幸成功。曹钦问其门客道："自古以来有没有宦官子弟为天子的？"门客答道："魏武帝曹操就是。"曹钦听了十分高兴，他便组织力量做叛乱准备。曹吉祥门人豢养了一群蒙古武士，曹钦把他们武装起来。石亨失败后，曹吉祥又收容了石亨手下四千多人，并把他们武装起来。对于朝中对朝政不满的官员，曹吉祥也广泛搜罗。准备就绪后，曹吉祥、曹钦决定于七月二日起事。就在举事前一夜里，曹钦手下指挥马亮怕事情失败，悄悄到皇宫向吴谨报告此事。吴谨便与武将孙镗一面派人送信给宫内，一面采取应对之策。皇宫接到报告，立即逮捕了曹吉祥，并将皇城及京城各门关闭，吴谨、孙镗等人率部捉拿曹钦，没多久就击败叛军，曹钦投井自杀。曹吉祥及其三个侄儿三天后都被处死。

　　曹吉祥在与皇权发生矛盾后，不是采取退却办法，而是运用武装谋反来解决问题，这一策略并不高明。在皇权十分稳固的明朝，想发动政变、废弃皇帝是不可能的，曹的做法可谓不识时务，注定是要失败的。

取悦帝王掌机要

汪直，广西大藤峡人，最初以幼男入禁中，在宪宗最宠信的万贵妃身边做小内侍，因为年少黠谲，深受明宪宗宠爱，被任命为御马太监。

成化十二年（1476），妖人李子龙以符术勾结太监鲍石、郑忠等人作乱，他们常到万岁山聚会，"图谋不轨"。鲍石等太监暗中将李子龙带入宫内，与宫人淫乱，事情被锦衣卫发觉后，李子龙及有关太监被斩。这件事对宪宗震动很大，使他对内外大臣产生了不信任感。为了了解宫外事情，宪宗命汪直易服化装，带一两个校尉四处密察，以监督内外官僚的各项活动。

为了扩大汪直的活动权限，宪宗于成化十三年（1477）春，设立了另一个特务机构——西厂，命汪直统领。西厂的职责是侦缉天下事，并且内廷宦官的不法行为也在侦缉之列。西厂权力极大，可以不奏请而将人缉拿下狱。

西厂设立不久，汪直获悉南京镇守太监覃力朋在进贡返途中，用一百艘船装载私盐，四处行销，骚扰州县。汪直迅速派人侦缉此事，并将覃力朋捉拿处斩。通过这件事情，宪宗认为汪精明能干，对他更加信任了。有了宪宗皇帝的支持，汪直便大胆地兴大狱，打击朝臣，不到半年就处理了众多案件。

汪直控制西厂的同时，极力培植党羽，扩大势力，韦瑛、吴绶是其得力干将，朝臣王越、陈钺、戴缙、王亿、冯瑾、郭镗等也依附于他。对于服从自己的人，汪直给他们加官晋爵，对那些不肯屈服的大臣则罗织罪名，加以迫害。

汪直权力一天天上升。成化十五年（1479）七月，宪宗诏令汪直巡边，实际上就是授予他指挥九边军队的权力。汪直到边镇后，耀武扬威，不可一世。

　　汪直之所以能够成为"四大阉竖"之一，除其狡黠善变的性格为明宪宗所喜爱外，与他的计谋也有关系。当宪宗皇帝对乱党、私贩十分痛恨时，汪直便竭力打击不法官员，投皇帝所好，他还伪装清廉，让皇帝知道自己不贪钱财，对自己更加信任。另外，他还谎报军功，获取殊荣。汪直完全蒙骗了皇上，汪直的权力也随之上升。

随机应变揽大权

刘瑾，陕西兴平人，年少时，刘瑾就善于诡辩，颇有口才，并且进过学堂读过书，有一定文化知识。孝宗弘治年间，刘瑾自净入宫，由于他有文化，被安排侍候皇太子朱厚照。侍候太子期间，刘瑾常变换娱乐方式，为"太子所悦"。这为他日后得到重用打下了基础。

弘治十八年（1505），孝宗去世，太子朱厚照继位，是为武宗。刘瑾等人以旧恩得到信用。为了伸张权势，刘瑾根据武宗喜好玩耍这一特点，不断进献鹰犬、歌舞角觚之戏，使其玩乐，同时"多备罂罍，伺其既醉而醒，又复进之，或未温亦辄冷饮之，终日酗酗，颠倒迷乱"（《明武宗外纪》），博得武宗欢心。武宗由此更加信赖刘瑾，不久即升他为内宫太监，总督团营，掌管厂卫。

刘瑾深知要进一步掌握军政大权，为所欲为，必须取得皇上的同意。为了达到这一点，刘瑾想出一个妙策：每当武宗玩乐甚欢之际，便拿出各司奏章请求裁决，武宗玩兴正浓，哪里愿在此时处理政务，便顺口说道："这些事都要朕来处理，我要你干什么？"从此，刘瑾便不向皇上报告各院上奏，事无大小，自己处断，并以皇帝的名义要各部遵行，而皇上对此一无所知。

得到皇上宠信，为刘瑾擅权创造了重要条件，但要完全掌握朝政，还必须控制内廷和外廷。这时，刘瑾虽是内廷中有重要影响和极大权力的宦官，但内廷还未全为他控制，掌握司礼监大权的是王岳，控制东厂、西厂的也非刘瑾的亲信，而外廷则由正直大臣刘健、谢迁等人掌握。刘瑾要完全实现大权独揽，必须消除这两大障碍。而内阁等正直官员将刘瑾集团视为祸水，力求铲除之。双方展开激烈的政治斗争。

阁臣刘健、谢迁等朝中正臣对于刘瑾宦官集团势力膨胀、诱引皇上嬉戏、破坏朝纲十分不满，不断向他们发起攻击。吏部尚书马文升针对武宗宠信宦官，荒废朝政，十分不满，上疏请求汰除宦官。武宗在刘瑾等人的唆使下，对马文升的请求置之不理，马文升见自己建议不被采纳，便上疏请求致仕。刘瑾等人视马文升为眼中钉，早就想除掉他，见其主动要求致仕，便顺水推舟，劝武宗下旨准奏。这样，刘瑾便轻易地除掉一个政敌。同时，刘瑾推荐为人邪恶、一心想往上爬的焦芳接任吏部尚书之位。焦芳上任后，十分感激刘瑾，成为其心腹。

兵部尚书刘大夏是孝宗为武宗留下的"忘身殉国"大臣，刘针对宦官镇守、监军的弊端，多次上奏皇上，请撤中官，但武宗对此置之不理，在刘瑾等人的怂恿下，武宗令刘大夏致仕。

正直官僚与刘瑾集团较量失败后，并不气馁，他们继续联合起来同宦官集团斗争。正德元年（1506）六月，众多大臣天有以灾异向武宗陈言，指责宦官整天导帝游乐，不理朝政，希望武宗"圣心别有所系"（《明通鉴》卷四十一）。武宗对官员们指责自己极为不满，对他们的建议置之不理。

朝中大臣见武宗面对危局而执迷不悟，决计采取更为有效的行动向宦官进攻，以使武宗回到正确路线上来。内阁大学士谢迁、刘健，户部尚书韩文等决定联合外廷九卿诸大臣及内廷对刘瑾不满的宦官共同铲除"八虎"（刘瑾及其七个心腹干将）。正德元年（1506）十月，刘健、谢迁等人连续上疏，请求诛杀刘瑾。户部尚书韩文率诸大臣也请求铲除"八虎"。司礼太监王岳"亦恶瑾等，佐（韩）刘等，以中力赞之"。面对众多大臣的意见，武宗不得已，派司礼太监陈宽、李荣、王岳到内阁，商量处理办法。武宗的意见是将刘瑾等人"谪居南京"，兵部尚书许进也劝刘健等人，要适可而止，"过激将有变"。但刘健等老臣"执不可"，坚决主张诛杀刘瑾。刘健曰："先帝临崩，执老臣手，付以大事，今陵土未干，使若辈败坏至此，臣何面目见先帝？"武宗由此坚定了诛杀刘瑾等"八虎"的信心。

就在武宗即将下诏诛杀刘瑾等人前一天晚上，刘瑾的死党吏部尚书焦芳悄悄地将消息通知了刘瑾，刘瑾闻知，吓得满头大汗，急忙召集众心腹连夜觐见皇上。见到皇上，刘瑾等人跪下痛哭，刘瑾哽咽地对武宗说道："今天若不是陛下开恩，奴才怕是要被喂狗了。"武宗说道："朕还未下诏拿问，何出此言？"刘瑾见性命已保，便转守为攻，对武宗言道："王岳陷害奴辈，他外结阁臣，内制皇上，恐怕被奴辈识破，便想杀人灭口，先发制人。我们进献的狗马鹰犬之属，能够值多少钱？王岳却张扬扩大此事，造谣中伤我辈，实在是想排除异己，请陛下明察。"武宗听刘瑾这样一说，觉得很有几分道理，对王岳等人顿生疑心，便慢慢地说道："王岳如此刁滑，但因他是先帝遗臣，不便加以追究。"刘瑾此时便添油加醋地说道："奴辈死不足惜，只恐怕阁臣以此来挟持万岁了。"武宗怒道："朕乃一国之君，岂能受人挟制？"刘瑾见时机成熟，又进言道："只请陛下速断，以免致掣肘。"冲动的明武宗便大笔一挥，免刘瑾等人之罪，并命刘瑾掌司礼监，马永成掌东厂，谷大用掌西厂。同时，连夜逮捕王岳，发落南京从军。王岳在赴南京路途，为刘瑾派人所害。

第二天，刘健等大臣上朝，发现形势大变，知事情已无可挽回，便上疏请求致仕。武宗在太监的怂恿下同意了刘健、谢迁致仕请求。

通过这一次较量，正直官僚集团反对刘瑾"八虎"集团的斗争彻底失败，朝廷内外大权悉归刘瑾。

大权在握的刘瑾，进一步党同伐异。正德元年（1506）十月，刘瑾的亲信焦芳被任命为文渊阁大学士，入阁参与机务，不久便掌握内阁大权。后来，刘宇、曹元等刘瑾私党也相继入阁。六部及其他政要部门也为刘瑾一伙亲信所操纵。仅六部正副堂官附属刘瑾的就有二十多人，"尚书则吏部张綵、户部刘玑、兵部王敞、刑部刘璟、工部毕亨……"外廷大僚归附刘瑾者之多，远远超过王振、汪直当权时期。

对于反对自己的大臣，刘瑾予以坚决打击。户部尚书韩文因为带头反对过刘瑾，刘瑾时刻想找机会除掉他。正德元年（1506）十一月，刘瑾发现户部中有用伪造的银子输入内库，便上奏皇上，说韩文弄虚作假，将其罢官。给事中周昂上疏，为韩文开脱，刘瑾又以"责其觉护"罪，将周昂罢官。刘瑾在打击政敌时，经常采用明升暗降办法。詹事兼翰林学士杨廷和掌诰敕，翰林学士刘忠俱日讲，按照惯例，不久应该入阁参与机务。由于二人在一次日讲中"致讽谏语"，对佞臣有所指责，得罪了刘瑾，武宗对二人借日讲议论政事也极为不满，刘瑾便向皇帝建言，令二人去南京为官。杨廷和改任南京吏部左侍郎，刘忠为南京礼部左侍郎，这两个职务位高而无事权，"外似升之，实远之也"。

刘瑾打击异己的另一个办法是在朝堂出示奸党榜。正德二年（1507）三月，刘瑾将原大学士刘健、谢迁，尚书韩文、杨守随、林瀚，都御史张敷华，郎中李梦阳，主事王守仁，检讨刘瑞等五十三人列为奸党，"榜示朝堂"。

权倾一时的刘瑾，除掌握内外军权之外，还矫造圣旨，宣布宦官有管理天下民政事务的权力。天下章奏悉出刘瑾之手，内阁全按刘瑾意旨行事。后来，刘瑾干脆到私宅批改章奏，各部院大臣有事均上刘宅，到门外听候批示。奉命到京外办事的官员，回到京师后，立即到刘宅见刘瑾。这样，人们都说京城有两个皇帝，一个是朱皇帝，一个是刘皇帝；一个是坐皇帝，一个是立皇帝。皇权完全被架空，内阁成为刘瑾的附庸。

刘瑾之所以能够操纵朝中大权，主要是得到皇帝的荫护，刘瑾骗取皇帝信任的手段说起来并不高明，但却屡屡得手，主要是皇帝昏庸、不理朝政所致。

断章取义除对头

　　冯保，嘉靖时入宫为太监，由于懂得不少琴棋书画，不久即被升为司礼监秉笔太监。隆庆元年（1567），他提督东厂兼管御马监事务。此时，朝中大权为首辅高拱掌握。司礼监掌印太监位置空缺，按理冯保应当递补，但高拱却推荐孟冲任此职，冯保对高拱产生忌恨，拉拢对高拱有意见的张居正共同对付高拱。

　　穆宗死后，年幼的神宗继位。冯保便在太后面前诉说孟冲夺了他的位置，并伪造遗诏，说自己受先帝命与阁臣共同辅佐皇帝。到神宗登位那天，冯保站在皇帝身旁，满朝文武对此十分惊诧。不久，冯保又靠太后支持，掌司礼监，兼管东厂，成为"兼总内外"的权宦。

　　对于冯保的崛起，高拱极为不满，为了赶走他，高拱令六科给事中程文、十三道御史刘良弼上奏，"交章数其奸"（《明史·冯保传》卷三百五），同时，又恰逢给事中雒遵、陆树德也上疏，诉说冯保之罪。高拱打算一旦奏疏下来，就立即拟旨驱逐冯保。谁知，冯保将这些不利于自己的奏疏都统统藏起来，匿而不报，并立即同张居正商量对策，高拱反而被赶下台。

　　冯保在与高拱斗争中善于用断章取义来对付政敌。穆宗刚去世时，高拱听到这一消息，悲痛地对内阁大臣说："皇上去了，年仅十岁的太子怎么能够治理好天下？"冯保听到这话后，立即向太后和皇上报告说："高拱斥责皇上为十岁小孩，不能够做万民之主。"太后听后十分惊诧，太子也吓得大惊失色。他们对高拱充满了不满和不信任。高拱被削职后，冯保还不放过他，一心想将他置于死地，他便精心策划了一幕嫁祸于人的闹剧。

　　明万历元年（1573）正月元宵节过后的第二天早上，明神宗朱常洛走出乾清宫，准备上朝，突然看见一神色极为慌张惊恐的男子从甬道上迎面闯来。神宗侍卫见来人神色可疑，即上前将其拿住，盘问来历，随后从他身上搜出一把锋利的匕首。神宗以探刺罪，下诏将其逮入大狱，并交东厂严格审讯。

　　主持东厂的冯保便立即对来人进行拷审，在严刑拷打下，来人招供。他叫王大臣，是一名四海为家的漂游客，不知不觉来到京城，没其他意图。冯保与首辅高拱此时已结怨很深，冯保很想找机会铲除高拱，他灵机一动，想借此案来诋毁高拱。即与家仆辛儒商量了一番。

　　第二天，辛儒携酒食前往监狱去看望王大臣。辛儒见到王大臣后，拿出酒食给他，并好言劝慰他。两人逐渐熟悉了。过了一段时日，辛儒又去狱中找王大臣喝酒。在言谈中，辛儒劝王大臣伪供自己的行动是受首辅高拱指使的，目的是行刺皇上。开始，王大臣十分害怕，不敢答应，辛儒便威胁说道："如果你道出是受高拱指使行刺，不仅可以免罪，而且还可以得到许多好处，不然的话，只有死路一条。"在辛儒的利诱下，王大臣答应按计办理，辛儒见事已办妥，即回禀冯保。

　　第二天，冯保升堂，复审王大臣一案。在大堂上，王大臣一口咬定是受首辅高拱指使的。冯保没再多问，即下令退堂，并派人将王大臣送回狱中。随后，冯保又令辛儒拿蟒裤一条、利剑二柄送给王大臣，要王大臣待再受审讯时，指使这些东西是高拱所赠。当再次升堂时，王大臣照此供认。冯保于是一面将审讯结果报告给明神宗，一面派厂卫卫士前往高拱宅去捉人，高家几个仆人随即被带到狱中，冯保对这些仆人严刑逼供。

　　张居正对高拱也早有恶言，希望能够有一天取而代之。此时，张居正闻知此事后，认为这是一个扳倒高拱的机会，便也上疏皇上，要求严惩主谋，以正朝纲。一时间，闹得朝中大臣人言沸腾。

　　吏部尚书杨博、左都御史葛守礼是高拱旧交，人也还正直，知道此事系冯保搞的鬼，高拱是冤枉的，便前往拜见张居正，请他出面调解此事。张居正当初不答应，为找借口推脱，他拿出东厂审讯揭帖给二人看，表明此事是由东厂办理的，与自己无关。机警的杨博看出揭帖中"大臣所供，历历有据"一句中，"历历有据"四字系张居正手迹。这样，张居正才没有推诿，答应从中周旋。冯保见事情逐渐暴露，怕露底细，于己不利，便令人将王大臣以药治哑，不久又将他处死。高拱这才免遭诬陷。

兵法讲："无中生有，则由诳而真，由虚而实矣。无不可以败敌，生有则败敌矣。"（《三十六计·无中生有》）自古以来，"无中生有"作为一条政治谋略，常为政治家所利用。冯保为了扳倒政敌高拱，力图借王大臣一案，用无中生有之计，捏造事实，诬陷高拱。如果不是杨博等人用事实逼张居正从中调解，高拱定会被罢官。

冯保大权在握，朝中大臣不敢与之顶撞，就连皇帝也很害怕他。那时，皇帝年少，常与小太监一起耍玩，见冯保过来，便惊慌地说："大伴来矣。"张居正死后，原来跟随他的朝臣为自保纷纷投靠冯保，冯保的权势更盛。

万历皇帝亲政后，便对冯保发起清算。与冯保有过节的东宫太监仗着皇帝的支持纷纷上奏，指责冯保的罪行。万历帝乃贬他移居南京，不久即死。

阴结妇人得升迁

魏忠贤，肃宁人，年少为市井无赖，整天东游西荡，酷好赌博，由于负债累累，怕债主追究，便于万历年间自净入宫，改其姓名叫李进忠。魏忠贤进宫之初，在甲字库供职，隶属于太监孙暹。魏忠贤处世机警，善于讨好别人。入宫后不久，通过求人由甲字库太监转为侍候皇长孙朱由校母亲王才人典膳。不久魏忠贤又巴结太监总管王安手下的红人魏朝。取得魏朝信任后，魏忠贤便让魏朝在王安面前夸赞他，王安由此也喜欢上他了，并"善遇之"。在宦官生涯中，魏忠贤算是走出了第一步。

当时，皇长孙朱由校年幼丧母，乳母客氏抚养他长大。客氏系定兴人侯二之妻，十八岁入宫，两年后丧夫，客氏遂与魏朝交好。魏忠贤入宫后，客氏又与他相通，时间一久，客氏疏远魏朝而倾心魏忠贤。魏朝与魏忠贤二人结下梁子。

万历四十八年（1620），神宗去世，朱常洛继位，是为明光宗。光宗朱常洛继位不到一个月也去世，朱由校继皇帝位，是为明熹宗。由于客氏系熹宗乳母，很受宠爱，熹宗登基不到一个月，便封客氏为奉圣夫人。因为客氏的缘故，魏忠贤也得到熹宗信用，从惜薪司太监升为司礼监秉笔太监兼提督宝和三店。"忠贤不识字，例不当入司礼，以客氏故，得之。"魏忠贤在擅权路上又迈出了一步。

熹宗继位后，客氏与魏忠贤、魏朝二人仍时有私通。有一天晚上，魏忠贤、魏朝二人为争拥客氏在乾清宫暖阁发生争执，二人争风吃醋，大声吵闹，为皇上所知。皇上令侍卫缉拿二人，听候发落。在客氏请求下，皇上罢魏朝回老家，将魏忠贤留下。事后，魏忠贤矫造圣旨，将魏朝杀于凤阳，从此，魏忠贤"得专客氏"。

魏朝是王安手下，王安闻知魏朝被杀，十分痛恨魏忠贤，处处与他为难，这样魏忠贤与王安的斗争已不可避免。王安自认为在皇上继位时出了不少力，皇帝一定支持他。事实上，皇上对王安确实恩宠有加，史称"熹宗心德王安，言无不纳"。王安因此对魏忠贤重视不够，认为自己一定会取胜。魏忠贤则紧紧依靠客氏，二人合力对付王安。实际上，熹宗更宠信客氏，这就决定了王安最终会失败。在魏、客的活动下，王安于天启元年（1621）七月十二日，"降作净军，发去南海子，看守墙铺。"（《三朝要典》卷二十）心狠手辣的魏忠贤对此还不满足，他一心想置王安于死地。当王安去南海子以后，他任用王安的仇人太监刘朝为南海子提督，要刘朝找机会杀王安。刘朝到任后，将王安关押起来，不给他食物，三日过后，王安已奄奄一息，刘朝命人将他杀死。王安死后，魏忠贤与客氏将宫中王安死党一一清除，而将心腹李永贞、石元稚、涂文辅委以要职，自此"二人势益张，宫中人莫敢忤"。天启三年（1623）十月，熹宗令魏忠贤"总督东厂"。内廷大权被魏忠贤控制。

纵观魏忠贤地位上升的过程，我们可以看出，魏氏之所以受重用，不是由于立过战功，也不是因为有治国才能，而完全是因为宠幸所至。他之所以受宠幸，除客氏养育过皇上外，更为重要的是与当时政局有关。

万历以后，朝廷大臣互结党派，互相攻击，这种情况到熹宗时没有改变。而对外廷的党争，熹宗一时难以判断是非，对他们都不信任，只信任魏忠贤、客氏两人。当然，魏忠贤在讨好客氏、打击政敌方面也有自己独到之处。在与魏朝、王安势力斗争中，他紧紧依靠皇帝的红人客氏，把握住了问题的关键。

掌握内廷大权的魏忠贤，要想独揽朝中大权，还必须与外廷较量。能否击败内阁、部院大臣组成的"外廷"是其揽权的关键。事实上，宦官势力的膨胀必然会与朝臣发生冲突，双方的斗争是不可避免的，至于谁是胜利者，则要看双方斗争策略和主上的意志了。

结党营私攻东林

熹宗初期，东林党人由于在皇帝继位问题上出力甚大，很得重用。杨涟、左光斗、刘一燝、周嘉谟、赵南星等人掌握了朝中大权，出现了"众正盈朝""东林方盛"的局面。邪恶派官僚势单力薄，不敢发表政见，但他们并不甘心，他们在等待时机。

魏忠贤宦官集团的崛起，引起东林正直官僚的注意，他们一有机会就对宦官奸臣加以抨击。如天启元年（1621）四月，朱由校正式举行婚礼那天，刘一燝上疏，"请逐客氏"出皇宫。朱由校"恋恋不忍舍"，借故说："皇后年幼，还赖客氏保护，这件事等光宗葬礼后再议。"到光宗葬礼后，刘一燝又请旨，希望立即"遵前诏"，朱由校不得已，便遣还客氏。客氏出宫后，朱由校整天痛哭流涕，又只得宣客氏进宫。此时魏忠贤想扩大权势，迫切需要掌握大权的东林正直官僚的支持，他千方百计与东林人拉关系，但东林人对此却置之不理。如有一次，魏忠贤为了与赵南星拉关系，派人送书信，希望与赵相见，赵拒绝了。

魏忠贤见东林人不愿与自己合作，对他们十分痛恨。同时，他转而与邪恶派官僚勾结。此时邪恶派官僚处于受压抑的地位，他们迫切希望借助宦官的力量，重掌朝政，因此，很快便与宦官集团合作。宦官集团与邪恶派官僚结合后，人们都称他们为"阉党"，他们同东林党展开了激烈的政治斗争。

天启四年（1624）以前，阉党与东林党展开了两次大的斗争。一次发生在天启元年（1621）冬到天启二年（1622）春，内阁大学士刘一燝、吏部尚书周嘉谟对邪恶官僚霍维华作奸犯科极为不满，在当年的官员考绩中，将霍逐出京城，调任"陕西金事"。霍的同党给事中孙杰知晓此事后，立即上书，弹劾刘、周，说："霍维华三月兵垣无过失，刘、周二人仗势欺人逐人臣于外，于理不合。"魏看到孙杰的奏疏后十分高兴，鼓动皇上"立逐二人"。

另一次是发生在天启四年（1624）四月。任顺天府府丞的邪恶派宦僚邵即辅在魏忠贤等人指挥下逮捕了正直官僚汪文言。汪文言在天启初年即与东林人士叶向高、魏大中、杨涟、左光斗交好，在朝中发挥着重要作用。而邪恶派官僚阮大铖、傅应星一面投入魏忠贤怀抱，一面又想与左光斗等东林人士交好。天启四年（1624），吏科给事中出缺，按理阮大铖当递补，但东林人赵南星、高攀龙、杨涟等人，认为阮大铖"轻躁不可用"，将魏大中提升为吏科给事中，阮大铖补工科给事中。阮大铖十分愤怒，怀疑此事系左光斗、魏大中暗中捣鬼，立即草拟奏疏，由傅槚出面，弹劾左光斗、魏大中。由于没有确凿证据，便在奏疏中，以左、魏二人与汪文言"交通"营私舞弊为由，要求处置他们。魏忠贤得奏，认为这是打击正直官吏的好机会，便立即下令将汪文言治罪，并想进一步追究左、魏等人。汪文言下狱后，魏大中、左光斗上疏力辩，御史袁化中、大学士叶向高也上疏为魏、左辩驳，鉴于众大臣集体发难，魏忠贤不便深究，便弃左、魏不问，"止罪文言"。最后汪文言也没有受到过分处罚。魏忠贤集团此次虽没有达到最终目的，但已显示出广泛罗织罪名、打击正直官员的恶意。

面对魏忠贤集团的进攻，正直派官僚集团决心组织一次大的反击。天启四年（1624）六月一日，杨涟上"二十四罪"疏，指出魏忠贤："亲乱贼而仇忠义""颠倒铨政，掉弄机权"；横行宫内，谋害妃嫔；滥邀恩荫，"要持无穷"，操纵东厂，"快私仇，行倾陷"；对皇帝"进有傲色，退有怨言，朝夕提防，介介不释""凡此逆迹，昭然在人耳目。乃内廷畏祸而不敢言，外廷结舌而莫敢奏。间或奸状败露，则又有奉圣夫人为之弥缝。甚至无耻之徒，攀附枝叶，依托门墙，更相表里，迭为呼应。积威所劫，致掖廷之中，但知有忠贤，不知有陛下；都城之内，亦但知有忠贤，不知有陛下。……陛下春秋鼎盛，生杀予夺，岂不可以自主？何为受制幺么小丑，令中外大小惴惴莫必其命？伏乞大奋雷霆，集文武勋戚，敕刑部严讯，以正国法，并出奉圣夫人于外，用消隐忧，臣死且不朽。"（《明史·杨涟传》卷二百四十四）

以大量事实揭露魏忠贤二十四个方面的罪行，要求对其严惩。

杨涟此疏，可以说火力相当猛烈，犹如连珠炮似的一阵轰击，将魏忠贤打得晕头转向。对此，魏忠贤十分害怕，向韩爌求救，韩爌不予理睬，魏忠贤只得跑到皇帝面前哭泣，诉说自己冤枉，并提出辞去东厂之职。客氏知道此事后，也到熹宗面前替魏忠贤讲了不少好话。这样，熹宗便认为杨涟的上疏真假难辨，他怀疑杨涟想借此排斥异己。第二天上朝，熹宗便好言劝慰魏忠贤，而对杨涟却加以斥责，指责他借故滋事，沽名钓誉，离异皇帝左右，使皇上无依靠。杨涟的反击以失败而告终。

杨涟的这次上疏可以说是东林派与阉党的一次决战，杨涟的失败使双方斗争局势发生了重大变化，正直派官吏失去了自己在朝中的优势位置，魏忠贤集团开始进一步招收朝野邪恶派势力，逐步走上了垄断朝政的地位。

正直派官吏集团之所以在斗争中失败，并不是因为魏忠贤集团策略高明，而完全是由于皇帝偏向阉党集团的结果。

杨涟事件后，魏忠贤控制了朝政，为彻底打击东林集团，他开始一一剪除东林大吏。万燝、周顺昌等人被处死，魏专权到了极端。

第
七
章

CHAPTER7

重臣护国　其法各异

有明一代涌现了一大批为王朝的长治久安而尽心尽职的大臣，这些手握军政大权的文武重臣面对当时的社会问题，敢作敢为，担当大任，为封建统治秩序的稳定作出了贡献，于谦、刘大夏、王守仁、海瑞就是其中杰出的代表。这些富有政治经验和军事才能的重臣在其为政生涯中极善用谋，其灵活多样的谋略是其成功的关键。

主战反降救危局

　　于谦，字廷益，号节庵，浙江钱塘人。少年时期的于谦聪明过人，七岁时，有一僧人见到他后说道："这个小孩子将来会成为救时宰相。"永乐十九年（1421），于谦中进士，宣德初年，被授为御史，随后又为山西、河南等地巡抚。当时，朝中主政大臣"三杨"对于谦极为信用，正统十三年（1448），他被升为兵部侍郎。

　　于谦年少时就有救国之志，他崇拜刚正不阿、高风亮节的人物，其诗作《石灰吟》写道："千锤万凿出深山，烈火焚烧若等闲。粉骨碎身浑不怕，要留清白在人间。"于谦非常崇拜民族英雄，对舍生取义的民族英雄文天祥十分敬仰。他在家中悬挂着的文天祥画像旁写道："呜呼文山，遭宋之际，殉国忘身，舍生取义。气吞寰宇，诚感天地……孤忠大节，万古攸传。载瞻遗像，清风凛然。"以此为座右铭。

　　明正统十四年（1449），英宗在太监王振的唆使下出征瓦剌。八月十四日，明军惨败于土木堡，英宗被俘。明王朝眼看就要像宋朝一样国破家亡了，在这关键时刻，于谦挺身而出，担起大任，团结正直官僚反对南迁，积极防御，同时革新政治、整顿军队，使明王朝渡过难关，摆脱危局。在两个多月的主政过程中，于谦表现出了卓越的胆识，也展示了其过人的谋略。

◇反对迁都

　　正统十四年（1449）八月十五日，远征瓦剌的明英宗在河北怀来土木堡被俘的消息传到了皇宫，皇太后、皇后无不惊诧。为了稳定人心，太后命令封锁消息。但不久，从前线败逃回来的士兵还是传出了皇帝被俘的消息。

八月十七日，文武官员会集于阙下，纷纷议论皇帝被俘之事，许多人感到害怕担心。

十八日，皇太后召集朝臣商议对策。当时，人们对皇帝被俘感到突然，官员对此意见不一。翰林院侍讲徐珵主张南迁京都。他说："验之星象，稽之历数，天命已去，惟南迁可以纾难。"（《明史·徐有贞传》卷一百七十一）不少官员为保全性命也附和南迁之说。

此时，身为兵部侍郎的于谦挺身而出，大声说道："主张南迁的人应该斩首！"他据理分析道："京师是国家的根本，京师动摇，则大势必去。难道大家不明白宋朝南渡国破家亡的故事吗？"这时，吏部尚书王直、内阁大学士陈循也发表意见，支持于谦的主张。徐珵等人不敢再言南迁，太监金英还将主张南迁的徐珵迁出朝中。于谦等人的态度使皇太后、郕王坚定了留守京师的决心，于谦被任命为兵部尚书，全权负责京师保卫工作。

◇调兵卫京

于谦受命后，立即着手京师的保卫工作。于谦认为，瓦剌俘获英宗后，必定挟英宗来取京城，眼下最要紧的是做好京城的保卫工作。当时，明朝精锐部队都随英宗北征去了，京城只剩下老弱病残的士兵，并且只有数万人。如果全靠这些部队与瓦剌作战，则必定兵败城破。广泛招募调集军队是解决困难的可行办法。于谦受命的第二天，便向郕王请求，要求调河南、河北两京备操军，山东及东南沿海备倭兵入京。同时，于谦决定向社会广泛招募士兵，命令监察御史白圭、李宾等十五人到直隶、山东、山西、河南等地招募民壮，充实当地卫所，选派武将对新招兵加以训练，"以听调策应"。

为了鼓励士兵、民壮参加保卫京师的战斗，于谦制订了奖励政策。"新选余丁官军并旧操舍人及报效者，人赐银一两，布二匹。守城匠人，守门军伙夫，并皇城四门内外官军，人赐布二匹。"（《明英宗实录》卷一百八十一）

在于谦的精心组织下，各地军队陆续来到京城，新招募兵士也为数不少。看到这种情形，京城百姓心里安定多了。

当时，明廷在河北通州囤积了大量军粮，这些粮食若被蒙古人掠去，后果将不堪设想。由于通州积粮甚多，难以远搬，有人建议为防粮食被瓦剌夺取，应将粮食烧掉。巡抚周忱、于谦认为，通州粮食有数百万石，可供京军食用一年，应将之运抵京师作为军粮。于谦奏请郕王用五百辆大车将粮食运往京师，取得郕王同意后，于谦命都御史陈镒等人负责处理此事。为了加快运粮速度，于谦鼓励民间帮运粮食，并规定："运粮二十石到京师仓库，官府给运费银一两。"没多久，通州粮食全部运到京城。

◇处置王振奸党

土木堡之变，英宗被俘，全系王振所致，满朝文武对王振及其党羽祸国害民的行为感到十分气愤。八月二十三日，右都御史陈镒上书郕王道："王振倾危社稷，使皇上蒙难，请诛其族以安人心。"对此，郕王没有明确答复。群臣见状，哭泣不已，王振党羽马顺此时喝逐群臣，激起愤怒。给事中王竑廷抓住马顺的头发，咬其脸部，同时大声喊道："你们这些奸党，罪当诛，今天还敢逞凶！"群臣一拥而上，将马顺击毙，并将宦官毛贵、王长随、金英等人打死，有人又将王振侄儿抓来。一时，朝中大乱。郕王朱祁钰见状十分害怕，想退入宫中，这时于谦出面挡住了郕王去路，请他宣布：马顺应当处死，王振家族无论少长皆斩。郕王同意照办。一场混乱局面终于得到控制。朝中大臣对于谦十分佩服，吏部尚书王直拉着于谦的手说道："国家全靠你了，今天之事，纵使有一百个王直也无能为力。"不久，王振家族及党徒都被处置，邪恶势力遭到打击，主战派正义得到伸张，广大百姓拍手称快。

◇选拔文武官员

于谦认为，要有效抵御敌人，必须有得力官员。当时，明廷内文武官员中不少人年老怯弱，大力调换人才十分重要，于是他提拔了一批才能出众的官员到中央、地方任职。如广东东莞河泊所闸官罗通被任命为兵部郎中，守居庸关；四川按察使曹泰调守紫金关；都督石亨被升为京营总兵；辽东都指挥使范广为副总兵；大同总兵官都督同知郭登被提升为征西总兵官，镇守大同；都督金事孙镗掌管三千营。

对京畿要塞，于谦派得力官员前去扼守，户部主事陈汝言等人前往宣府、东昌、德州、河间等卫。对于边军边将，于谦给每人"赏银二两、布二匹，各令安分守己，毋或生事扰人"。（《明英宗实录》卷一百八十三）

◇ 拥立新君

英宗被俘以后，郕王朱祁钰虽以监国身份总理朝政，但毕竟不是皇帝，这样在推行政令时，威严不足。另外，新帝不立，瓦剌势必要以被俘获的英宗做要挟，在这种形势下，拥立新君，十分必要。于谦将立新君作为扭转危局的重要措施来看待，对此极为重视。他和诸大臣于九月一日向皇太后请求"国有长君，社稷之福"，请立郕王为帝。皇太后征求郕王意见，胆小怕事的郕王惊慌不已，推辞再三，于谦出面说道："臣下实在是为国家着想，不是为个人得失。"郕王这才同意。九月六日，郕王朱祁钰即皇帝位，改元景泰，遥尊英宗为太上皇。

拥立新君是一招妙招，它稳定了朝廷，使瓦剌持帝自重的阴谋破产，在后来明廷与瓦剌的较量中起了重要作用。

众志成城卫京师

明正统十四年（1449）十月初一，也先率瓦剌大军南下，企图攻占明都北京。消息传来，明廷震惊，宣布京师戒严。初八，景泰帝任命于谦为军马总指挥，掌管全国军队，负责组织京师保卫战。

于谦受命后，立即召集诸将商议迎敌之策，成山侯王通主张到京师外修筑战壕，与敌决战。总兵石亨建议军队闭门守城，实施坚壁清野的办法来对付瓦剌军。于谦认为：“敌人来势凶猛，如果闭门坚守，敌人会认为我们害怕他们，他们的气焰会更加嚣张。应该到城外布阵列兵，与其对抗。”于是，明军决定到城外列阵迎敌。于谦将各部明军做了部署：总兵石亨、副总兵范广、武兴列阵于德胜门外，都督陶瑾在安定门外防守，广宁伯刘安率部守东直门，武进伯朱瑛在朝阳门外迎敌，都督刘聚守西直门，副总兵顾兴祖守阜成门，都指挥李端守正阳门，都督刘德新把守崇文门，都指挥汤节列阵于宣武门。于谦自己将兵部日常事务交给侍郎处理，然后到德胜门石亨营中指挥作战。

十月初九，于谦下令，各部明军全部开拔到城外指定地点，随后令人将全部城门关闭，做出破釜沉舟、决一死战的姿态。为了有效地打击敌人，于谦宣布军纪：“战端一开，如果将帅不顾士兵，先期退却，则士兵可以斩将帅；如果士兵不听将令，畏敌逃窜，则后队斩前队。”于谦亲自披甲上马，同士兵一起列于阵前。将士见主帅身先士卒，“人人感奋，勇气百倍”。

十月十一日，瓦剌大军进抵北京城下，他们将英宗关押在德胜门外一草房内，大军列阵于西直门外。彰义门外明军将领高礼、毛福寿于当天晚上袭击瓦剌军队，斩杀数百人，并夺回一千多被瓦剌俘去的明军。也先见明军阵容整齐，准备充分，不敢贸然进攻。投降瓦剌的明廷宦官喜宁唆使也先以英宗为诱饵，要明将前来接驾，企图以此瓦解明军攻势。于谦派通政使参议王复、中书舍人赵荣携酒羊去见英宗，也先见明廷没派要员前来，对王复说："你是小官，去叫胡濙（大学士）、于谦、王直、石亨、杨善等人前来，并要明廷带来大量财物。"景泰帝闻知后，思想产生动摇，想与瓦剌议和，派人征求于谦意见。于谦坚定地回答说："社稷为重，君为轻。""今天只谈军队战事，其他事情一概不问。"明廷采纳了于谦主战拒和意见，也先的阴谋失败了。

使诈不成便强夺。也先议和计划失败后，便发动军事进攻。十月十三日，瓦剌大军猛攻德胜门，于谦、石亨率部迎战，明军骑兵前去引诱敌人，一万多瓦剌军直扑过来，明军神机营连连施放火器，无数火铳、火炮一齐飞向瓦剌人，敌军大败，这时预先埋伏在两侧的明军又乘势突然杀出，瓦剌三面受敌，损失惨重，纷纷后退。此战，瓦剌伤亡严重，有"铁元帅"之美称的也先之弟孛罗和平章卯那孩被明军击毙。

瓦剌军攻德胜门不成，又转攻西直门。明守将孙镗率部抵御。孙镗率部斩杀不少敌兵，又率众追敌，瓦剌增兵围攻明军，明军势单力薄，渐渐不支，边战边退。城上明军发火器攻击瓦剌军，其他据点明军纷纷前来支援，瓦剌军见势不妙，只好撤退。

第一回合较量后，于谦根据明军在战斗中暴露出的问题，重新调整部署。加强西直门、彰义门的防御力量，派都御史王竑到西直门协助孙镗抗敌，加强西直门、彰义门之间联系，一边有警，另一边支援，"不许自分彼此，失误军机"。另外，到各处街巷增设伏兵，加强火器力量。

经过短暂休整后，瓦剌又发动新一轮进攻，其目标是彰义门。明将武兴、王敬、王勇率部抵敌，明军用火铳攻击敌骑兵，埋伏于两侧的明军又截断退路，瓦剌军惊慌不已，边战边退，明军乘胜掩杀过来，瓦剌军大败。

起初，也先认为明军不堪一击，不需多大工夫就能取明京城，可交战后发现，接连五天都没进展。此时，围攻居庸关的瓦剌军队也被明军击败，也先大军有后路被截断的危险，加之各地明军不断向京师进发，增援京师，也先认为再战下去，凶多吉少，便下令全线撤退。

　　于谦见敌后撤，令石亨率大军追杀。十月二十日，明军在河北霸州赶上逃窜的一支瓦剌军队，随即截杀，斩获甚多，并解救出一万多被俘明军。二十五日，明将孙镗又在固安大败逃敌。到十一月八日，瓦剌军全部退回塞外。京师保卫战取得胜利。

除旧布新图自强

京师保卫战的胜利使明廷面临的危机得以缓解。但这只是暂时渡过难关，明廷内部潜藏的深层社会矛盾并没有排除，不少影响国家安定的因素还存在，有着远见卓识的于谦对此有非常清楚的认识。为了明王朝的长治久安，他提出了一系列从根本上缓解统治危机的办法。

◇排除干扰、坚持改革

明朝进入英宗朝就已积累了许多社会矛盾，较为突出的是各自为政，结党营私的问题。例如于谦在京师保卫战中作出了很大贡献，但朝中一些大臣不愿意承认他的功绩，甚至故意贬低他。侍讲刘定之说："昨天德胜门之战，我军没有给敌人毁灭性打击，只是斩杀了一些敌人，双方互有胜负，虽然够不上处罚，但也够不上行赏，而石亨竟然从伯爵晋封为侯爵，于谦从二品升至一品。天下人没见他们功劳，而看到他们被加官行赏，这样不就是慢待了真正的忠臣义士吗？"副都御史罗通也指责于谦在作战时不听从他的建议，"憎贤忌才"。王振的余党见朝中有人对于谦不满，也乘机发难，浙江镇守宦官李德上疏道："大臣擅斩马顺，等于犯上作乱，这样的乱臣贼子不能重用。"在这种人心不齐、相互纷争的情况下，于谦不畏困难，团结正直大臣，孤立小人，冲破阻力，坚持改革。

◇加强边防

京师保卫战以后，不少朝臣认为，应当将精锐部队放在京畿，以京师为防御重点。一些边镇将领也从边关调到京师，如镇守宣府的杨洪、镇守居庸关的罗通被调至京师。同时，原先在京师参加保卫战的边将，也滞留京师，不愿回去，希望加官晋级。这样一来，各边镇防卫极为空虚，"宣府、居庸兵将俱无""紫荆、倒马、白羊等关，虏贼退后，几及一月尚未设守"，而有的边镇虽有兵士，但多是老弱病残。

于谦认为，边镇防御是国家安全中最为紧要之处，蒙古贵族之所以挥兵南下，直逼京师，就是因为明边镇防御力量薄弱，不能够抵挡蒙古骑兵的进攻。他对重视京师、忽略边防的军事防御战略持有异议，向景泰帝进言道："宣府、大同等边镇是京师的门户，没有门户不固而能够御敌的。"他建议，召开大臣会议，统一认识，加强边防。兵科给事中叶盛同意于谦的意见，叶盛向皇帝说道："保卫京师固然重要，但眼下最为紧要的是整顿边防。如果石营、马营不放弃，英宗绝不会在土木堡受困；紫荆隘、白羊隘口不失守，瓦剌人怎么会围攻京师呢？"在于谦等人的坚持下，多数大臣同意加强边防。景泰帝遂调兵遣将，加强边镇力量。左都督朱谦、纪广、杨俊镇守宣府，刑部右侍郎耿九畴被派到南孟隶整顿卫所，右都御史王竑、都指挥同知夏忠镇守居庸关，右佥都御史陆矩同葛旺到真定镇守，都御史祝暹、赵瑄守保定，都指挥佥事董宸及萧户等人驻防河间府，都督顾兴祖则负责督修边关要塞。明廷要求，各镇守官员到达指定地区后，要安抚百姓、修筑城池，招抚流民、屯垦田地，操练军队，做好防御准备。

◇改革兵制

明初，京军由神机、三千、五军三大营组成，五军营在朱元璋时期已编定，即是驻守京师的卫所军队，有步兵、骑兵。五军营的训练演习主要是营阵。三千营为永乐时期所设，全为骑兵，其职责是执掌仪仗，听从皇帝调遣，平时任务是巡视。神机营也是永乐时设立，当时明廷从安南学得火器制造方法，便设立火器营，神机营既有步兵，又有骑兵，其职责是护卫皇上，平时训练火器。三大营各有总兵官，互不统属，号令也不一致，都由五军都督府掌管。土木堡之变后，京军精锐皆没，三大营兵制更为混乱。

景泰二年（1451），于谦从三大营中选十万精壮士卒，分五营团练，名曰"团营法"。第二年，又扩成十营，共十五万人，十团营共设总兵官一人，受兵部节制。每营军士一万五千人，置都督一人，称"坐营都督"。坐营都督下置都指挥三人，各领五千人。每都指挥下，设把总五人，各领军士一千人。每把总下，设指挥二人，各统兵五百人，每一指挥之下设领队官五人，各领军士一百人，每一领队官下设管队官二人，各领军士五十人。没有编入团营的士兵则归三大营训练，以卫京师。京军经过这样一整顿，使得"互相统属"，将领知兵，兵能识将，"管军者知军士之强弱，为兵者知将帅之号令"，不致临阵时产生错乱。这样，作战时，朝廷只要调动将领，士兵会随将出征，明军战斗力大大提高。对此，《明史》载道："于谦创立团营，简精锐，一号令，兵将相习，其法颇善。"

◇ 清除间谍

瓦剌每次南下之前，均派许多间谍混入明京师探听消息。于谦为了打击瓦剌，下令密访间谍，加以逮捕。正统十四年（1449）十月，明军逮住跛儿干并将其处死。十一月又擒获安盂哥等三位间谍。景泰元军（1450）闰正月，又捕杀小田儿。同年二月，间谍喜宁也被擒拿。喜宁是明廷宦官，英宗被捕后投降瓦剌，成为也先的心腹。喜宁常给也先出坏主意，多次唆使也先攻打明朝，挟持英宗要明廷求和。明廷对喜宁恨之入骨，悬重赏缉拿喜宁。喜宁被逮后，在京师被处死。

◇ 绝欺诈

也先将英宗俘获后，以为奇兵可据，不断以英宗要挟明廷。他一方面在攻击明边镇时将英宗带上，使明军士有所顾虑，不敢抵御，达到夺关破城的目的；另一方面，挟持英宗，向明廷索取金帛、财物。起初，明将士没经验，也先靠此取得一些好处，后来明廷采纳于谦意见，今后瓦剌挟持英宗时，不得与其接触。当朝中大臣提出同意也先条件迎英宗回时，于谦总是说："社稷为重，君为轻。"这样也先所恃的"王牌"就失去了作用。

◇坚持抗战，拒绝求和

北京保卫战虽然取得了胜利，也先受到打击，但其实力仍在。因此，也先退到塞外以后，仍野心不死，企图率兵南下，夺取明朝江山。叛徒喜宁又不断在也先旁边唆使，要他西攻宁夏，夺取明廷马匹，然后进取江南，占据南京，在此建立朱祁镇傀儡政权，与北京景泰帝相抗衡，将天下一分为二。为此，瓦剌三万军队便于景泰元年（1450）正月攻打宁夏，劫掠不少牲口及百姓，接着，瓦剌军又犯大同，大同总兵郭登毫不畏惧，率八百勇士乘夜袭击瓦剌军营，斩杀无数，瓦剌军逃退四十多里，明军取得胜利。这次战斗后，明军士气大振，但朝廷中还有人认为，瓦剌太强大了，只有与之讲和，才能够长期安定。这时瓦剌方面还派来三个使者，与明廷议和。于谦闻知，十分气愤地说："我与瓦剌不共戴天，理应不与之议和，如果与之议和，瓦剌贪得无厌，不断向我提出无理要求，我若应允，则相安无事，我若不从，则兴兵扰边，这种情形迫使我们不能与之讲和。朝中那些胆怯之人，是不能够抵御敌人的，言和之人该斩。"景泰帝采纳了于谦建议，切责言和之臣。此后，再没有人敢言与瓦剌言和了。明廷上下坚定了抗御瓦剌的信心，瓦剌的阴谋始终没有得逞。

围魏救赵破南昌

　　王守仁，字阳明，号伯安，浙江余姚人，早年从事政治，晚年研讨学问，提出了"心外无物、心外无理""致良知""知行合一"的哲学命题，创立了与程朱理学相抗衡的"心学"，在中国思想史上占有极其重要的地位。

　　作为思想家的王守仁又是一位有智谋的政治家。他从地主阶级长远利益出发，主张给人民群众一定的生活条件，对人民进行适度的"剥削"，用教化来感化人民，以破除"心中贼"。他在极为不利的情况下，运用智慧，克敌制胜，表现出超人的谋略。

　　明武宗正德十四年（1519）六月十四日，分封在江西南昌的宁王朱宸濠起兵叛乱。由于叛军蓄谋已久，起兵不久即攻下许多城池，同年七月，宁王占九江，并率六万大军至鄱阳，直取安庆。

　　宁王大军到达安庆城下以后，并不急于攻城，宁王派部将送降书给安庆守将杨锐、张文锦，希望不战而屈人之兵。

　　安庆守将拒绝投降，宁王只得下令攻城，守城官兵人少势弱，渐渐难以抵御，安庆形势十分危急。

　　听到朱宸濠起兵反叛的消息后，作为江西都御史的王守仁便在吉安各地招募兵队，决计前往剿灭。闻安庆告急消息后，他便率领招募的八万多人火速前往增援。大军行至丰城时，王守仁召集诸将开会，商讨作战事宜。推官王晖说："听说宁王攻打安庆，连日不能下，我料他必然兵疲气沮。如果这时我们率大军前往增援，与守城官兵全力攻敌，则必将能克敌制胜。"宁王一旦战败，其老巢南昌便不战而下。对于王晖的建议，诸将意见不一。这时王守仁说道："王君只知其一，未知其二。大家想一想，如果我们要去救安庆，必须经过南昌，其间困难情形自不必说，即使顺利到达安庆城下，与朱宸濠军对垒，敌我力量相差大，我们能否取胜很难预料。安庆城内守军本来人少，由于已与朱宸濠军交战多日，此时一定十分疲劳，战斗力十分有限，想要他们作为后援，不太可能。如果到时南昌敌军出城攻我，断我粮道，抄我后路，南康、九江敌人也乘势袭我，则我军会陷于四面受敌的不利境地，这样不是自取灭亡吗？依我之见，不如不理安庆，径直攻取南昌。"

听了王守仁的建议，王晖又说道："宁王经过了充分策划，才出南昌。他以南昌为根本，大军走后，城内必然也留有重兵。我军攻城，未必能及时拿下，到时安庆孤城被困日久，很可能要陷落，而南昌我们又一时不能得到，这又怎么办呢？"王守仁答道："王君太看重反贼了。宁王迟迟才出南昌，非因策划充分，而是因为中了我的前计，瞻前顾后，犹豫不决。当后来知道为我所误，才挟愤而出，城内精锐已前往安庆，守城军士势单力薄。我们正好利用这一点，用新集的精锐之师猛攻南昌，取城夺地完全是可能的。一旦宁王知道南昌被困，必定回兵救助，到时我军已拿下城池了。叛贼看到这种情况，必定又急又气，情绪低落，我军再乘夺城之威，全力攻敌，则可大获全胜。"

听了王守仁的进一步分析，王晖等官员都心悦诚服，决计进兵南昌。大军在向南昌行进途中，探骑来报说，宁王临行前曾在南昌城南郊布下了一支伏兵，以防有人攻城，以作援兵。王守仁即派一支五千多人的轻骑，昼夜兼程，以期阻挡敌伏兵。

王守仁率大军到达南昌城下，即令将士全力攻城。果如他所预料，南昌城内兵力空虚，在王守仁大军的猛烈攻击下，南昌守军渐渐不支，城南伏兵欲前往增援，为王守仁的五千精兵杀得大败。王守仁令大军继续攻城，同时，用箭将檄谕射入城内，告抚城内百姓，说大军前来是为讨叛逆之臣，非要残害百姓，要百姓不助叛军。城中居民见到檄谕，便闭门封户，不助守军。最后，王军攻破城门，突入城内，南昌为王守仁所占领。

就在王守仁全力攻取南昌城时，朱宸濠也率叛军急攻安庆，由于安庆城坚难攻，加之守军死力抗抵，叛军一直不能破城。正当朱宸濠心急如焚之时，传来南昌城被攻取的情报，朱宸濠大惊失色，急令停止攻城，回军救助南昌。谋臣李士实阻谏道："王守仁大军全力攻南昌，城内守军势单力薄，恐难以抵挡，待我大军回援之时，想必城已攻破。我们不如破釜沉舟，即刻直取南京。"朱宸濠思索片刻，说道："南昌金银钱足，积储甚多，这是我们根本之地，如果南昌有失，则失去今后进取发展的基础，为今之计，应首先全力夺回南昌，再作计议。"李士实见朱宸濠意见坚决，只好作罢。

朱宸濠令两万将士为先锋，速回援南昌，自己率大军随后进发。王守仁闻讯后，设伏兵于江面，当宁王先头部队到达时，王守仁伏兵突然发起攻击，叛军猝不及防，被杀得大败。朱宸濠见前锋受阻，便与刘养正等将领商议，调九江、南康之兵合力进攻王守仁军。王守仁也相机调整部署，叛军始终处于被动状态。

朱宸濠见连连失利，便决计将所有舟船连成一体，形成庞大阵势，以对付王守仁的分割袭击之术。王守仁根据叛军变化，决定用火攻制敌，他派余恩、邢珣、徐涟、戴德孺四将率部埋伏于叛军前后，又秘密派人携火器潜入叛军大营，窥机放火。不久，叛军军营一片火海，正在饮酒作乐的宁王见四周火起，便出营探望，只见四周火势凶猛，杀声又起，宁王吓得扑倒在船上，叛军将士纷纷弃舟而逃。不久，王守仁大军杀进船内，宁王朱宸濠被俘。历时一个月的叛乱被平定。

兵法上讲："兵之形，避实而就虚。"在安庆被围之时，王守仁根据敌我形势，采取"围魏救赵"之策，置危急中的安庆于不顾，全力围攻南昌，迫使朱宸濠回兵自救，安庆之围自解。当敌回援南昌之时，王守仁又设伏阻敌，最后攻下宁王巢穴，俘获宁王。在整个平叛过程中，王守仁能够根据敌情变化，采取相应的应敌对策，充分显示了他杰出的军事才能。

离间破敌解危局

宁王朱宸濠起兵反叛后，其谋士李士实、刘养正竭力劝告他应乘机出兵南京，攻占江南军政中心。朱宸濠对此建议很感兴趣，决定商议具体对策。

此时，身为江赣巡抚佥都御史的王守仁正在临江等地巡视，听到这个消息后，他十分焦急，连忙与诸将商议对策。

原来，朝廷对宁王久蓄异志、图谋不轨素有所闻，但没想到事情发生得如此之快。一切防备措施都还没有准备妥当，宁王就已起兵反叛。现在，又要顺江东下取南京，朝廷急得不知如何是好。

面对危局，王守仁沉着冷静，他一面告诫将领们不要慌张，另一方面派快骑向四周地区投递檄文，宣称朝廷早已知道宁王要谋反，已派都督许策率四万精兵南下平叛，两湖、两广的十六万大军又即将赶到，各府县应及时供应大军军粮，不得有误。与此同时，王守仁修书一封，派亲信送往朱宸濠营中。

在李、刘二人的劝说下，朱宸濠准备进攻南京。即将发兵之时，宁王士卒截获了王守仁发往附近州府县的檄文，看到檄文后，朱宸濠以为朝廷大军即将前来，心中十分忧虑，决定暂缓出兵南京。不久后，朱宸濠手下士兵捉到一位朝廷侦探。此人声称是奉王守仁之命给李士实、刘养正送密信的。朱宸濠将信函打开，只见上面写道："两公有心归国，非常钦佩，现朝廷已调集精兵强将，把守了各处要道，专等宁王东下，以求擒拿他，请两公速怂恿宁王东下，使他早日出兵，到时论功行赏，两公功劳必列前位。"朱宸濠读完信函，十分震惊，遂对李、刘二人心存疑虑，虽然没有下令捉拿他们，但已不再信任二人。

十多天以后，南昌城内的朱宸濠还没见到朝廷大军，这时他才恍然大悟，明白自己中计了。他急忙与李、刘二人一同商议军事计划，李、刘二人仍建议取南京。但此时王守仁已布置就绪，通往南京的道路上布满了重兵，叛军沿途遭到截杀，进取南京已无可能，叛军便改攻安庆，但不久被王守仁击败。宁王兵败被擒。

离间计是古往今来许多军事家、政治家经常采用的一种计谋。王守仁在宁王骤然起兵、朝廷准备不足的情况下，巧妙地运用虚张声势之计迷惑宁王，又用离间计，使宁王对其谋士生疑而不用其计，为己方争取到了部署军队、运输粮食的时间，从而有效地扼制宁王，取得最后胜利。

诈死骗敌留残生

明武宗之时，宦官刘瑾依恃皇上信宠而擅权乱政，他打击正直官员，排斥异己，唯我独尊。对于反对自己意见的朝臣，刘瑾对他们严加迫害。御史戴铣看不惯刘瑾的横行霸道，上疏弹劾，但最终却被削职为民、发边充军。这时任兵部主事的王守仁见忠臣被害，十分气愤，他上书皇上，为戴铣鸣不平。谁知奏本为刘瑾所压。

刘瑾十分憎恨与自己作对的官员，看到王守仁奏本中对自己的攻击，十分恼怒，随即矫造圣旨，将王守仁打入大牢，并令爪牙严刑拷打。王守仁被打得皮开肉绽，死去活来。不久，王守仁被赶出京城，流放到贵州龙场充任驿丞。

王守仁接旨后，带着满腔怒气前往贵州。当他行至浙江钱塘时，发现有人跟踪自己。原来，王守仁被革职后，刘瑾仍不放过他，派人跟随王守仁，伺机除掉他。

王守仁发现有人跟踪后，料想一定是刘瑾所为。如果不摆脱跟踪，自己迟早会被人害死。聪明的王守仁经过一夜思考，终于想出了一个计策。

一天夜里，王守仁乘夜色来到钱塘江边，假造了一个投江现场：将鞋帽漂浮在水面上，在江边作诗一首："百年臣子悲何极？夜夜江湖哭不胥……"随后，他便隐姓埋名，隐居于福建武夷山中。

刺客到江边看到遗诗和鞋帽，以为王守仁投江自杀了，便回去向刘瑾报告。浙江布政使、按察使也以为王守仁死了，便在江边筑祭坛祭奠王守仁。后来，王守仁的父亲到南京任职，王守仁怕自己隐匿于荒山连累父亲，才又转道到广西龙场戍职。此时，刘瑾已身败名裂。

古人说："知难而有备，乃可以逞。"（《左传·成公元年》）王守仁在身处危难之时，用欺诈之计，佯装投江自尽，使敌人信以为真，从而使自己死里逃生，保全性命。

巧施药方除弊政

　　刘大夏，字时雍，湖南华容人，年二十举乡试第一，天顺八年（1464）中进士，授庶吉士，成化年间先后任吏部职方主事、郎中、福建右参政，后来任广东右布政使、吏部侍郎、左都御史、兵部尚书等职。

　　成化时期，宦官汪直擅权，汪不晓政事，却好大喜功。此时安南与老挝交恶，老挝打败安南，汪直想乘安南新败，落井下石，派军队进取安南。为了能够找到理由，汪直派人到吏部寻找永乐时期讨伐安南的案牍。刘大夏认为擅开边衅会劳民伤财，对国家民族不利，为不让汪直达到目的，一方面他将永乐故牍藏起来，另一方面将此事告诉吏部尚书余子俊，说战端一开，西南地区"立糜烂矣"，最后征安南事未成。

　　弘治时期，孝宗皇帝励精图治，想革除弊端，光大祖业。弘治十五年（1502），弘治帝拜刘大夏为兵部尚书，刘大夏推辞多次后才接受。皇帝对他说道："朕多次想提拔任用你，你为什么以身体有病推辞呢？"刘大夏回答道："臣下确实年老多病，目前天下百姓穷困，国家也不富裕，万一百姓造反，责任就在兵部了，我怕自己力不从心，因此推辞。"皇帝听了他的话后，沉默了很久。他知道刘大夏是在暗示自己应当革除陋规，减轻农民负担。

　　不久，皇帝下令中央各部门将应该革除弊政一一上奏，刘大夏等正直大臣提出了十六件应当立即废除的事情。由于这些事触及朝中权贵重臣的利益，他们力加反对。看到朝中有不少人持异议，皇帝犹豫了，下令再议。刘大夏便进言道："汰除这十六件事，在外廷职权范围内，应当执行，今天一遇到权阉反对，就反复讨论，臣下愚钝，实在不知为什么？"不久，皇帝同意了汰除这十六事。"幼匠、厨役减月米三斗；增设中官，司礼监核奏；四卫勇士，御马监具数以闻。余悉如议。织造、斋醮皆停罢，光禄省浮费巨万计，而勇士虚冒之弊亦大减。"（《明史·刘大夏传》卷一八二）

对于边镇军队存在的问题，刘大夏也一一指出。弘治十七年（1504）六月，刘大夏"陈兵政十害"，并乞求告老归田。皇帝不允许，要求他将边军应当革除的弊端一一详细上奏。刘大夏便陈述了军队转运漕粮到北部边境的困苦，边军士兵贫困潦倒，边将侵吞克扣军粮、军饷等问题。皇帝问道："爱卿前次说到天下民穷财尽，但从前各先祖都是征取有度的，为什么今天到了这个地步呢？"刘大夏答道："这正是不尽有常的结果，例如广西每年要交铎木，广东则要贡奉香药，这些花费就上万，其他取夺的数量就可以想象了。"皇帝又问起军士情况，刘大夏回答道："士卒与百姓一样穷。"皇帝说："士兵每月有粮饷，出去打仗则有行粮，为什么会穷困呢？"刘大夏说："主帅吞侵粮饷，哪里有不穷的呢？"皇帝叹息道："朕继位已久，却不知道天下军民贫困，怎么能够为人君呢？"立即下诏，严禁过分取夺于民，禁将帅侵吞兵饷。

刘大夏认为，要国泰民安，不宜轻开边衅。孝宗时，太监苗达竭力唆使皇帝出征，皇帝也很想巡边。内阁首辅刘健力谏不可，皇帝犹豫不决，召问刘大夏道："爱卿在广西时，听说过太监苗达在延绥一带击败蒙古而立功之事么？"刘大夏答道："臣下听说苗达俘虏了十多个妇女儿童。全靠朝廷威德，苗达才得以全师以归，要不然，结果就难以预料了。"皇帝沉默片刻后又问道："过去太宗皇帝频频出关击寇，今天朕为什么不可以呢？"刘大夏回答道："陛下神武固然不在太宗之下，但今天军队、将帅、士兵、战马已非昔比了。昔日淇国公不听劝阻，率十万大军远征漠北，最后惨败而归。为今之计，应以防守为上策。"这时，都御史戴珊也上书，请求罢兵，弘治帝才未开边衅。

捆人手脚制刁臣

明弘治年间，甘肃应浪地区有个叫鲁麟的部落首领，由于归附朝廷而被授予副将之职。时过不久，鲁麟向明廷提出请求，希望封他为大将，明廷没有同意。

鲁麟见自己意见没被采纳，心中很不高兴，为达到目的，他以武力威胁朝廷，并以儿子年幼为借口，离开戍边地带，率部回到应浪部落原地。

边将离职对于边防十分不利，朝廷召集文武大臣商讨此事。一些大臣认为，为了安定边关，朝廷应该满足鲁麟的要求，授予他将军之职。有人主张，将其召至内地，到京城附近给他封块土地。兵部尚书刘大夏则提出了独到的见解："鲁麟乃一部落酋首，残暴肆虐成性，不善于管理部落民众，他肯定不会有什么作为的。但他现在又没犯罪，不能对他进行处罚。鲁麟自被授予副将以来，没有多少功绩，如果授他将军官职，与朝廷法规不合。如果召他进京，他不来，则又损朝廷威信，为今之计，是不理睬他，由他自去。对其先前的功绩，朝廷应给予表彰。"众大臣听了刘大夏的意见，都觉得十分合理。

鲁麟原以为朝廷这次一定能够满足自己的要求，谁知朝廷采纳了刘大夏的意见，对自己的请求置之不理。辞官回家的鲁麟自觉没趣，整天在家闷闷不乐，最后忧郁而死。

古人说："以其人之道还治其人之身。"针对鲁麟的要求，刘大夏采用这一计谋，捆住了鲁麟的手脚，失算的鲁麟最后计败身亡。

打破垄断废特权

明孝宗之时，北方蒙古贵族时常南下，明北部边境屡遭骚扰。为了解除北方人民痛苦，明政府决定加强北部边防，派精兵强将戍守，并不断从南方向北部边关运送军粮。

孝宗弘治十年（1497），户部尚书刘大夏被授权处理北疆运粮事务。好心的人劝他道："北部边疆粮草向来一半归官宦子弟经营，今天你来管理此事，你一向与他们不合，恐怕你们之间会产生矛盾，你会因此而惹祸的。"

刘大夏回答说："处理事情应当按道理，不能依势力大小来定，等我到那里后再说吧！"

刘大夏到了北方边境后，通过询问调查，掌握了大量情况，心中有了处理粮草问题的办法。他令人在大街小巷广泛张贴广告，声明："某粮仓缺粮若干石，每石官价若干，凡是境内外官员、百姓、来往客商，只要愿意卖粮的，粮食在十石以上，秣草百捆以上，都准来卖。"告示贴出不久，前来卖粮草的人络绎不绝。不到两个月，粮仓、草场都填满了粮食草料。

原来，北方边境地区规定：只有出售粮食一百石、粮草一千捆以上，才准从事粮草贸易。老百姓因为没有这样的能力，不能从事买卖，而官宦子弟由于资金雄厚，边境粮草买卖便为其垄断。他们先用低价买边境百姓的粮草，然后再到官府仓库出售，从中牟利达五成之多，朝廷因此耗银甚多。刘大夏采取通过降低售粮草的数量标准，使百姓也能够向官府卖粮卖草，从而打破了官宦子弟们独家经营的垄断价格，使官府收粮价格降低，公家耗银减少，并且有更多的粮草，广大百姓也因此有了余财。

高瞻远瞩拒特权

明孝宗登基后，积极信用贤才良臣，广开言路、剔除弊政，以求中兴明朝。

刘大夏因为办事得体、敢说敢为，深受孝宗信任。有一天，孝宗在文华殿处理政务，传人召见兵部尚书刘大夏。刘大夏奉诏前往，孝宗对他说道："朕经常遇到许多不好处理的事情，每次都希望同爱卿商议，但又因为这些事情不是你所管辖的而作罢。从今以后，你认为该做或者不该做的事情，都可以用揭帖的形式秘密送来。"

刘大夏回答说："臣不敢。"孝宗问道："这是为什么呢？"刘大夏解释道："宪宗朝的李孜省用这种方式来上奏，结果搞乱了朝政，教训十分深刻啊！"

孝宗说道："你议论的是国家大事，而李孜省搞的是营私舞弊，他用淫邪妖术危害朝廷，怎么能够与你相提并论呢？"刘大夏答道："臣下用揭帖形式向皇上报告，朝廷按揭帖所说办事，容易产生如前朝流行的买卖官职、贪污腐化、宦官专权、混淆视听之类的事情。陛下要使决断英明，从远处来讲，应当效法古代明君；从近处说，要学习祖宗，兼听则明。凡国家大事的是是非非与众臣一起商议。外面的事情交给兵部和各府州县处理，朝中大事则向内阁大臣咨询。这样做，就会决断无误。如果采用揭帖形式，时间长了，大家就会视它为常规，正直大臣当政尚好，如果奸佞之人窃居要职，按照这种方式办事，将会带来严重恶果。这确实不能让后代效法。正因为如此，臣下才不敢遵行圣上旨意。"

　　皇上听了刘大夏的解释后，觉得十分有理，连连说"好"！

　　古人说："兼听则明，偏信则暗。"无论多么聪明的人，他的想法都不一定全部正确。刘大夏作为才能出众的正臣，深刻地认识到了这一点，当皇上要给他特殊礼遇时，他坚决拒绝。刘大夏这样做，同时也是维护制度的严肃性，朝廷各项制度大都经过仔细推敲，不能因为个人而废止，只有制度的完整性才能保证朝政的连续性。

装聋作哑惩恶人

明朝嘉靖年间，奸相严嵩当政，他培植亲信、广罗党羽、打击政敌、扰乱朝纲。当时，朝中大臣不少人为求腾达，纷纷投入严嵩门下，胡宗宪即因为亲近严嵩而被派往浙江担任总督。

胡宗宪有一儿子，人称胡衙内，此人仗父权势，横行霸道，惹得天怒人怨。

明嘉靖三十七年（1558）的一天，胡衙内带着几个随从溯富春江而上，准备到浙江各地游玩，一路上，他们花天酒地，作威作福。其所过州县官员，或因为惧怕胡宗宪，对胡衙内言听计从，或希望攀附胡总督而对胡衙内百依百顺，胡衙内被捧得飘飘然，一路更加威风。但这种情况在淳安县却发生了改变。

淳安县知县为大名鼎鼎的海瑞，他为人正直，不畏权势，有"清天"之誉。当胡衙内到达淳安县时，城外无一人迎接，知县既不宴请，又不送礼，连看望也没有。住在驿馆的胡衙内窝了一肚子气，他拍桌砸碗，大发雷霆。令随从将驿吏绑起来，吊在树上用皮鞭抽打。胡衙内骂道："从杭州出来，一路上哪个官员不奉承巴结本公子，就连知府大人也拍我的马屁，只有你们这个淳安知县竟敢躲起来不见我，待我回去禀告家父，到时有他的好看。"

驿站的人见胡衙内行凶打人，便赶紧赶到县衙报告知县海瑞。海瑞闻报，十分气愤，当即派人前去抓胡衙内一伙，但又想到胡衙内的父亲毕竟是总督，是自己的上司，公开与他作对，总是不好，便思索出一条妙计，以此惩罚胡衙内。

海瑞带领一班人直奔驿站，进门以后，见胡衙内正坐在椅子上骂人，当即大喊一声："哪里来的刁民，竟敢在此撒野，快把这个恶棍拿下。"胡衙内见武士要抓自己，便大声说道："我是堂堂浙江总督胡宗宪的儿子，我看你们哪个敢动我！"

海瑞冷笑道："你这个恶棍，胆敢冒充胡总督的公子，胡总督爱民如子，他的公子定是知书达理、举止有礼之人，怎么会像你这样的花花公子，欺压民众，为非作歹呢？你休得冒充，给我打，看他还敢不敢乱说。"

衙卒将胡衙内连抽了几个嘴巴，打得他鲜血淋漓，脸嘴都肿起来了。海瑞又喝道："你若再敢冒充胡公子，就再打不饶！"胡衙内领略了海瑞的厉害，知道若要执意下去，定会要吃大亏，只好低头不语。

过了片刻，海瑞又命令手下："搜索他的行李，看有什么违法物品没有。"衙卒又从行李中搜出好几千两银子和珍宝。海瑞随即问道："你说你是胡总督的公子，是出来游玩的，这些东西又是从哪里来的呢？"胡衙内忍痛答道："是沿路官员奉送的。"海瑞一听，冷笑道："这样说来，你定是冒充的胡公子了。如果是胡公子出游，作为书香门第的官家公子，必然爱的是青山绿水，访的是民风民情，每到一处必然会访古问幽。到了淳安县也必然爱青溪龙砚，决不会像你这样要珍宝银圆，更不会欺凌乡民。你骗得过别人，骗不了本知县。来人，给我打四十大板！"

一听说又要挨打，胡衙内吓得直打哆嗦，扑通一声跪下说道："知县大人，我真是胡公子啊！""老爷，他的确是胡总督的公子，我们都是胡府家的人啊！"几个随从也随即哀请道。

海瑞将桌子一拍，大声说道："大胆，你们在本县面前，还敢冒充！告诉你们，你们若是硬要冒充胡公子，败坏胡总督的名声，则罪该万死，本县先斩了你们的人头，然后送到胡总督府上去。"听到海瑞这样一说，胡衙内及其仆从都吓得不敢作声，再也不敢说是胡公子了。

几天以后，海瑞令手下将胡衙内一伙押送到杭州胡总督府上，并将海瑞的信给胡总督。胡总督拆信读道：

"属县近来查获一名冒充胡公子的诈骗犯，此人在外招摇撞骗，欺凌百姓，骗得银子数千两，珍宝无数。本知县深知大人教子甚严，公子书房攻读，哪有闲心游山玩水。即使出游，也无非是瞻仰名胜古迹，以长见识，陶冶情操，怎么也不会诈骗钱物，欺压平民。故本知县一眼识穿，所得赃物依法没收充公。只因这伙人败坏大人名声，实在可恶，特派人送府上，请大人严惩。”

胡宗宪看完信，转眼又看被打得鼻青脸肿的儿子，气得说不出话来。海瑞的话处处在理，毕竟是自己的儿子做错了事，把柄落到海瑞手里。胡总督夫妇只好忍气吞声，埋怨儿子一场。

古人说："大直若屈，大巧若拙，大辩若讷。"面对不可一世的胡公子，海瑞假装不知，设置陷阱，以欺诈罪严惩胡公子一伙，弄得他们哑巴吃黄连，有苦难言。

以盾挡矛斗贪官

　　海瑞一生正直清廉，在任浙江淳安县知县期间，对于京城、省府来的文武要员丝毫不讲情面。此时，首辅严嵩把持朝政，许多巴结讨好他的官员得到提拔，受到重用。这些官员借严嵩的权势，到处敲诈勒索，为害地方。

　　鄢懋卿拜严嵩为干爹，他很快升为副都御史。不久，鄢以副都御史身份来东南各地，经营盐务。鄢每到一处便大肆勒索，仅到杭州一地，他便搜刮白银近三百万两。当地官员全力接待他，生怕因对其招待不周而获罪。由于鄢懋卿所到各地竭力搜刮民财，许多人因此家破人亡，所以人们一听说鄢要来，比听到倭寇来临还要害怕。

　　鄢懋卿本性贪婪，但表面却装出十分清廉的样子。当他进入淳安县所在的严州府时，示牌各县，自称："素性简朴，不喜欢承迎，凡所过之地，饮食供帐，应以简朴为宜，毋得过为奢华，劳费乡里。"

　　海瑞素知鄢的本性，对其这套冠冕堂皇的话根本就不相信，探子回报的结果，也证实了海瑞的看法。鄢懋卿一路穷奢极欲，连夜间小便用的尿壶都是银制的。

　　淳安县是一个贫困山域，不可能拿出多的钱来应付这个大蠹虫，但不拿出银两相送，又怎么能渡过这一难关呢？海瑞经过反复思索，终于想出了一条巧妙的应对计策。

　　海瑞派人送禀帖给鄢懋卿。帖上写道："大人告示，要我等以清廉之态迎接，但据我们调查，情况与你所说完全相反。事实上，你所到之处无不花天酒地，纸醉金迷。这样一来，我们就为难了。如果照你正式通知办理，恐怕会怠慢你;如果大肆招待、铺张浪费,又怕违背你的本意。我们实在不知怎样办理,请大人明示。"

鄢懋卿看完禀帖,又气又恨,真想治海瑞的罪。但一想到海瑞是出名的清官,不屈的县令,许多达官贵人都怕他几分,如果惩治海瑞,弄不好会使自己很难下台,鄢又改变了主意,他对手下说道:"照正式通知办理!"就在鄢懋卿即将启程去严州时,他又想到,何必要到淳安这样一个穷县去碰海瑞这颗钉子呢,于是决定不去严州,绕道前往他处。

严州知州听说鄢懋卿临时改变计划,不到严州来了,心里十分害怕。他知道这一定是海瑞得罪了鄢御史。当海瑞前去见他时,知州对海瑞发火说道:"你的官究竟有多大,敢这样对上司不恭,你惹是生非,大祸就要临头了。"看见知州怒气十足的样子,海瑞并不辩解,神态镇定自若,很有礼节地告辞了。

事情过去了很久,严州并没有发生重大事故,严州官员中也没有人获罪,海瑞依旧为县令。严州知州了解到海瑞筹划的一切后,心里十分钦佩。他对海瑞说道:"淳安的百姓总算逃过了这一灾难,真难为你了。"

在严嵩亲信鄢懋卿打着钦差大臣的招牌到处搜刮民财之时,作为亲民之官的海瑞沉着冷静,采取"以子之矛,攻子之盾"的办法,用鄢自己的号令去约束其行为,从而使他不得不离开严州。

置之死地而后生

　　明世宗继位不久，即沉溺于声色犬马之中，他信奉道教，整日为求取长生不死之药而忙碌，对于朝中大事，置之不理。朝中一些正直大臣曾上疏，请求世宗以国事为重，离避邪术，世宗不仅不听，反而对提意见的大臣加以打击，一时间朝中没人再敢言事。

　　具有忧患意识的海瑞冒着被罢官处斩的风险，于嘉靖四十五年（1566）上疏皇上。海瑞言道：

　　臣闻君者，天下臣民万物之主也。其任至重。欲称其任，亦惟以责寄臣工，使尽言而已。臣请披沥胆肝，为陛下陈之。

　　昔汉文帝，贤主也。贾谊犹痛哭流涕而言，非苛责也，以文帝性仁而近柔，虽有及民之美，将不免于怠废，此谊所大虑也。陛下天资英断，过汉文远甚。然文帝能充其仁恕之性，节用爱人，使天下贯朽粟陈，几致刑措。陛下则锐精未久，妄念牵之而去，反刚明之质而误用之。至谓遐举可得，一意修真，竭民脂膏，滥兴土木，二十余年不视朝，法纪弛矣。数年推广事例，名器滥矣。二王不相见，人以为薄于父子。以猜疑诽谤戮辱臣下，人以为薄于君臣。乐西苑而不返，人以为薄于夫妇。吏贪官横，民不聊生，水旱无时，盗贼滋炽。陛下试思今日天下，为何如乎？

　　迩者严嵩罢相，世藩极刑，一时差快人意，然嵩罢之后，犹嵩未相之前而已，世非甚清明也，不及汉文帝远甚。盖天下之人不直陛下久复。古者人君有过，赖臣工匡弼。今乃修斋建醮，相率进香，仙桃天药，同辞表贺。建宫筑室，则将作竭力经营，购香市宝，则度支差求四出。陛下误举之，而诸臣误顺之，无一人肯为陛下正言者，谀之甚也。然愧心馁气，退有后言，欺君之罪何如！

夫天下者，陛下之家。人未有不顾其家者，内外臣工皆所以奠陛下之家而磐石之者也。一意修真，是陛下之心惑。过于苛断，是陛下之情偏。而谓陛下不顾其家，人情乎？诸臣徇私废公，得一官多以欺败，多以不事事败，实有不足当陛下意者。其不然者，君心臣心偶不相值也，而遂谓陛下厌薄臣工，是以拒谏。执一二之不当，疑千百之皆然，陷陛下于过举，而恬不知怪，诸臣之罪大矣。《记》曰："上人疑，则百姓惑；下难知，则君长劳。"此之谓也。

且陛下之误多矣。其大端在于斋醮，斋醮所以求长生也。自古圣贤垂训，修身立命，曰"顺受其正"矣，未闻有所谓长生之说。尧、舜、禹、汤、文、武，圣之盛也，未能万世，下之亦未见方外士自汉唐宋至今存者。陛下受术于陶仲文，以师称之。仲文则既死矣，彼不长生，而陛下何独求之？至于仙桃天药，怪妄尤甚。昔宋真宗得天书于乾佑山，孙奭曰："天何言哉！岂有书也。"桃必采而后得，药必制而后成。今无故获此二物，是有足而行耶？曰："天赐者。"有手执而付之耶？此左右奸人，造为妄诞以欺陛下，而陛下误信之，以为实然，过矣。

陛下又将谓悬刑尝以督责臣下，则分理有人，天下无不可治，而修真为无害己乎？太甲曰："有言逆于汝心，必求诸道。有言逊于汝志，必求诸非道。"用人而必欲其唯言莫违，此陛下之计左也。既观严嵩，有一不顺陛下者乎？昔为同心，今为戮首矣。梁材守道守官，陛下以为逆者也，历任有声，官户部者至今首称之。然诸臣宁为嵩之顺，不为材之逆，得非有以窥陛下之微，而潜为趋避乎？即陛下亦何利于是。

陛下诚知斋醮无益，一旦幡然悔悟，日御正朝，与宰相、侍从、言官讲求天下利害，洗数十年之积误，置身于尧、舜、禹、汤、文、武之间，使诸臣亦得自洗数十年阿君之耻，置其身于皋、夔、伊、傅之列，天下何忧不治，万世何忧不理。此在陛下一振作间而已。释此不为，而切切于轻举度世，敝精劳神，以求之于系风捕影，茫然不可知之域，臣见劳苦终身，而终于无所成也。今大臣持禄而好谀，小臣畏罪而结舌，臣不胜愤恨，是以冒死，愿尽区区，惟陛下垂听焉。

嘉靖皇帝看了海瑞这份长达千言的疏文后十分恼火，他对海瑞直言不讳地说自己的不是非常气愤，随即令人将海瑞抓来斩首。此时朝中左右对嘉靖帝言道："此人向有清官之誉，自知上此疏，难免一死，故已令人准备好棺材。"嘉靖转念一想，海瑞所言实有几分道理，但触犯天颜又不能不治罪，便下令将海瑞贬官他处，免除死罪。对海瑞所言进行了思索，并采取了有效的革弊措施。

清官海瑞面对朝纲紊乱，帝王荒嬉的情况，勇于犯天颜，其精神可嘉。海瑞犯上也并非不讲求策略，他用"置之死地而后生"的办法使皇帝醒悟，明白自己的忠诚，最终虽获罪，但毕竟保全了自身，这是智者谋略的成功。

第八章

CHAPTER8

边将卫疆　群策群力

有明一代，北部边防与东南海防时常遭受骚扰。"南倭北寇""辽事问题"在相当长时间内困扰着明王朝。

明朝北部及西北边疆与蒙古相邻，蒙古贵族凭借其强大的军事力量，经常突破明北部防线，深入内地劫掠。明代初年，由于国力强盛，君臣积极有为，尚能有效抵御蒙古贵族的南下，北部边疆还算安宁。明中叶以后，由于明廷内部政治日趋腐朽，军旅不振，北部边防废弛，蒙古贵族遂大举南下，深入内地，有时甚至威逼京师。面对蒙古贵族的南下牧马，有不少边将奋起抵抗，他们用自己的智慧同蒙古贵族进行较量，在局部战斗中取得了胜利。戚继光、王崇古、方逢时等是其中的杰出代表。

明嘉靖以后，奸臣当政，东西海防不振，明军战斗力下降。日本海盗勾结中国不法海商拦截明廷海上商船，并登陆抢掠，焚楼房、劫财物，屠杀人民，东南沿海生灵涂炭。面对日益严重的倭患，明廷派了不少将领赴东南抗倭，戚继光、俞大猷、谭纶等将领给倭寇以沉重打击。特别值得指出的是，我国少数民族人民在这次抗倭斗争中表现出了高度的爱国主义精神，他们表现出来的军事才智和勇敢精神，在抗倭斗争的胜利中起了重要作用。

嘉靖以后，东北地区后金兴起，随着其实力的增长，后金贵族不断南下，进攻明朝东北地区，明廷为平息辽事，换了不少将领，调动了大量军队，后金与明廷双方在东北地区展开长期的较量。在激烈的军事斗争中，双方各展其能，各施妙计，创造了许多克敌制胜的军事斗争范例。

敌外夷不敌内贼

朱纨，字子纯，长洲人。正德十六年（1521）进士，被升命为景州知州。嘉靖初年，升为南京刑部员外郎，后又任广东左布政使、右副都御史等职。

嘉靖年间，日本海盗猖獗，他们勾结中国不法海商抢劫我东南沿海，明廷于嘉靖二十六年（1547）任命朱纨提督海防军务，巡抚浙江，负责剿灭倭匪。

当时，明廷东南海防力量薄弱，"浙闽海防久隳，战船，哨船十存一二，漳、泉巡检司弓兵旧额二千五百余人，仅存千人"，倭寇遂能肆意剽掠。

朱纨到闽浙沿海后，对倭患原因进行了调查，他认为，倭人之所以接踵而至，是因为中国不法商人与之勾结，共同分赃。朱纨上疏言道："不革渡船则海道不可清，不严保甲则海防不可复。"（《明史·朱纨传》卷二百五）主张没收私人船只，不准民人下海，同时严明保甲之法，大肆搜缉通倭奸民。另外，朱纨带兵对海上倭人据点进行武装进剿，先后消灭覆鼎山、双屿等地倭人，他派武将柯乔、黎秀分驻漳州、泉州、福宁等要冲，倭人气焰被暂压下去。

对生活于沿海地区的人民来说，大海是他们生活的重要来源，朱纨发布禁海令，使"资衣食于海上"的人民失去了依靠，人民生活受到一定影响，而士家大族则"骤失重利"，他们对朱纨相当不满，想方设法搞垮朱纨。

为了赶走朱纨，那些失去巨额利润的世家大族集体向东南地方当局诉苦，他们说，被朱纨抓起来的"奸民是良民，不是倭人帮手"，要求予以释放。他们到处造谣，说禁海令破坏经济，试图挑起人们的不满情绪。另外，他们还威胁地方当局，甚至联合起来抵抗地方政府。

针对这种情况，朱纨上疏朝廷道："今海禁分明，不知何由被掳，何由胁从？若以入番，导寇为强盗，海洋敌对为拒捕，臣之愚暗，实所未解。"朝廷听从朱纨的意见，处斩通海奸民。

朱纨的强硬行为引起沿海地主商人以及朝中闽浙官僚的不满，他们纷纷要求朱纨撤禁海令，闽人官僚林懋和要求朱纨放回扣押的日本商人周良。朱纨坚决反对并上书言道："铲除外国海盗容易，铲除中国海盗艰难；铲除中国沿海海盗容易，铲除朝中衣冠楚楚的海盗更难。"为此，闽浙商人、朝中官僚更加痛恨朱纨，他们用武力从衙门中抢回日本贡使周良，将他转移到海上。同时朝廷吏部让御史福建人周亮和给事中叶镗联合上疏，请求朝廷更换朱纨。

面对闽浙派官僚的压力，朱纨毫不退缩，他上书朝廷道："臣下奉命整顿海防，刚稍微有起色，御史周亮等想削夺臣下权力，到处造谣滋事，以致臣手下官员有人不听从指挥，不全力办事。"同时他"陈明国是，正宪体、定纪纲、扼要害、除祸本、重断决"，对朝中诸事阐明自己见解，并抨击了朝政弊端。闽浙派官僚为搞垮朱纨，贿赂朝中其他官员诽谤朱纨，说朱纨目无法纪，抨击朝政，越来越多的官僚对朱纨不满。

嘉靖二十七年（1548），朱纨率部对盘踞在温州、盘州、南麂的倭人发起攻击，经过三个月的战斗，剿灭了敌人。后来，西班牙人在诏安劫掠，朱纨派兵平息，擒获不法奸人李光头等九十六人，全部处斩。事后，朱纨出告示，并谴责了沿海世家大族勾结外国奸商的行径。代表沿海富商利益的御史陈九德以"擅杀"罪上疏弹劾朱纨，朱纨被免职，朝廷命兵科给事中杜汝祯审问朱纨。

朱纨接到圣旨后，慷慨流涕地说道："我一生贫寒，身体多病，又倔强不从，不善于与人对簿公堂，即使皇上不让我死，闽浙派也必定会杀我。我自行了断，不需他人动手。"朱纨写下绝命词后，便服药而死。

朱纨死后，朝廷罢去巡视大臣，朝廷内外没有人再敢言禁海之事。原先用来拒倭的浙江四十一卫所被撤除，四百三十九艘战船全部毁掉。朱纨招募的四十多只捕盗船被遣散，设在台州海门的卫所全部被撤除。不久，倭患日益严重，"毒东南者十余年"。

倭寇扰边，在明朝初年即存在，由于当时措施得力，倭人无机可乘，东南沿海十分安宁。嘉靖时，倭人又一次向明沿海发起攻击，这时倭人来势更猛，明廷任用坚贞不屈、不畏困难的朱纨为平倭总指挥，可谓得人。朱纨在国内肃奸，武力剿倭，其杜绝倭患的措施也可谓得其要领，并在一定时期取得了成效。但最终结局却是朱纨被逼自杀，倭人嚣张如故，倭患愈演愈烈。之所以如此，不是朱纨策略不当，而是因为沿海商人为了自身利益坚决反对朱纨，他们在朝中的代表反对禁倭。不理朝政的帝王当然不能明辨是非，朱纨失败是必然的。

忽视一人思想，造成十年灾难。朱纨死后，倭患困扰朝廷十多年，明王朝由此益衰。

将兵布阵得要领

戚继光，字元敬，出生在一个世代尚武家庭。其先辈世代为登州卫指挥佥事，父亲戚景通曾为大宁都司指挥，入神机坐营，是一个有极好声誉的军官。少年时期的戚继光家境较贫，但他喜好读书，通晓经史，"倜傥负奇气"。

嘉靖时期，戚继光被人推荐为都指挥佥事，前往山东防御倭寇，从此开始了他的戎马生涯。

嘉靖中后期，东南沿海倭患频仍，戚继光奉令赴东南御倭。他先后率部转战在浙江、福建、广东等地，在与倭人的战斗中，他屡立战功，为抗倭斗争的胜利立下了汗马功劳。

戚继光作战善于用脑，他发现明卫所军队久不习战，见倭人胆怯、战法死板，便决定广召民间悍勇之民铸造一支英勇无畏之师。浙江金华、义乌一带民风强悍，百姓好斗，戚继光便到该地区招募义兵三千人。为了将招募的士兵训练成一支钢铁之师，戚继光动了不少心思。首先，他向士兵反复宣讲为军的职责，为兵目的是杀贼。同时向士兵反复说明严明军纪，不扰民害民的重要性。他说："你们是为立功名报效国家而来。兵是杀贼的，贼是杀百姓的。百姓们就是要你们去杀贼！假若你们果真杀贼，守军法，不扰害他们，他们如何不奉承你们！""凡古人驭军，曾有兵因天雨，取民间一笠，以遮铠者，亦斩首示众。况砍伐人树株，作践人田产，烧毁人房屋，奸淫作盗，割取亡兵的死头，杀被掳的男子，污被掳的妇人，甚至妄杀平民，假充贼级，天理不容，王法不宥者，有犯，决以军法从事抵命。"戚继光特别强调士兵要绝对服从军令，他对士兵说，将帅"出口就是军令，就是说的差了，宁任差误底，决不改还"。士兵遇口令，必须"金鼓旗幡是听、是看、是怕"，不能指望有什么"不便处，又告有改移，或望宽饶"。他还用宋代岳家军军纪严明的例子来教育士兵，"你们岂不知宋时北兵称岳爷军曰：'撼山易，撼岳家军难。'只是个畏将法，守号令之验。"对于武艺的训练，戚继光尤为注重。他告诫士兵："凡武艺不是答应官府的公事，是你来当兵防身、立功、杀贼、救命，本身上贴骨的勾当。你武艺高，决杀了贼，贼何如又会杀你？你武艺不如他，他决杀了你。若不学武艺，是不要性命的呆子。"（《纪效新书·禁令》卷四）戚继光强调，武艺不是花枪、花刀之类装点门面的花拳绣腿，是用藤牌狼筅、叉、钯、棍、刀等杀敌防身的真实本领。

　　明军与倭寇作战，多是短兵相接。此前，明军由于缺乏这方面的训练，在战斗中多次吃亏。善于思考的戚继光发明了一种适宜短兵相接的战法——"鸳鸯连环阵"。这种阵法将盾牌、狼筅、长枪、叉、钯、棍、刀等长短武器联合使用，各尽所能，密切配合。打起仗来，操牌手在前面"低头执牌前进"，其余兵"紧随牌进""筅以救牌""长枪救筅""短兵救长枪"。遇有变化，鸳鸯阵还可以变成"三才阵""两仪阵"，及时调整队形排列。这种战法极为有效，屡挫倭人，被人称为戚家军特技。另外，针对南方地区湖汊交错不利于兵马驰骋的特点，戚继光创造了根据不同地形而采取不同战阵的"因地形制阵法"，"审步伐便利，一切战舰、火器、兵械精求而置之"。

　　军队素质的高低是是否取胜的关键，戚继光用军事家的眼光发现了明军战斗力不强的根源，从选兵、练兵、布阵等多个环节加强军队的战斗力，缔造了一支钢铁之师。正是拥有这样一支英勇之师，戚继光在抗倭斗争中才屡建奇功。这也充分体现了戚继光过人的军事素质和军事策略。

　　部队素质的高低在对敌作战中起着重要作用，善于将兵的戚继光十分注重部队基本素质的训练，通过力量、速度的训练，增强士兵的体质；通过战阵的训练，提高部队实战技能。正是由于平时刻苦训练，戚家军才成为一支令倭寇闻风丧胆的队伍。由于训兵得法，戚继光成为历史上著名的军事家。

示弱于敌败倭寇

戚继光不仅善于将兵、布阵，而且善于用谋，在近十年的抗倭战争中，他创造了一系列出奇制胜的战例，牛田大捷、林墩大捷就是其中的代表。

明嘉靖四十一年（1562），福建省倭寇猖獗，倭匪在牛田、横屿、兴化修筑巢穴，四处劫掠，人民深受其害。此时，福建明军慑于倭匪的强大声势，不敢对其进攻，"相守逾年"。明廷只得调骁勇的戚家军入闽平倭。

戚继光接到命令后，立即率军入闽，他首先向盘踞在横屿的敌人发起突然攻击。他令士卒人持一束草把，填濠而进，结果一举攻克敌穴，斩敌两千六百多人，取得了重大胜利。不久，戚继光决定铲除牛田之敌。

牛田距福清县城东南三十里，靠近大海，是倭寇在福建最大的巢穴。平日，倭人以此为中心，四处出没，杀人放火，奸淫妇女，迫使当地人民倾家荡产，四处流亡。饱受苦难的福清人民一直盼望能够消灭倭贼，安居乐业。

戚继光大军抵达福清城后，即派人四处了解敌人情况。通过分析敌情，戚继光认为，只有将士们齐心合力，才能取胜。因此在出师前，他将福清地区各路明军将领召集起来开会，向大家反复讲述团结对敌的重要性，并要大家歃血盟誓，声称："凡不同心戮力，恃势争级，取财、观望，妒忌者，有如此血。"为了有效地打击敌人，戚继光将所有部队分为三路。两路从不同的方向进攻敌人据点，戚继光本人带领其中的一路；另一路又分成两股，一股设伏于各重要道口，以防敌人抄袭，另一股绕至敌人后面，切断倭贼退路。

为了迷惑敌人，攻敌不备，戚继光在进军前令人四处扬言说："大军日夜兼程，远道而来，已十分疲劳，需要休整，以养精蓄锐。至于何时才开始军事行动，这不是一两天的事情。"倭贼的探子将这些情况回告了大本营，敌人放松了警戒。

一天夜里二更刚过，戚继光突然令将士集合出发，他们乘月夜向牛田急行，不久便到达牛田外围的杞店。杞店是牛田倭贼的一个据点，驻守着部分敌人，戚继光令精卒击杀敌人哨兵十多人，将敌人紧紧围住，然后派人翻进寨内，打开寨门，兵士随即冲入寨内，一些倭人还没醒来就被杀死，另一些来不及穿衣裤就往外跑，但又被寨外的戚家军消灭。

杞店战斗结束后，戚继光即率部到距福清县城十里许的锦屏山休息。这时，侦探回来报告说，有倭寇想偷袭锦屏山，现正火速向此开来。戚继光即进行战斗部署，令部将赵记、孙庭贤在山前设伏，自己带大队人马做好正面迎敌准备。不久，七百多倭寇步、骑兵到达锦屏山下，他们小心翼翼地向山上伏匐而行，企图消灭戚家军。当他们进入伏击圈后，戚家军一齐跃起，喊声不断，枪炮齐鸣。倭贼原以为戚继光军此时正在酣睡，哪里料到会这样。在戚继光大军猛烈的攻击下，倭人见偷袭难以成功，就想逃走，谁知刚掉过头来，戚家军部将赵记、孙庭贤率伏兵又杀出，将其包围，向倭贼施放箭、铳，倭贼难以逃窜，最后被消灭殆尽。

接着戚继光率大军合围牛田倭寇，在各处明军的合力拼杀下，牛田倭贼被歼灭殆尽，其残余部队向兴化逃窜，戚继光紧追不舍，"夜四鼓抵贼栅，连克六十营，斩首千数百级"。通过这次打击行动，"闽宿寇几尽"。(《明史·戚继光传》卷二百十二)

"能而示之不能，同而示之不同"是古代军事家常用的对敌方法。在攻打福建牛田倭寇战斗中，戚继光就是采取了这种"兵不厌诈"的办法，先向敌人散布部队要休整、短期内不可能采取军事行动的言论，使敌人信以为真，从而放松警惕，然后出其不意，突然夜间行动，打得倭寇措手不及，全军覆灭。

明嘉靖四十二年(1563)，戚继光指挥军队取得了围歼牛田倭寇战斗的辉煌胜利后，随即移师兴化，准备进攻盘踞在林墩的敌人。

林墩位于兴化府城东二百里，是一个极为普通的小镇，可这里却是倭寇的重要巢穴，大约有四百多人盘踞在这里，他们打家劫舍，杀人放火，气焰十分嚣张，戚继光决定歼灭这股顽匪。

戚继光率部一天急行军七十里，夜晚到达距林墩只有三十里之遥的烽头、江口，随即令士卒在此住宿。第二天一早，部队又悄悄地离开驻地，向兴化府进发，当天下午到达兴化城。士兵入城后，戚继光命令大家分住在民家休息。并决定，凡军中所需粮草于次日准备齐备。戚继光本人则拜会当地官民，来往于达显人间，接连出席宴会，只字不提用兵之事。城内人看到这一切，认为戚家军会在城里住上一些日子，短时期内不会有军事行动。

入夜，城内人们都已睡，夜半时分，突然传来一串急促的哨声。经过严格训练的士兵睡觉时都十分警觉，闻声即起床，随即到武场集合。一会儿，第二遍铃声又响，兵士们听从指挥官的口令，携枪出发，向林墩方向急驰。此时，兴化城内的市民大多在梦乡中，根本没有人知道今夜戚家军要行动。城内倭寇的侦探了解到戚家军白天在城内活动的情况，也认为短期内戚家军不会采取军事行动，也就放松了警惕，对于戚家军的去向一无所知，仍在酣睡。

戚家军乘月色前进到西供，随即在此休息，等待月落后，部队摸黑前进到倭寇巢穴。第二天，天刚亮，戚家军向林墩倭贼发起猛攻，倭寇听到炮声、呼喊声，惊慌大乱，但他们很快又恢复了镇静，决计与明军死战。戚继光跃马冲向敌阵，士卒见主帅身先士卒，勇气大增，也随即突出敌阵，双方全力相拼，明军将士英勇对敌，斩杀众多倭人。交战不久，倭贼见戚家军英勇无比、气势如虹，心里开始害怕起来，他们边战边退，戚继光率部追杀逃贼，于黄石处斩杀倭人一千多人，救出被掳群众两千多人，取得了重大胜利。

古人说："谋者，所以令敌无备也。诈者，所以困敌也。"在林墩战役中，戚继光采取"兵不厌诈"战术，用假象迷惑敌人，使敌放松警戒，然后突然采取行动，抓住时机，一鼓作气，将毫无防备的敌人打败，达到了克敌制胜的目的。

壁垒森严护边关

明隆庆初年，北方蒙古贵族常率军南下，骚扰明北部边疆，明边镇多受其害。

"时来以蓟门多警，请召大猷、继光专训边卒。"（《明史·戚继光传》卷二百十二）隆庆二年（1568）五月，明廷令戚继光为都督同知，总理蓟州、昌平、保定三镇练兵之事。

戚继光到达蓟州边镇后，通过大量调查，对明军的弊端有了清楚的了解。他上疏朝廷，指出边疆弊政，并提出纠正办法。

戚继光认为蓟门之兵有七大弊端：一是边疆将士不修习战事，而"好末技"，年轻体壮的士兵被将帅作家奴使唤，老弱病残者用来对敌作战；二是漫长的边防线，没有传递信息的邮驿之所，军士被用作驿使，兵营变成驿所，"使客络绎，日事将迎"；三是每当蒙古兵南下时，将帅遣将调兵不得法，不调近处士卒而调远离边防线的士卒前来御敌，造成士兵劳累，战马疲惫；四是边防士兵"行伍不整""约束不明"；五是打仗时，骑兵弃马不用，反而作步兵用来与敌较量，放弃长处，以短击人；六是将帅蓄养大量家丁，士兵对此极为不满，军心动摇；七是作战遇到障碍时，士兵不权衡哪里容易通过，哪里较难通过，修筑城池时，不选择轻重缓急，到处筑城，导致事倍功半，分散了力量。由于存在这七大弊端，戚继光认为"蓟门之兵，虽多亦少""七害不除，边备曷修"。对边军训练中存在的问题，戚继光也一一指明。他说，边军训练的失误有六大问题。一是，边防所依靠的是士兵，士兵所依靠的是将领，而现在将帅的命令不能使士兵心服，将帅的做法士兵们常常不满，难以齐心协力抗敌，一旦遇战，将帅们很难调动士兵。二是，有火器而不用。三是，放弃"土著不练"。四是，各镇之兵不相统属，"漫无纪律"。五是，"班军民兵数盈四万"，人各一心。六是，训练士兵的要诀在于先训练将帅。今不重视武科，不少将帅以保举得职，这种选拔将领的办法不是正确的选将之道。

戚继光还指出边军训练不得法的四大问题。第一，一营将士，其中有炮手十人，不知兵法，"五兵迭用"，应当用长卫短，用短救长。第二，是作战时三军将士应各施展其长处，金鼓旗帜应广泛采用，但现在却弃而不用。第三，明军拉弓射箭之技术本来就较蒙古人逊色，而现在硬要用它来克敌制胜。第四，教训士兵之法，本来有其正确的做法，今之侧重练兵美观。美观办法不一定有实效，而有实效的办法不一定美观，今之好美观之法，练兵完全没有实际作用。

在指出明军存在的各种问题后，戚继光又分析了蓟州的地理形势，针对特定的地理环境，戚继光提出了练兵御敌的策略。他说：

> 臣下从兵形象水理论了解到，水凭借地势而流动，军队凭借地形而出奇制胜。蓟州之地有三种形态，其南面的地区，地势平坦，绵延百里。靠近边界的地区，有一半险要，有一半平坦。边界以外地区，山高谷深，林木稀少。根据这几种地形，应相应采取不同迎敌策略。当敌人进入平原地带，采取车战有利。当敌人进入边疆地带，采取骑兵作战有利。若在边外作战，适宜采用步兵作战。三种战法交替使用，才能够取胜。时下，我边防将士只习惯马战，对山战、林战、谷战的技巧一点也不熟悉。只有浙江卫所士兵会上述多种战法。希望朝廷能够调浙东兵杀手、炮手各三千，另外招募西北壮士，马军五支，步军十支，由臣下专门训练，军队所需一切，能够随时得到，臣下不胜荣幸。另外，臣下目前官职，系朝廷初级，军中将领对此不理解，臣下一时不好开展工作。

朝廷收到他的奏疏后，很赞赏戚继光对边镇形势的分析，同时，撤回总兵官郭琥，任命戚继光为总兵官，镇守蓟州、永平、山海诸边镇。

嘉靖以来，明廷虽在北部边疆修筑边墙，但一直没有建墩台（碉堡）。戚继光巡视塞外边防后，建议修筑墩台。他上书道：

蓟州边镇边墙，延袤二千多里，一个地方出问题则其他地方都会出问题。近来每年都修复，每年都倒塌，白白浪费钱财。应将边墙改为碉堡，人站在碉台上可放眼四周。台筑五丈高，修筑三层，中间留空处，每台可以住一百人，台内备齐军械、粮食。请求边军到指定位置筑台，先建筑一千二百座，请求招募浙江人，因为他们勇敢且吃苦耐劳。

朝廷同意了戚继光的请求。三千浙江兵调到后，戚继光将他们安排到郊外，尽管天下大雨，可从早到晚，浙兵"直立不动"，边军将士见后，十分惊讶，他们从此知道了军令的厉害。这样一来，修台将士个个效命，到隆庆五年（1571），墩台全部筑成，这些墩台坚实雄壮，绵延两千多里。朝廷因此下令嘉奖戚继光。

针对明军设有车战部队，戚继光建议设置车营军。每辆车配备四个士兵，作战时则集结成方阵，骑兵、步兵安插在战车当中。此外，戚继光又发明打击骑兵的武器，这种武器体积小，携带方便，当敌人骑兵冲突时，抛这种武器可以扼制他们。蒙古贵族进犯时，首先用火器进行攻击，当敌人靠近时，则令手持拒马武器的士兵上前，后面紧随持长枪、筤筅的士兵。敌人逃跑时，则令骑兵追逐。另外，戚继光又请求设置辎重营，选南方士兵担任，战时作为策应力量。边军则以戍守为主。

明代北部的蒙古问题从开国开始就困扰朝廷。明中期以后，蒙古贵族南下频仍，对明朝政府造成的威胁和危害越来越大，究其原因，主要是明边防废弛，不能有效御敌。戚继光到达北部边疆以后，从边军的整顿、边防设施的巩固、御敌战术等多方面着手，进行大胆变革，其做法可以说是一个全面整顿边防的系统工程，是一种铸坚盾而挡强矛的办法，这也是唯一能够安定边疆、有效抵御蒙古贵族的策略，充分显示了戚继光过人的智慧和军事才能。经过戚继光的整顿，蓟州等边镇极为稳固，在相当长的时期内，蒙古人不敢南下牧马。困扰明朝政府多年的"北虏"问题逐渐解决了。

围敌不打伺良机

俞大猷，字志辅，晋江人，年少好读书，特别喜欢阅读兵书和阴阳五行著作，曾跟易学大师王宣、林福学习《易经》，并得到另一位易学大师蔡清的真传。当他知道兵学家赵本学能够用《易经》推衍"兵家奇正虚实"，便投其门下拜师学习。后来又跟随武术名家李良钦学习剑术。由于学习用功，他对于行军作战颇有心得。他说："兵法常常言五，好比一人身体有五部分一样，其中小器官数百，可以合为一人。"

少年时期的俞大猷家境贫寒，但他思想豁达，不畏艰难，父亲死后，继其职为百户。

明嘉靖十四年（1535），俞大猷参加武举考试合格，被授予千户之职，负责守御金门。金门一带民风强悍，民人爱打官司，极难治理。俞大猷便用礼仪来劝谕军民，时间一久，讼风衰止。不久，俞大猷因上书言海事为监司罢职。随后，俞大猷先后到山西参加抗御蒙古的战斗，到朱纨手下参加福建平倭战斗，到海南镇压黎族反叛，屡立战功，但未被大用。

嘉靖三十一年（1552），浙江倭患严重，俞大猷奉命抗倭，从此他便驰骋在东南沿海，在与倭人近十年的作战中，俞大猷屡建功勋，先后升任总兵官、都督佥事、都督同知等职。俞大猷作战善于用谋，"先计后战，不贪近功"，柘林之战充分体现了他高超的对敌技巧。

嘉靖三十三年（1554），两万多倭寇齐集松江柘林，他们以此为中心，四处劫掠，给四周人民带来了极大灾难。明廷命令都御史张经、总兵俞大猷铲除这股顽敌。

　　主帅张经召集诸将讨论作战方略。富于抗倭经验的俞大猷认为，柘林虽是松江地区一个小镇，但这里地势险要，临水近河，舟船来往自如，交通极为便捷，以此为军事据点极为有利，陆路进兵则四通八达，水战不利则可以逃居海上，倭寇以此为据点是精心策划了的。现在倭寇有两万多人，占据着这样有利地形，如果我军强攻，难以取胜，即使奋力杀进倭巢，敌人也会乘船入海逃走。况且，我军刚刚集结，缺乏配合，又十分疲劳，强攻恐怕力不从心。目前最好的办法是采取"围而歼之"的办法，不急于进攻，先将敌人四周包围，断绝敌人的各条退路，待大军全部赶到，四面夹击，这样才会一举歼敌。

　　张经十分赞同俞大猷的建议，立即命令俞大猷、邹继芳、汤克宽率各自部众把守金山卫、闵港、乍浦，按兵不动，随即檄调永顺、保靖土司军火速前来，联合攻敌。

　　永顺土司彭翼南、保靖土司彭荩臣分率各部人马按时到达指定地点，明军完成了对倭寇的四面包围。张经便下达总攻命令，各路明军一起杀入柘林，倭贼抵抗不住，纷纷逃向王江泾，明军又对王江泾形成了合围之势，双方展开激战，倭人在强大的明军面前，死伤惨重，明军击毙倭贼两千多人，取得了重大胜利。这是抗倭以来第一个大胜仗。

　　兵法上讲："敌人行阵不固，士卒不斗，薄其前后，猎其左右，翼而击之，敌人必惧。"在柘林战斗中，俞大猷根据敌人人多势众、占据有利地形等特点，采取围而不打的策略，诱敌人中计，最后取得了重大胜利。

如法炮制胜倭夷

明嘉靖年间,倭寇劫掠东南沿海,明军由于长期不训练,战斗力大大下降,"募兵不挡贼锋之锐",在与倭寇的交战中,多次失利。此时,朝廷决定征调英勇善战的湖广土司兵(土家族兵)、广西狼兵赴东南沿海参战。

湘鄂川边区的湖广土司兵,骁勇善战,史载:"湖广土兵,永顺为上,保靖次之,其兵天下莫强悍焉。"他们接到命令后,保靖土司(今湖南保靖)彭荩臣、永顺土司(今湖南永顺)彭翼南、容美土司(今湖北鹤峰、五峰等地)田九霄等纷纷率部赶赴东南前线。他们与明军一起与倭寇进行激烈战斗。湖广土司兵不仅作战勇敢,而且战法独特,其钩镰枪弩之技令倭人丧胆,其"连坐"阵法,节制严密,非常适宜短兵交接之战,是倭寇克星。在整个抗倭斗争中,湖广土司兵屡建奇功,如王江泾大捷,他们拼死杀敌,被誉为"东南战功第一"。

湖广土司兵不仅士兵英勇,而且将帅也极有智谋。永顺土司彭翼南在新场之战中,用计击败敌人。

嘉靖三十三年(1554)十二月,以徐海为首的倭贼数千人进扰浦东、川沙、嘉定、高桥等处,他们以新场为中心,到处烧杀抢掠。明浙江抗倭总指挥张经命令保靖土司彭翼南率部合围新场,以期歼灭敌人。

倭寇发现明军不断向新场集结,想设计打击明军,他们将主力埋伏在隐蔽地区,派人在数里外的地方举火,装成要突围的样子,想引诱明军进入伏击圈。机警过人的彭翼南见状,立即命令部队不要冒进,先派一名士卒前去探寻。探子回报,前面空无一人,此时彭翼南手下勇将田荟、田丰二人争先前冲，不久为四周倭人击毙。

嘉靖三十四年（1555）八月二十日，明军向新场敌人发起总攻，彭翼南与保靖土司彭荩臣率部向倭巢冲击，斩杀不少敌人，但在接近敌巢穴时，倭人向明军连发火铳及佛郎机火炮，霎时，弹如雨下，明军不能前进一步。在这紧要时刻，彭翼南想出一个妙策：他令士卒编织竹篙笼遮挡火器，同时令士卒从附近村庄赶来众多犬狗，让士兵把衣服套在犬狗身上，然后令士卒在狗群后举火驱狗。狗受火烤，疼痛难忍，拼命往前跑，倭寇见状，认为是明军前来，急忙齐发火器，待敌人火器施发殆尽，彭翼南大喊一声，埋伏着的士卒一齐冲向敌人，倭人猝不及防，死伤甚多。明军乘势攻下新场。徐海亦为同党所杀。

在战斗中，诈计常被利用。用诈和反诈集中体现了作战双方的智慧。兵法上讲："法有定论，而兵无常形。一日之内，一阵之间，离合取舍，其变无穷，一移踵、瞬目，而兵形易矣。"为了对付明军，倭寇布下陷阱，彭翼南不为所惑，用投石问路的方法破敌奏效。在后来的战斗中，他又如法炮制，用犬阵迷惑了敌人，诱其中计，大败倭寇。此计既可以说是草船借箭，又可以说是"以其人之道还治其人之身"，实在耐人寻味。

离间倭人轻胜敌

胡宗宪，字汝贞，绩溪人，明嘉靖十七年（1538）中进士，先后为益都、余姚知县，御史、宣大巡抚。

嘉靖三十三年（1554），明廷令胡宗宪为兵部侍郎兼左都御史，总督东南沿海军务，负责指挥明军对倭寇作战。

当时，浙江地区倭寇极为猖獗，以徐海、陈东、麻叶为首的三股倭贼经常扰乱地方，抢劫财物，屠杀无辜，焚烧舍庐，人民深受其害。胡宗宪到达浙江后，根据已掌握的情况，决定并用招降和离间之策消灭这些盗贼。

计划妥当后，胡宗宪即派部将指挥夏正前往徐海驻地。夏正首先用大量的钱币及珍宝贿赂了徐海的两个宠妾，要求她们说服徐海，弃暗投明，归顺朝廷，然后又与徐海面谈，晓以利害，言道："足下奔波于海上，怎么比得上在内地安居乐业呢？请你仔细思索利害得失，再做出选择。"徐海听了夏正的话，心有所动，但转念一想："自己作恶多端，朝廷和胡总督不会轻易放过我的。"遂又犹豫起来。夏正看穿了徐海的心思，反复对他说明朝廷的政策及朝廷是讲信用的，并示意徐海支开左右，神秘地对徐海附耳说道："陈东已与胡总督密约，捆绑你归降。"徐海听到这里大惊失色。夏正此时连忙解释说："陈东是倭人的书记官，胡总督认为他反复无常，对其颇为怀疑，而真正信任的是你，所以叫我前来招安你。你如果能够将陈东、麻叶二人绑来，使之归顺朝廷，功劳就大了。届时，胡总督一定会奏请皇上，封你高官，赏以重金。"徐海听完，沉默不语。

夏正离开后，不安的徐海立即派人前往陈东处，探听消息。恰巧这时朝廷使者也到达陈东处，陈东正在接待使者。陈东听到徐海在营中接见朝廷使者的消息，对徐海猜疑不定。见徐海的差人来此，陈东竟不留情地讥讽了几句。

差人将这一切回报了徐海，徐海默默言道："难道陈东果然已经投降了么？"此时，两个宠妾也在一旁竭力劝道："应该归顺朝廷，结束流浪生活，安享荣华富贵。"于是，徐海便将麻叶诱入营中，令手下将他绑起来，然后送到胡宗宪大营之中。

麻叶被送来后，胡宗宪不仅不审讯他，反而命令将他松绑，对他好言劝慰了一番，让他致书陈东，要陈东将徐海除掉。麻叶根本没想到徐海会出卖自己，非常痛恨徐海，便立即将信写好交给胡宗宪。

胡宗宪得信后，并未像自己所说的那样，将信送给陈东，而是把信交给了徐海，徐海见到信后，十分气愤，立即派人将信送给倭寇王萨摩王。此时，陈东正在萨摩王手下充当书办，萨摩王立即下令将陈东拿下，派人将陈东交给徐海处理。陈东到徐海面前接连叫冤，徐海置之不理，带数百人将陈东押到胡宗宪处。

胡宗宪大肆慰劳徐海，徐海向胡请求借地屯兵，胡宗宪同意徐海驻兵东沈庄。

徐海走后，胡宗宪对陈东说道："你与徐海相交多年，为什么他要出卖你呢？"陈东十分气愤，谩骂徐海不止。胡宗宪又说道："你如果真心归顺朝廷，我不会害你，你手下还有多少人？"陈东答道："三千。"胡宗宪要陈东给其部众写信，要他们归顺朝廷。陈东部众接到信后，纷纷前来归顺，胡宗宪将他们安置在西沈庄驻扎，与东沈庄徐海军士毗邻而居。

安排好陈东部众不久，胡宗宪又派人送信给他们，以陈东的口气告诉他们："徐海已结好官军对你们发起攻击，你们要自谋出路，不必念我。"

陈东部众见信后，人人咬牙切齿，发誓要与徐海拼个你死我活。

徐海见陈东部众前来进攻，即率兵迎战，双方激战数月，各有伤亡。这时，徐海才恍然大悟，说道："我中计了。"急忙派人修密函给萨摩王，说自己与陈东都被胡宗宪骗了，请求萨摩王前来援助。

胡宗宪手下劫获这封信后，立刻发兵到东沈庄。

正当徐海焦急等待援兵时，其手下报告说，大队官兵前来，徐海率部进行抵御。明军俞大猷部、湖广土司兵一起向倭寇进攻，徐海抵抗不住率部逃窜，明军追杀，斩获甚多。

东沈庄战斗结束后，明军又攻击西沈庄的陈东旧部，这股匪徒大部被歼，少数逃窜。

兵法上讲："克敌之要，非徒以力制，乃以术误之也。或用我误法以误之，或因其自误而误之。误其恃、误其利、误其拙、误其智，亦误其变。虚挑实取，彼悟而我使误，彼误而我能悟。"（《兵经百字·误字》）在对付浙江境内的几股倭匪中，胡宗宪能施用离间计，使敌人彼此之间产生误会，自相残杀，削弱其力量，最后抓住时机，一举歼敌，充分显示了高超的军事才能。

俺答封贡安北疆

　　王崇古，字学甫，蒲州人，嘉靖二十年（1541）进士，授为刑部主事。后来先后任郎中令、安庆知府、汝宁知府、镇兵备副使、陕西按察使、河南右布政使等职。

　　嘉靖四十三年（1564），王崇古改任为右佥都御史，巡抚宁夏。到宁夏后，他研究兵事，研读兵法，注意考察边疆地理，操练军队，"修战守，纳降附"，多次出兵捣毁敌老巢。当蒙古骑兵南下骚扰北部边镇时，唯独宁夏没有遭到攻击。

　　嘉靖隆庆时期，蒙古贵族常南下滋事，陕西、延绥、宁夏、甘肃均遭到侵扰。面对蒙古贵族的劫掠，身为总督的陈其学，因为不晓战事，"无威略"，束手无策，总兵官郭江、黄演等人与蒙古骑兵交战，都战死沙场。陕西巡抚戴才也被朝廷治罪。在边防告急的情形下，明廷于嘉靖四十三年（1564）冬，命王崇古为兵部右侍郎兼右佥都御史，总督陕西、延绥、宁夏、甘肃军务。

　　王崇古上任后，采取一系列措施整顿军队，加强边防。他发给四镇旗牌，要求四镇巡抚行军布阵作战严格执行军纪，他还将边关形势绘成地图，下发给各地统兵将领，让他们熟悉环境。由于他准备充分，整军得当，多次取得对蒙古贵族作战的胜利。如蒙古着力兔部在河东骚扰时，崇古令手下将领雷龙从兴武悄悄靠近河东，冲破蒙古兵营，斩杀不少蒙古士兵。王崇古因此被加封为右都御史。史载："崇古在陕七年，先后获首功甚多。"（《明史·王崇古传》卷二百二十二）

隆庆四年（1570）正月，明廷下诏，令王崇古总督宣府、大同、山西军务。王崇古到任后，下令禁止边军出塞，但鼓励熟悉蒙古情况、与蒙古有联系的人到蒙古兵营中探听情报。又下檄文慰问被蒙古掠去的汉民、番民，对于前来投降的蒙古兵士，全部妥善加以安排。这样一来，蒙古人归顺朝廷者接踵而至，瓦剌、黄毛等部落一年中前来投降者有两千多人。

隆庆四年（1570）十月，把汉那吉率其妻子一行十多人降明。把汉那吉是俺答汗的孙子，自幼丧父，由俺答妻抚养长大。他成人后，娶大成比吉为妻，二人感情不和。把汉那吉聘我儿都司之女"三娘子"为妻。"三娘子"也是俺答外孙女，长得十分漂亮，俺答遂将之夺为己有。把汉那吉一气之下，便投降明朝。

大同巡抚方逢时接受把汉那吉的投降后，立即向王崇古做了报告。王崇古认为这是一个牵制俺答、铲除叛将赵全的好机会，命令方逢时将把汉那吉留在大同，善加款待。

安置好把汉那吉后，王崇古便与方逢时一同上疏朝廷，提出了借机改变边防形势的主张。他们上疏道：如果俺答率军到边关索要把汉那吉，我们就与他做交易，叫他们将叛逆"板升"赵全等人移交我方，并要他们归还被掳去的边镇民众，然后将把汉那吉送回，这是上策。如果俺答率兵威胁，不讲道理，我们可称要杀把汉那吉，用这种方法来压抑其斗志，使之有顾忌。俺答希望孙子生还，一定害怕我们要其性命，必定不敢强行用兵，然后我们慢慢说出上述交换条件，这是中策。如果俺答对把汉那吉置而不问，我们应当把他养起来，与他结义，使他对朝廷感恩戴德。等到俺答死后，俺答儿子辛爱领一部众，我们便乘机封把汉名号，叫他回去收集其余部众，自成一部落。辛爱必然与他相斗。如果他们两部互相通好，则两部都有利，如果互相残杀，我们则暗中支持把汉。蒙古部落因为要提防各自对手，便无暇南侵，而我们则可以休养生息，这又是一个计策。

王崇古提出的利用把汉那吉投靠明朝、改变边疆局面的主张是符合实际的。但明廷中有不少大臣反对这样做。张居正、高拱力排众议，支持王崇古主张，后来事态的发展基本上与王崇古的设想一样，俺答汗看到把汉那吉在明朝颇受优待，同意交出赵全等人，并对明廷说道："我不为乱，乱由全等。

今吾孙降汉，是天遣之合也。天子幸封我为王，永长北方，诸部孰敢为患！即不幸死，我孙当袭封，彼受朝廷厚恩，岂敢负耶?"并请求与明廷进行茶马互市。

之后，王崇古又上《确议封贡事宜疏》，提出了封贡、互市事宜的几条建议。明廷采纳了他的建议，封俺答为"顺义王"，其余部首领也被封为指挥佥事、正千户、副千户、百户等职。双方在边境上设立互市。从此，四五十年时间里，俺答没犯明边境。

为巩固北部边防，边将王崇古提高边军素质，强化边防设施，以应对蒙古贵族南下，这种军事防御策略在当时是最为有效的。王崇古的高明之处，不仅在于有效的军事防御，而且在于当形势有利时，逼胁蒙古贵族与明朝政府和平相处，这种卓越的政治家眼光是不少军事将领所没有的。由他倡导的"俺答封贡"对明朝北部边疆的长期稳定以及蒙汉关系的发展都产生了深远影响。王崇古可谓大智者也。

坚壁清野御后金

　　熊廷弼，字飞百，湖北江夏人，万历二十六年（1598）中进士，不久被授为御史。万历四十七年（1619）三月，努尔哈赤于萨尔浒击败杨镐三路大军后，又乘胜于当年七月攻陷开原、铁岭，辽东重镇沈阳便直接暴露在后金的攻击之下，东北局势十分危急。在这种形势下，熊廷弼受命为辽东经略，担负起了抵御后金、保卫辽东的大任。

　　当时，辽东的形势对明廷极为不利。首先是后金方面时刻在伺机向沈阳推进。熊廷弼对敌人这种意图十分了解。他说："自从后金攻下抚顺、占领清河、击败我三路大军后，其乘势进取的态势已十分明显。当时，由于害怕我关西大发援兵，没有敢于全面出动，今天他们已攻下开原、铁岭，又见我军民闻风逃窜，其下一步进取沈阳、辽阳的意图已十分明显。"除后金咄咄逼人的进攻态势外，明军内部士气低落，军心不稳。士兵"闻风而逃""望阵而逃，惧战而逃""人人要逃，营营要逃""各营逃者自以千百计"。（《熊襄愍公集》卷一）当地百姓见明军屡战屡败，也纷纷逃窜。遭受战火的地区，方圆数百里渺无人烟，整个辽东地区一片混乱。

　　针对这种形势，熊廷弼制定了"坚守渐逼"的策略。他向朝廷上疏道："时下人们议论辽东战事，有主张调大军北进、驱逐后金、恢复失陷土地的，有主张不仅要收复失地而且应当直捣后金老巢的，有主张固守本地、到时机成熟再突然反击的。从目前看来，要恢复失地、进兵追剿都不符合实际，眼下最恰当的办法，是凭险固守，只有今日坚守，才能日后再战。"在奏疏中，熊廷弼还提出了具体的固守方案，即将十八万大军分别部署在清河、抚顺、柴河、三岔儿、镇江等要塞，各要塞间互相连接，如果小股敌人来犯，各据点可以自行抵御，如果大队后金兵前来进攻，则各要塞互相援助。

在确立御敌方略后，针对当时明军畏敌、胆小怕死、不战自逃的情形，熊廷弼着力整顿军纪，决计先从军官整顿入手。他到辽东后，即令金事韩原善前去沈阳安抚将士。韩畏敌不敢前去，熊廷弼又命金事阎鸣泰前去，阎走到虎皮驿也害怕起来，大哭不已，最后只得返回辽阳。熊廷弼及时处分了二人，自己亲自冒雪到前线，他从辽阳到虎皮驿察看敌情，然后前往沈阳慰问将士，最后又乘雪夜到抚顺巡视战场。

为了稳定军心、民心，熊廷弼大力整顿军纪，斩杀逃亡将士，并制定了严明的军纪。同时，号召军士造战车，治修火器，挖战壕，筑城堡，开展练兵活动。

在熊廷弼的大力整顿下，辽东局面发生了重大变化。破旧的辽阳城修复如新，畏敌欲逃的兵民坚定了抗御敌人的信心，以前兵士数量少，没有防御工事的奉集、沈阳两座城市现在已城防坚固，犹如重镇一样："民安于居，贾安于市，商旅纷纷于途。"两城后来成为明军进攻、退守的凭借基地。

明军自与后金交战后，一直处于下风，到后金攻下开原后，形势对明廷极为不利。在后金斗志旺盛、积极进取，而明辽东防线残破不已的情况下，熊廷弼采取守势是明智之举。他修固城池，整顿军旅，稳固辽东防线，明廷便可以不再失地，而且还能够积蓄力量，伺机反击。若按熊廷弼的策略坚持下去，明军完全可以摆脱被动挨打状态，并且能够求得主动，平息辽事也应为期不远，只可惜明廷未继续任用熊廷弼，他的战略方针也没有坚持下去，明廷失去了扭转战局的机会。

经抚不和毁长城

　　正当在熊廷弼的整顿下，辽东形势有很大改观之时，明朝最高统治集团发生了重大变化。明神宗朱翊钧于万历四十八年（1620）七月二十一日死去，其长子朱常洛继位，是为光宗。光宗继位不到一月又因服红丸死去，光宗长子朱由校继位，是为熹宗。熹宗继位后，朝内早已存在的党争愈演愈烈，宦官魏忠贤集团又把持朝政，明廷政局极为复杂而混乱。

　　这时，大臣们要得到升迁，都必须奉依阉党。生性刚直的熊廷弼不愿意在阉党面前折腰，这样就招来不少人的痛恨。对于心怀不轨的朝臣，熊廷弼也不予理睬。浙党姚宗文对熊廷弼不愿意为他在朝中说话而心怀怨恨，便联络阉党御史顾慥、张修德等人，联合上疏弹劾，说："熊廷弼出关已一年，不训练军队，不安定人心，滥用酷刑，对后金用兵毫无进展，如果不加以黜罢，辽必不保。"朝廷当政者竟听一面之词，罢免了熊廷弼的职务。

　　熊廷弼被免职后，袁应泰升为辽东经略，袁"历官精敏强毅，用兵非所长"。他到任后改变了熊廷弼原来的军事措施，变防御为进攻，在对敌人情况毫无所知的情况下，决计"三路出师"，进攻后金，并且广为招降蒙古饥民，以为能够扩大力量。袁的部下提醒他，"收降过多，或阴为敌用，或敌杂间谍其中为内应"，但他对此置之不理。努尔哈赤派遣众多士卒装成饥民混入明军。天启元年（1621）二月，努尔哈赤率倾城之兵攻取虎皮驿。沈阳屏藩遂破。三月十二日，沈阳失陷，五天后，辽东首府辽阳又为后金所占领，袁应泰自杀。不仅辽河以东广大地区先后为后金所占领，后金又连下三河、静远、镇江等大小城镇七十余座，明廷面临着更为严重的局面。

辽、沈失陷后，明廷震怒，当权者又想起了熊廷弼。大学士刘一燝说："如果让熊廷弼留在辽东，则不会招致这样的失败。"熹宗皇帝也认为："熊廷弼守辽东一年，没有大的失误，而袁应泰只一次交战，就将祖宗数百年来的疆土拱手送给别人。"天启元年（1621）七月，明廷重新任命熊廷弼为辽东经略，以王化贞为辽东巡抚。

当时，明廷不少大员对辽东形势认识不清，对军事上是采取进攻战略还是防御战略没有形成共识。熟悉辽东情形的熊廷弼上任后，仍然决计采取积极防御的策略。他的具体办法是：增登、莱、津门三个地点部署防务，将重兵屯驻于山海关，等到关外各镇兵马齐备，登、莱二地阵地巩固后，从三面"大举并进"。素不习兵的巡抚王化贞轻敌自大，不顾敌我双方军事力量差距，一味主张进攻后金，收复失地。二人意见相左，"遂成水火"（《明季北略·广宁溃败》卷二）之势。经抚不和，为明军失败埋下了隐患。

正当熊、王二人争执不下时，王的部下毛人龙部收复镇江（今辽宁丹东），王化贞便以此向朝廷邀功，并乘机向朝廷表明自己主张正确，熊廷弼看法错误。明廷昏君不吸取以前数次冒进的失败教训，"举朝大喜"，决定取攻势，并命令增登、莱、天津三地水师两万多人北上向毛人龙部靠拢，王化贞率广宁四万兵马进驻辽河，会同蒙古兵一起向后金军进攻，熊廷弼则率部"居中节制"（《明史·熊廷弼传》卷二百五十九）。但由于熊、王二人不和，明军彼此互相观望，未曾进兵。

面对熊、王二人的矛盾，由于王化贞与投靠阉党的兵部尚书张鹤鸣混在一起，张祖护王化贞，其所奏请"无不从"，并令王化贞不受熊廷弼节制。对于熊廷弼的奏请，张鹤鸣则多有指责，这样熊廷弼虽然名义上是经略，实际上权力却掌握在王手中。王化贞驻广宁拥兵十四万，而熊廷弼屯驻于右屯，仅有士兵五千人。得到朝中支持的王化贞更加一意孤行。天启二年（1622）正月，他上疏朝廷，夸口说要以六万精兵挑战后金，"一举荡平"，收复失地。朝中大员喜形于色，同意了他的请求。

王化贞的轻兵冒进正是努尔哈赤所希望的。正月二十二日，双方交战，王部先锋降后金，引后金兵反攻广宁，王化贞逃跑，广宁为后金所有。随后，后金兵又攻宁远，明兵弃宁远入关内。广宁之败，朝廷震怒，王化贞、熊廷弼均下狱。熊于天启五年（1625）被斩，并"传首九边"。王化贞因为有奸党保护，到崇祯五年（1632）才被处斩。

在袁应泰兵败失地的情况下，明廷重新起用熊廷弼，虽然为时过晚，但还算明智。但这次熊廷弼并没能扭转局势，反而失去广宁重镇，自己也被朝廷处斩，之所以如此，并不是朝廷错误任用熊廷弼，也不是熊廷弼的御敌策略不好，而是朝廷不该重用王化贞。不知兵战的王化贞实权超过熊廷弼，使熊不能实施自己的战略。而王化贞的策略完全是纸上谈兵，痴人说梦，丢失重镇在所难免。明廷错用一人，导致辽东局势更加吃紧。明廷错杀熊廷弼，无异自毁长城。

示强于敌败后金

　　袁崇焕，字元素，东莞人，万历四十七年（1619）进士。他喜好研究军事，有胆有识。广宁溃败后，明廷举朝惊慌，一班碌碌无为的官僚主张撤关外边兵，退守山海关。时任兵部职方主事的袁崇焕一人骑马去山海关外，察看地形。回朝后，他向朝廷上奏说："予我军马钱谷，我一人足守此。"（《明史·袁崇焕传》卷二百五十九）明廷提升他为佥事，派他到关外监军。

　　当时，明廷辽东经略是王在晋。袁崇焕到任后，王在晋派他到前屯安置流浪失业的辽人。袁崇焕接任后，即"夜行荆棘虎豹中，以四鼓入城"，将士们都十分佩服他的胆略。

　　经略王在晋是一个胆小如鼠、毫无军事谋略的人，对于后金的频频进攻，他十分害怕，主张退入山海关，想在"山海关外八里铺筑重关，用四万人守之"。（《明史·孙承宗传》卷二百五十）对于这种退却策略，袁崇焕与几个中下级将领坚决反对。他们立即将不同意退守山海关的意见寄给首辅叶向高。叶向高因未实地勘察，对此不置可否。大学士孙承宗自告奋勇，愿亲自去前线裁决。孙在察看地形后，完全同意袁崇焕等人的意见，并向明熹宗上奏说，王在晋不宜担任经略之职。不久，王被改调为南京兵部尚书。

　　天启四年（1624）八月，孙承宗请旨出关督师，继任辽东经略。孙到任后，进一步加强关外防线，将原防线从宁远向东推进二百多里，在锦州、大小凌河、松山、杏山、左屯修筑要塞，派将守御。除此之外，孙承宗还大力整顿防务，定军制，建营舍，练火器，治军储、军仗，练骑卒，并采纳袁崇焕等人建议，重点加强宁远的防御，派袁崇焕、满桂率兵把守。

袁崇焕极为重视宁远，到达宁远后，他立即修筑城池，加固城防，"定规制，高三丈二尺，雉高六尺，址广三丈，上二丈四尺"。命手下将领祖大寿、高见、贺谦共同督促修筑事宜。第二年，宁远城修筑完毕，成为山海关外一座重镇。

孙承宗督师后，在关外筑起了一道牢固的防线。史载："承宗在关四年，前后修复大城九，堡四十五，练兵十一万，立车营十二，水营五，火营二，前锋后劲营八，造甲胄、器械、弓矢、炮石、渠答、卤楯之具合数百万，拓地四百里，开屯五千顷，岁入五十万。"（《明史·孙承宗传》卷二百五十）就在关外形势取得极大进展的情况下，孙承忠遭到魏忠贤阉党的攻击，被迫辞官回乡。明廷派兵部尚书高第为辽东经略。

不谙军事的高第到辽后，"大反承宗政务"，他认为，山海关以外必定守不住，下令将锦州、右屯、大凌河三地官军撤入关内。袁崇焕闻此，十分气愤地辩驳道："兵法上说'只进不退'。锦州、右屯、大凌河三城已修复，怎么能够轻易地撤离呢？如果锦州、右屯动摇，则宁远、前屯必定要受影响，关外大门就失去了保障，今天只要派得力将领守护，必定不会有闪失。"对于袁崇焕的诤言，高第不听，不仅要撤锦州等三镇，而且还要将宁远、前屯二城一起撤掉。袁崇焕气愤地说："宁远是我们的前沿重镇，我做官此地，就应当死在此地，我绝对不能离开。"这样，锦州、右屯，大小凌河、松山等地军民皆撤于关内，关外只剩下袁崇焕守御的宁远孤城。

努尔哈赤听说明廷尽撤山海关外屏障，十分高兴，于天启六年（1626）正月，率十三万大军西渡辽河，长驱直入，二十三日抵达宁远。此时，龟缩在山海关的高第见宁远告急，坐视不救。袁崇焕便和满桂、左辅、朱海、祖大寿等将领率部誓死守城。袁崇焕"刺血为书，激以忠义，为之下拜。将士咸请效死"。（《明史·袁崇焕传》卷二百五十九）为了与敌人做持久战斗，袁崇焕下令将城外居民全部撤入城内，帮助军队一起守城。为防敌人派奸细进入，袁崇焕令同知程维楧负责稽查奸细，因此，"宁远独无寺门之叛民、内应之奸细"。（《明熹宗实录》卷六十八）

努尔哈赤进抵宁远后，并不急于攻城，他想令袁崇焕投降。他派人给袁崇焕送劝降书，上面写道："我用二十万大军攻此城，城破在所难免，如果你们投降，立即给你们封官加爵。"袁崇焕拒绝了努尔哈赤的要求，回信道："大汗，为什么要进兵呢？宁远、锦州二城，是大汗抛弃之地，被我收复了。我们会拼命死守，岂有投降之说？你说来兵二十万，是假的，我知道你们大军有十三万，哪里会认为你们人少呢？"努尔哈赤劝降不成，令兵士进攻宁远，袁崇焕组织反击，并首次使用西洋大炮轰击后金军，大炮威力无比，一炮即"歼虏数百"，后金军死伤甚多。宁远城坚固，努尔哈赤久攻不下，下令兵士在城附近挖地道，企图以地道进城，守城官兵见状，便用"火毯"、火把往城下乱抛，并用铁索系火扔向后金掘城兵。在火器攻击下，挖城的后金士兵全被烧死。后金掘洞攻城之计也失败了。激战三夜，努尔哈赤不仅没有攻下宁远城，反而损失不少将士，只得宣布全线退回沈阳，回沈阳不久，努尔哈赤即郁闷而死。

宁远之战是明朝对后金开战以来取得的第一次重大胜利。《清实录》对此记载道："帝（努尔哈赤）自从二十五岁作战以来，战无不胜，攻无不克，唯独宁远一城没能攻下，于是十分悲愤地返回。"《明史》记载道："后金自举兵以来所向无不摧破，后金将领不敢议是攻还是退，自从遇到袁崇焕以后，他们开始作战时考虑是攻还是守了。"

宁远之战充分体现了袁崇焕过人的胆略，面对十倍于己的敌人的进攻，他镇定自若，指挥得当。此战之所以取得胜利，与战前袁崇焕的精心准备分不开，坚固的城防使敌人无功而返。

锦宁大捷显神威

　　袁崇焕在宁远击败后金大军，为明军重新部署关外防线创造了有利条件。乘后金军新败不敢突然进攻这一有利时机，明军在山海关外四百里的锦州、中左、大凌三城构筑起一道防线。为了争得更多的时间准备防御，袁崇焕在没有与明廷联系的情况下，派人与后金议和，为表达诚意，在努尔哈赤死后，袁崇焕还派人前去吊唁。

　　宁远战后，后金方面也遇到了不少问题：一是努尔哈赤死后，刚继位的皇太极地位并不牢固，他要花时间处理内部权力斗争，巩固帝位。二是后金在很短的时间占领了沈阳、辽阳广大地区，但对这一地区的统治并不稳固，当地汉族人民经常武装反抗，如何稳固占领区的社会秩序，是后金政权必须处理的又一要事。三是后金人忙于战争，田地大量荒芜，粮食补给不足。四是尽管后金与明廷开战以来取得了不少胜利，土地扩大不少，但其东有朝鲜，西有蒙古，南有明军，三面受敌的形势并没有改变。要大规模与明军作战，必须剪除来自东、西两翼的威胁。有鉴于此，皇太极不敢也不可能马上对明廷发起进攻，他也需要时间解决上述问题。

　　由于双方的情形，彼此都愿意打着"议和"旗号，争取时间。皇太极要求明朝以山海关为界，关外辽河以东归后金，辽河以西明朝不能修建城堡，关内归明军，并要求明朝给予后金大量财物。袁崇焕要后金退出辽东地区，归还被俘人民。议和本身都是双方的缓兵之计，加之条件相差悬殊，不可能有结果。

　　袁崇焕议和的缓兵之计有得也有失。其得在于他为明军加强战备取得了时间，在这期间，明军修复了锦州、中左、大凌等城堡，当后金发现袁崇焕意图时，"三城已修筑完毕"，明军在山海关外四百里处又筑起了一道坚固的防线。所失之处在于，袁崇焕没有预先将此事告知朝廷。当熹宗及大臣得知这一情况后，一时都难以理解，一些官员还将后来朝鲜被后金控制、毛文龙遭到攻击说成是袁崇焕"议和"所致。尽管袁崇焕上疏解释，议和是为了争取时间，消除了熹宗的疑虑，但为后来阉党攻击袁崇焕留下了口实。

天启七年（1627）五月六日，皇太极在完成了对朝鲜的征服之后，大举向明军进攻。后金军迅速占领大小凌河、右屯卫等地，会师围攻锦州。锦州城防此时已修固，守城的三万明军在总兵赵率教指挥下顽强抵抗，后金军在全面进攻不能奏效的情况下，集中力量围攻西门，明军也将主要兵力用于西门，明军大炮向后金军轰击，后金军损失不小。双方大战十四天，锦州城仍为明军所有。

锦州久攻不下，皇太极便改攻宁远。袁崇焕布置两道防线迎敌。尤世禄、祖大寿在宁远城外二里布阵，为第一道防线，袁崇焕、满桂在宁远城内重点设防为第二道防线。明军在第一道防线抗御一阵后，主动撤入城内，皇太极不顾手下反对，决定向宁远城发起冲锋，明军也针锋相对，给予反击，城上大炮在后金军中开花，弓箭不断射向后金将士，双方交战一整天，均有不小损失。后金贝勒济尔哈朗、萨哈廉、瓦克达受重伤，明将满桂也挂了彩。

皇太极见宁远不好打，又攻锦州，时值暑天，后金兵饥渴难忍，不少人患病，后金攻城不奏效，只得又撤回沈阳。明军取得了锦州之役的胜利。

明军之所以能够取得锦宁大捷，完全是袁崇焕在宁远之战后，能够抓住后金新败短期不敢进攻明军的有利时机，抢修辽东防御工事，筑起了一道新的防线的结果。同时，面对后金的进攻，他事前准备充分，战时指挥得当，加之明军才击败后金，后金受此沉重打击，在后来的一段时间内，不敢正面向辽东明军进攻。

在辽东形势日益危急的形势下，袁崇焕用坚壁清野战术，两次重创后金军，对明廷关外危局有所缓解。此时，明廷只要继续大胆使用袁崇焕，给予必要的兵力补充，保障其军事供给，明军完全有可能取得更大的胜利，彻底

扭转辽东战局。可就是在这关键时期，阉党魏忠贤忌恨袁崇焕没有为他建生
祠、上表称颂，下令解除他的职务，袁崇焕被"排挤回乡"。明廷再一次失
去了起死回生的机会。

农民造反之勇与智

发生在 1628 年至 1644 年的明末农民战争是中国古代历史上规模最大、影响最深、持续时间较长的农民阶级武装反抗封建统治的斗争。这次农民起义推翻了明王朝的反动统治，给封建地主阶级以沉重的打击，对中国历史的发展起了推动作用。这次农民起义无论是在规模上、活动区域上，还是在斗争水平上都达到了古代农民战争的最高峰。在这次斗争中，农民阶级表现出的卓越智慧和杰出军事才能也是空前的，它是古代历次农民战争的经验总结，代表着农民斗争的最高水平。在长达十六年多的斗争中，李自成、张献忠等各路义军，根据不同时期敌我形势，采取了不同的斗争策略和战术，与明廷展开斗争，而明王朝也根据不同阶段农民军的发展状况，采取了一系列不同的因应之策，双方围绕着推翻政权和巩固统治展开了激烈的斗争。

招抚得失凭谁说

明崇祯元年（1628）七月，陕西府谷、宜川、白水农民王嘉胤、王左挂、王二等在当地聚饥民、抗官府，拉开了明末农民斗争的序幕。星星之火，迅速成燎原之势，不久，"洛川、淳化、三水、略阳、清水、成县、韩城……金锁关诸处，流贼恣掠"。陕西各地都爆发了农民的反抗斗争。

随着起义人数的增加，起义军队伍得到扩大，到崇祯三年（1630）形成了老回回、八金刚、王自用、王左挂等多支起义队伍。随后不少义军进入山西，出现了三十六营联合作战的局面。

面对日益强大的起义军，明廷大员和地方官吏急得团团转，对于如何处置揭竿而起的义军，他们不知如何是好。有人主抚，有人主剿，陕西三边总督杨鹤提出以抚为主、剿抚结合的对策。

杨鹤之所以提出此策，是基于如下考虑：大量农民加入义军不仅是一个军事问题，而且是一个社会问题。接连的饥荒使农民无法生存，为了活命，他们才揭竿而起。对于成千上万的饥民，一味用军事手段征剿，不能解决问题。事实也证明，军事征剿使官兵疲于奔命，起义农民却有增无减。另外，自崇祯二年（1629）底后，西北地区大批明廷精兵已调往京畿，以抵御满族旗兵南下。在这种兵力不足的情况下，要大规模地征剿农民军也无可能。

崇祯四年（1631）正月，杨鹤上疏朝廷详细地说明自己的主张，他说"盗贼之起"总因"饥荒之极、民不聊生"，如采用征剿之法，需调动大量军队，"行粮犒赏、所费不赀"，其结果仍是"诛不胜诛""屡剿而屡不定"。当下之计应以安抚为主。要使安抚取得成效，必须赈济灾民，解决饥民的生计问题。他说："盖解而散，散而复聚，犹弗散也。必实实赈济，使之糊口有资，而后谓之真解散。解散之后尚须安插，必实实给与牛、种，使之归农复业，而后谓之真安插，如是则贼有生之乐，无死之心，自必帖然就抚，抚局既定，剿局亦终。"如果只是空言剿抚，不解决饥民的生计问题，则"徒以抚愚贼，是即以贼自愚，此不终日之计也"。（《崇祯长编》卷四十二）

以抚为主之策提出后，得到朝廷中不少官员的支持。他们认为："皇上以数万金钱而活数十万生灵，福泽大焉。活十万生灵而农桑复业，赋税常供，所获不止数十万金钱也，利莫大焉。"（《绥寇纪略》卷一）崇祯帝也赞同，他认为"寇亦吾赤子，宜招抚之"。便命令杨鹤为主帅，负责招抚之事，同时拿出十万金钱，派御史吴甡前往陕西放赈，"招抚流贼"，并同时发布诏书道："陕西屡报饥荒，小民失业，迫而从贼，自罹锋刃。谁非赤子，颠连若斯，谊切恫瘝，可胜悯恻，今特发十万金，命御史前去，酌被灾之处，次第赈给。仍晓谕愚民，即已被胁从，误入贼党，若肯归正，即为良民，嘉与维新，一体收恤。"（《国榷》卷九十一）

以抚为主的策略出台后，杨鹤在陕西大力推行，在他的劝诱下，当时陕西最大的一支起义军神一魁部首先受抚，接着点灯子、满天星、上天龙、王老虎、独行狼、刘临庵、刘六等部先后受抚，一时间，招抚之策取得了明显效果。

杨鹤把农民起义看作一个社会问题，从较为长远的利益出发，为明统治者出谋划策，主张对农民义军进行招抚，把钱花到赈济饥民上面，帮助农民复故业，这既可以弭患消萌，还可以待农民稳定之后，继续收取赋税。应该说这是一项明智之举，并且这种政策也一度取得成效，但后来这种政策没有持续下去，以失败而告终。

其失败表现有两条：一是从陕西进入山西的义军声势越来越大，二是陕西受抚义军又东山再起，出现"旋抚旋叛"问题。

招抚之策是一个较明智适宜的办法，但为什么会失败呢？其原因有二：一是陕西自然灾害仍然严重，而明朝政府的赈济又十分有限。连年的天灾人祸，使西北地区衣食无着之人成千上万。而明朝政府用于赈济的银两仅十万两，加上藩王捐助的五万两及粮食二万石，"所救不及十一"。数量有限的赈济对于数量庞大的流民，无异于杯水车薪。赈灾大臣李继贞也说："前赈臣携十万金往，度一舍一人，止可活十万，而斗米七钱，亦止可活五十日耳。皇上宜敕赈臣回奏，前十万金可足乎？不足则当军沛恩膏，虽内帑不宜惜也。"（《绥寇纪略》卷一）但好帑成癖的崇祯帝是不可能追加赈款的。饥民饥军衣食无着，当然又会拿起武器。"诸贼穷饿之极，无处生活，兵至则稽首归降，兵去则抢掠如故"。点灯子、土天猴、浑天猴等义军在五月间一举攻破金锁关。一波未平，一波又起。七月二十九日，李老豺、独行狼等两路义军攻占中部县。

招抚失败的原因之二是主剿派杀降。对于如何对付农民军，明廷内部本来就有主剿、主抚两派。当主抚派全力实行招抚政策之时，极端仇视农民军的主剿派对降服义军却大加屠杀。如崇祯三年（1630），王左挂受抚于清涧地区，同年八月，陕西巡抚李应期，延绥巡抚洪承畴及总兵杜文焕秘密布置，杀害王左挂、苗登云等九十八人。崇祯四年（1631）四月，"洪承畴命守备贺人龙劳降人酒，降人入谢，伏兵斩三百三十二人"。严酷的现实教训农民军，不能放下武器，唯有斗争才能生存。因此，他们被招抚解散后，又"屯掠"如故，"啸聚者千百，乡村打粮，日无宁刻"。崇祯四年（1631）五月，"庆阳降贼郝临庵，刘六等""掠环县、真宁"；六月，"降贼满天星、一丈青又叛，掠宜川、洛川"。对于因为官吏劫杀降抚流民而引起的"散而复聚"的现象，主抚的杨鹤曾发布告示，力图加以制止，希望从"免地方之祸乱"出发，要求官军严禁此行，但地方官军对杨鹤文告置之不理，仍是我行我素。

在"降贼"复起情形下，主剿派大肆攻击杨鹤等主抚派，将以抚为主说成是"苟图结局，徇抚讳剿"，是导致"贼势"愈大的原因。糊涂的崇祯帝也认为"贼势猖獗，招抚为非，杀之良是"，将一切责任推到杨鹤身上。"杨鹤总制全陕，何等事权，乃听流寇猖獗，不行扑灭，涂炭生灵，大负委任。著革了职，锦衣卫差的当官旗，扭解来京问罪。"（《杨文弱先生集》卷四）

杨鹤提出的招抚之策若能够贯彻下去，陕西当时的阶级矛盾和斗争可能缓和，然而历史并没有这样选择，这不能说"招抚"之策有误，只能说明廷大势已去，不具备实施良策的条件。

金蝉脱壳渡黄河

　　崇祯四年（1631）冬天以后，农民起义军活动中心地区逐渐由陕西、山西转到以山西、豫北和畿南为主。农民起义军活动中心的转移是明政府不能容忍的，这是因为起义烈火由边境燃向内地，必然威逼京师，这样的转移对明廷统治的威胁是不言而喻的。于是，明廷决定加强力量，对起义军实施打击。除动用山西、豫北和畿南的军队外，还从外地调来左良玉、邓玘及马凤仪部等等。

　　从崇祯五年（1632）初开始，明军与起义军在山西、豫北、畿南地区展开激战，几乎每天都有战斗发生，农民军在战斗中也取得了一些胜利。如崇祯五年（1632）十二月，紫金梁、八大王、闯将（李自成）、过天星等于沁州、武乡、辽州一带大败明军，并攻下辽州。崇祯六年（1633）正月，义军北攻榆社、和顺、寿阳、榆次，逼近太原。崇祯六年（1633）五月，一字王、领兵王、闯将等九大营，"自武安南下，围毛葫芦兵四百于河沟村，尽杀之"。（《怀陵流寇始终录》卷六）但是，从总体上来说，这时义军与官兵相比处于劣势，吃败仗多，打胜仗少。为了生存，他们只得东躲西藏，南奔北逃。崇祯六年（1633）夏，对每支义军都能起到协调作用的将领王自用病死于济源，农民军一时失去核心，"此贼死后，众贼各自为队，时分时合"。义军陷入更加艰难的处境。

　　崇祯六年（1633）冬，明军云集晋、冀、豫交界地区，主战场移到豫北。三万明军对义军四面围攻，义军活动地域越来越窄，粮食补给越来越困难，面临着被官兵歼灭的危险。在这紧要关头，义军首领张妙手、闯塌天、满天飞、邢红狼、闯将等共谋摆脱困境的办法。长时期的作战经验告诉他们，要使起义军生存和发展，必须采用运动作战的战术，让部队转移到更为广阔的地区作战，而不能让部队总是在一个固定地区同官军拼消耗。眼下摆脱危局的办法就是渡黄河南下，跳出官兵的包围圈，到新的地区去图生存和求发展。为了顺利地实现渡河南下的战略，义军决定以假降骗敌。崇祯六年(1633)十一月十七日，各支义军将领向屯驻在武安的明廷京营兵统领王朴提出"我等皆良民，因陕西荒旱，致犯大罪。今誓归降，愿还故土复业"。王朴及监军太监杨进朝、卢九德不知是计，以为不费吹灰之力，便可弭平大患，获取大功的时机到了，便答应了义军"乞降"的请求。

明军停止了对义军的进剿，而义军则以乞降为掩护，向官军及地方百姓购买裘、靴等物，积极准备渡河南下。十一月二十四日，天气骤寒，山西垣曲到河南济源之间的一段黄河冰封成桥。起义军乘官兵不备，用门板铺在冰上再加一层土，分三路驰马而过，到达河南渑池县境的马蹄窝、野猪鼻。明廷防守黄河的军官袁大权仓促迎战，被义军击杀，起义军主力便一举突破黄河之险，把明朝政府调来的重兵甩在后面。

渑池渡河是明末农民战争史上具有重要意义的事件，此后，义军摆脱了被局限于山西、豫北、畿南地区的不利环境，广泛地活动在河南、湖广、南直隶、四川、陕西等许多省区之内。明政府彻底剿杀起义军的企图更加难以实现。明末农民战争步入了一个崭新的阶段。

农民军在陷入绝境的情况下，采取假降的办法求生存，实属无奈之举，同时，这也是求得生存的唯一选择，应该说农民军的这种对策是明智之举，但这种办法并不意味着能够达到目的，如果明廷军队对起义军此举的意图细加推敲的话，是能够寻找到应付起义军假降对策的，农民军要起死复生就困难了。只是腐败的明廷将领对此没有足够的准备，这样，起义军便抓住时机，乘雪夜渡过黄河，脱离了敌人的包围圈，进入到新的地区同明军作战，农民军再度获得生机。

假降突破"车箱困"

赵义军在渑池渡过黄河后,首先在河南中部和西部活动,"凡洛阳、新安、陕州、灵宝……淅川、新野、内乡等州县无不焚掠"。然后,由河南向湖广转移,"贼于(崇祯)六年十一月二十四日过河,遂以十二月二十二日破郧西,二十五日破上津。七年甲戌正月二十九日破房县、破保康,直走空虚无人之地,捷若风雨之至。"(《怀陵流寇始终录》卷六)最后由湖广进入陕西、四川活动。

这时,明朝政府任命陈奇瑜为陕西、山西、河南、湖广、四川军务总督,负责剿灭起义军。陈奇瑜根据义军活动的变化,采取不同战术,先后于崇祯七年(1634)正月击败起义军于陕州,同年六月"斩贼千七百余级"于平利乌林关,使起义军受到了不小的损失。

面对陈奇瑜给义军的压力,李自成、张献忠等农民军队伍准备向陕西、四川转移。这时四川明军也从四面围攻起义军,起义军转移受阻,被压制在陕西南部的一隅之地。这一地区"东至于洵阳、白河、平利,又东至于兴安、石泉、汉阴,西至于西乡、洋县、汉中府,又西至于沔县、宁羌、略阳"(《绥寇纪略》卷二)。随着明军对义军包围圈的日益缩小,李自成、张献忠等部农民军只得四处奔跑,最后误入车箱峡。

车箱峡在兴安境内,"峡四山巉立,中亘四十里,易入难出"。误入其中的李自成、张献忠等多支农民军陷入了绝境。山上,亲官府的居民"下石相击""或投以炬火",山口则被他们累石塞死,明军在外面山口严密把守着,近四万起义军困在峡中"无所得食,甚困",加上又遇上二十多天的连绵阴雨，义军"弩解刀蚀，衣甲湿，数日不能一食""弓矢尽脱，马乏刍，死者过半"，倘若这时"官军蹙之"，义军将士将无一人可幸免于难。在这危急关头，义军首领决定用伪降手段来求生存，他们把军中所缴获的金银财宝全部集中起来，派人"入奇瑜营，遍贿左右"（《灵寿县志·艺文》卷十），请求投降。

刚刚打了一系列胜仗的陈奇瑜被胜利冲昏了头脑，他错误地认为，起义军经过数次打击，已经惧怕明军了，时下乞降实是走投无路的真降，自己不费吹灰之力马上便可荡平"流贼"，大功告成，当即同意接受投降。他向朝廷报告后，得到了兵部尚书张凤翼的支持，崇祯帝也批准了受降招抚的请求。

六月，陈奇瑜代表明朝政府与义军达成协议：每一百名义军战士由一名安抚官监视，遣返原籍安置，所过州县由当地政府安排粮草；官军停止进兵，以免发生冲突。协议达成后，义军"乃整旅出栈，与奇瑜兵揖让酬饮，易马而乘，抵足而眠。贼之无衣甲者皆整矣，无弓矢者皆砺矣，数日不食者皆饱矣"。

义军战士大多是绥德、米脂、清涧一带农民，官军遣送他们的路线是，"从凤翔、陇州、平凉、环、庆、靖边以归"。为了使遣送顺利进行，陈奇瑜"檄所过州县具糗粮传送"，沿途不许官兵邀截生事。

义军将士乞降是出于生存的需要，并非真心投降，一旦他们脱离险境，便又重新聚集，拿起武器，反抗官兵，所谓"既出栈道，遂不受约束""尽缚安抚官，或杀，或割耳，或杖责，或缚而掷之道旁""尽杀安抚官五十余人，攻掠诸州县，关中大震"。义军复起之初，陈奇瑜还未察觉到问题的严重性，当他八月十九日到达凤翔，看见到处是义军骑士纵横驰骋的情景时，才后悔受义军的假降之骗。当他再派兵守御时，为时已晚，局面已不可收拾了。陈奇瑜深知，招抚失败是要受到朝廷处罚的，为了逃避惩处，便采取了嫁罪于他人的办法。他给朝廷上疏，说招抚不成是因为宝鸡乡官李嘉彦、凤翔乡官孙鹏截杀义军，阻挠招抚，"抚按官亦异心"，陕西巡抚练国是也有责任等等。明思宗见疏大怒，下令速捕练国事、李嘉彦、孙鹏等五十多人，陈奇瑜本人也被弹劾，其总督之职由洪承畴取代。

假降之法并非创举，在"车箱困"之前，起义军曾使用过多次。此法亦非高明之举，只要稍加分析便可识破。在起义军方面，使用此法实是不得已，除此一试外，别无良法。在明军方面应该说可以识破此计，因为渑池渡河、招抚失败的教训够深刻的了，但明朝政府之所以前次上当之后，此次又被骗，主要是因为明将领被胜利冲昏了头脑，没有从前次失败中吸取教训，与其说明军为义军妙法打败，不如说明军自己被自己打败。车箱峡的失败，使明军又失去了一次消灭起义军的机会，以后要控制义军就更加困难了。

围追堵截战陕西

崇祯八年（1635）正月十九日，起义军攻克明中都凤阳，挖朱家祖坟。崇祯帝闻讯，气急败坏，一方面下令追查有关官吏的责任，另一方面决定大肆剿杀农民军，以解心头之恨。

此时，农民军活动中心转到河南。"中原，天下安危所系"，明廷决定全力剿杀河南起义军，命洪承畴总督陕兵出关入豫，同时调动其他地区军队共八万多人，一起对付河南农民军。为了能使这次行动取得成功，明政府拨饷银一百多万两，希望六个月内消灭起义军。

鉴于明军从四周向河南云集，起义军决定发挥自己流动作战的长处，采取"走以制敌"、避实就虚的计谋对付明军。当洪承畴的陕军入豫之时，义军又悄悄地由潼头、内乡、淅川进入陕西。

如何才能消灭义军？这是令洪承畴头痛的事。经过多年与官兵的战斗，义军战略战术都有很大提高，要想在六个月内轻易铲除，谈何容易。洪承畴不愧为是有智谋的将领，根据农民军的情况和以前官兵失利的教训，他决定采用"围追堵截"办法对付农民军。崇祯八年（1635）四月十二日，他在汝州召开的作战会议上提出了自己的看法：

> 群帅咸集，西安望救，当先定要束。吾意急入关。秦固形胜之国，地势险阻，"贼"今依深山，多径道，秦有兵则出豫楚，豫楚有兵则走之秦，我东西奔命，旷日费财，是敝道也，求其荡定，岂不难哉！……若秦将士疾击，而豫楚弗多分部以遮迤要害，俾"贼"得鸟惊兽逸，则

功败垂成，谁执其咎也！吾出关半载，具知隘口扼害处。今日之事，当
与诸将定分地。(《绥寇纪略》卷三)

洪承畴计划的核心是在险要位置屯军驻守，将义军固定在一个相对稳定
的范围内，然后派另一部分官兵进剿义军。其目的在于阻止义军运动战优势
的发挥，以便将义军集中于一地，加以歼灭。应该说这个计划有很强的针对
性，是一个遏敌所长的计划。

按照这个计划，洪承畴对其军队进行了分工。命令左良玉、汤九州扼守
内乡、淅川两地区的战略要地吴村、瓦屋；令尤世威、徐来朝把守雒南；令
陈永福屯驻卢氏、永宁；又令邓玘、尤翟文、张应昌、许成名扼守湖广。此
外，还移文山西明军，令其加强对黄河北岸的防守。其他部队由自己亲自率
领，负责追剿起义军。

洪承畴的计划不错，实施初期也取得了一定效果，如崇祯八年（1635）
五月，明军曹文诏在商州打败义军，斩获不少。但时间稍久，便暴露出"围
追堵截"战术的不足。

其原因一是明军"饷乏兵骄，法久不行"，许多部将不听调动。如徐来
朝部哗变，不听从洪承畴安排，邓玘克扣军饷，部下造反，军士不听调度。
这样一来，洪的部署不能全部实现。最主要的是明军投入的总兵力不够。用
于追剿的兵力多，则防御的兵力少；用于防御的兵力多，则追剿的兵力少。
洪承畴只得取其后，结果官军实际与义军作战的人数远远少于义军，这样在
与义军作战中就难免失败。崇祯八年（1635）六月，李自成大败明军艾万
年、刘成功、柳国镇部于宁州襄乐镇，击杀一千多人。随后义军又败明将曹
文诏部于真宁湫头镇，斩杀三千多人。

起义军在陕西的胜利又冲击着明军在陕豫晋楚交界地区的防线，击败追
剿的明军后，义军便向屯驻要塞的明军四处发起攻击。崇祯八年（1635）七
月，义军攻破徐来朝镇守的雒南县朱阳关，由陕西进入河南灵宝、陕州的通
道被打开。同月，明将尤世威镇守的雒南兰草隘亦被义军攻破，由陕西入河
南卢氏、永宁、嵩县的道路也被打开。崇祯八年（1635）八月，义军数十万
人由陕西转入河南，洪承畴关中剿灭义军的计划彻底破产。

"分工协作"得失间

洪承畴关中剿灭义军的计划失败后，农民军出现了两个活动中心，一是河南，一是陕西。在河南，崇祯八年（1635）八月初，马守应、高迎祥等部义军由陕入豫，河南成为义军纵横驰骋的中心战场；在陕西，虽然许多农民军在崇祯八年（1635）后进入河南，但仍有闯将李自成等少数几支义军在陕西活动。

鉴于"关中灭贼"计划的失败和农民军进入河南这一形势，明思宗感到了问题的严重性，为了避免事态的进一步扩大，尽快剿灭农民军，他在进一步增加进剿兵力的同时，制定了一个"分区协作，共同歼敌"的策略。

所谓"分工"，就是指根据义军在河南、陕西两地活动的现实，分派两个主帅进剿两地义军，一人负责一个地区。具体说来，就是洪承畴负责剿灭陕西义军，卢象昇负责追剿河南义军。崇祯八年（1635）八月，崇祯帝下诏令湖广巡抚卢象昇总理江北、河南、山东、湖广、四川五省军务，负责追剿河南义军。所谓协作，就是根据义军活动的地域变化，两主帅协作歼敌。具体来说就是如果陕西义军也进入河南，则洪承畴负责剿河南西北义军，卢象昇负责剿灭河南东南义军。如果河南义军入陕，则卢象昇率官兵入关，与洪承畴合力讨伐义军。

"吃一堑，长一智。"明思宗"分工协作"计划是在总结关中剿灭义军计划失败教训的基础上提出的。前次关中剿"贼"，洪承畴一人顾此失彼，穷于应付，最后让农民军钻了空子，为了改变这种状况，崇祯帝调整战术，采取分工协作的办法。应当说，这个计划在战略上是可取的，事实上，这个计划执行后也取得了明显效果。

李自成等在关中的义军队伍，在与洪承畴交战时，败多胜少。崇祯八年（1635）十一月，李自成的近八万将士被洪承畴部围追堵截，渡黄河没有成功，被击杀者不少，"闯将计穷乞抚""西走汉中"。崇祯九年（1636）二月，洪承畴与左良玉、柳绍宗合力围攻义军于兰州乾盐池，"大破之，贼绕寨东走"。（《怀陵流寇始终录》卷九）崇祯九年（1636）五月，李自成攻榆林，在镇川堡的卧羊山遭到明将贺人龙部的伏击，义军损失惨重。

在河南活动的义军也遭遇了一系列失败。崇祯八年（1635）十一月十二日，明军大败义军整齐王部。十一月二十日，明军又于龙门白沙击败闯王、扫地王、闯塌天等率领进攻洛阳的军队。崇祯九年（1636）正月，闯王、闯塌天、八大王等七支义军十多万人围攻滁州，明守将李觉斯、刘大巩顽固坚守，就在城即将陷落之时，卢象昇等率各路军马突然赶到，义军手足无措，"连营俱溃""闯王精骑损失二千"。二三月间，义军先后在朱仙镇、汝州杨家楼、裕州七顶山等地多次受挫。七月，闯王高迎祥从子午谷进军西安途中，在盩厔（今陕西周至）黑水峪遭到陕西巡抚孙传庭、总督洪承畴的联合截击，不幸被俘，闯王的队伍遭到了毁灭性打击。"流寇数十万，最强无过闯王。所部多番汉降丁、将卒亡命，其锐不可当也。……对敌有冲锋、埋伏，奇正合法，其狡不可当也。攻城无不破，对垒无不摧。"（《平寇志》卷二）这样一支强大军队的失败，对整个明末农民起义军是一个沉重打击，明末农民战争又一次转入低潮。

针对崇祯帝实施的"分工协作"战略，农民军准备不足，一时没有拿出成熟的应对方案，在作战策略上没有认真考虑，仍用从前办法与明军对垒，其结果自然是常打败仗，损失重大。这种不利局面直到清兵入喜峰关，威逼京师，陕西、中原明军奉令调移京畿后，才得以改变。

四正六隅十面网

崇祯九年（1636）六月，清兵从喜峰关入内，一路攻陷州县，京师告急。明廷急调陕西、河南等地明军入京师附近，以抵御清兵。处于低潮的农民军及时抓住明大军撤走这一机会，扩大武装，从低谷中走出来。

农民起义军的再度活跃使明思宗感到，要消灭农民军，必须挑选一名才能出众的官员统筹军务。思宗左思右想，最后选定了杨嗣昌。

杨嗣昌，字文弱，武陵人，其父为原陕西三边总督杨鹤。杨嗣昌能言善辩，机警圆滑，对于官场之道极为熟悉。崇祯帝召见他时，他察言观色，投其所好，侃侃而谈，崇祯帝听得入神，发出"相见恨晚"之叹。崇祯十年（1637）十月，思宗任命杨嗣昌为兵部尚书，全权处理征剿义军事务。

与一般明廷官员不一样，杨嗣昌是一个善于思考的人，接受征剿义军大任后，他苦思冥想，想出了一个"四正六隅十面网"的法子来对付农民军。

杨嗣昌认为，在满族贵族与农民军之间，农民军是主要敌人，应集中力量，全力打击。在对付农民军的具体对策上就是实施"四正六隅十面网"战术，所谓"四正"是指陕西、河南、湖广、江北这四个农民军最活跃的地区，对这几个地区，责成当地巡抚"分任剿而专任防"，即以剿为主，以防为辅。"六隅"是指延绥、山西、山东、江南、江西、四川六省份，对于这些地区则要求各地巡抚"时分防而时协剿"，即以堵击进入自己地区义军为主，有时协同其他部队参加对义军的进攻。另外，以陕西三边总督统率的西北边兵以及中原地区的五省军务总理直辖的机动兵力作为主力，"随贼所向，专任剿杀。"（《明史·杨嗣昌传》卷二百五十二）四正、六隅合为十面网。

为了使"十面网"计划得以顺利实行，杨嗣昌采取了一系列保障措施：第一，增兵增饷。建议增兵十二万，增饷二百八十万两。第二，荐用人才。起用熊文灿取代王家祯担任南畿、河南、山西、陕西、湖广、四川军务总理。

一切准备就绪，杨嗣昌便上疏请求皇帝下达总围剿令。杨对前途充满信心，他言道：

> 今则网张十面，刻值千金，断断不容蹉过矣。臣计边兵到齐，整整在十二月。正月、二月为杀贼之期。除凤、泗、承天祖陵所在，理应防守外，确以河南、陕西为杀贼之地。然陕西有闯、过等贼大多盘桓，未能剿绝，不当驱关东之贼与之合势也。臣之愚计，要使陕抚断商、洛，郧抚断郧、襄，楚抚断德、黄，皖抚断英、六，凤抚断颍、亳，而应抚之兵仍堵潜、太，江抚之兵急堵梅、济，东抚之兵直堵徐、宿，晋抚之兵横截陕、灵，保抚之兵飞渡延、津一带。然后总理提边兵，监臣提禁旅，豫抚提左（良玉）、陈（永福）等兵，同心并力，合剿中原，为不尽不休之势。倘闯、过大贼透出关东，则秦督提左（光先）、曹（变蛟）、祖（大弼）诸帅之兵与之俱出，下三个月苦死工夫，了十年不结之局。是在我皇上赫然一震怒间耳。……断断乎三月而平贼也。（《杨文弱先生集》卷十九）

十面网计划实施后，起义军遭到了一系列损失。在陕西，李自成农民军遇到了洪承畴官兵的猛烈攻击。崇祯十年（1637）九月，双方激战于汉中府城外，李自成义军损失惨重，李自成坐骑被射杀，"裸身涉水而去"。崇祯十一年（1638），李自成入蜀，虽然击杀不少明军，但自身损失亦不小，入蜀时数十万兵马，离蜀时只剩下"数万"。崇祯十一年（1638）三月，起义军中大天王部与陕西巡抚孙传庭大战于合水，起义军"大溃东奔"。五月，中大天王混天星、过天星等率部投降明军。李自成由蜀回陕后，遭到洪承畴部将曹变蛟的追击，双方在羌中大战，义军大败，李自成仅带三百多人向汉中方向转移。八月十六日，李自成潼关遇伏，"妻女俱失"，只与刘宗敏等十八人逃出，其余部"或死或降"。陕西农民军至此基本被官兵镇压下去。

在中原战场，义军也多打败仗。崇祯十年（1637）八月，张献忠在南阳遇到明军左良玉部的攻击，不少战士牺牲，张献忠本人为左良玉射中眉心，险些丧命。十二月，混十万与明禁军交战于罗山，一千七百多人被杀。在明军强大的攻势下，义军闯塌天、马士秀、杜应金、罗汝才、李万庆、马进忠等部先后降明。

经过明军"十面网"的剿杀，义军或败或降，损失惨重，到崇祯十一年（1638）年底，仅剩下少数几支部队坚持斗争。明末农民起义出现了前所未有的低沉局面。"十面网"政策取得了成效。

走以制敌得生机

张献忠谷城再起像一声春雷宣告了明朝政府招抚政策和偷袭计划的破产。明思宗恼羞成怒，处分了招抚官员熊文灿、左良玉等人，同时决定以杨嗣昌为大学士兼兵部尚书，到镇压起义军前线"督师讨贼"。

这时，明军采取重点进攻的新战略：对张献忠部进行武力进剿，对其他义军则"剿抚互用"。明军之所以要以张献忠为重点打击对象有下列考虑：一是明军兵力有限，要同时对付各路义军，显然力不从心；二是张献忠是当时最强大的一支义军，如果将其剿灭，其余各部则容易对付；三是张献忠谷城再起，打破了明廷的抚局，崇祯帝对他恨之入骨。另外，张献忠"曾惊祖陵"，挖过凤阳明祖陵。

崇祯帝对杨嗣昌督师寄予愿望，曾赐诗道："盐梅今暂作干城，上将威严细柳营。一扫寇氛从此靖，还期教养遂民生。"

杨嗣昌出任督师后，根据崇祯帝的密谕，决计以张献忠为打击对象，根据从前作战"进止不一"的教训，他决计采取集中兵力、共同行动的战术对付张献忠。为了能使追剿顺利，他还进行了必要的辅助准备。一是任命左良玉为"大将"，直接指挥各镇总兵。一是开展政治攻势，张榜悬赏通缉张献忠，榜上画有张献忠画像，并书《西江月》词道："此是谷城叛贼，而今狗命垂亡。兴安平利走四方，四下天兵赶上。逃去改名换姓，单身黑衣逃藏。军民人等绑来降，玉带锦衣升赏。"（《北游录》）榜尾大书赏格："能擒张献忠者赏万金，爵通侯。"

张献忠、罗汝才获悉杨嗣昌出马督师后，预感到将有一场恶战。当杨嗣昌在襄阳筹划进剿计划时，张献忠已由湖北西进，转入陕、川交界区，杨嗣昌命左良玉、贺人龙、李国安进剿。崇祯十三年（1640）二月七日，双方交战于四川太平县玛瑙山，义军寡不敌众，丧失三千五百多人，张献忠率残部西撤。三月十五日，双方又于木瓜溪交战，义军失利后转入深山。明军本可利用连战连捷的有利态势，对张献忠继续实施打击，但明军将领不和，为私利而相互指责，张献忠抓住这个机会，率部偃旗息鼓，从山间小路返回湖北兴山、房县。七月，罗汝才部与张献忠会合，两人商议挺进四川，摆脱湖北地区重兵围追。杨嗣昌闻讯，亲率将士追击。

崇祯十三年（1640）秋，张献忠、罗汝才联合入川，避强击弱，先后攻占巴州、剑州、梓潼，取得重大胜利。起义军攻下梓潼后，杨嗣昌向明廷请罪，四川巡抚邵捷春、陕西总督郑崇俭被革职。

同年十一月，起义军又破什邡、汉州、资阳，四川明军组织不起有效防御，处处挨打，杨嗣昌急得直跳脚。十二月，起义军又克隆县、仁寿、德阳、巴州。崇祯十四年（1641）正月，起义军出四川入湖广。

张献忠、罗汝才针对杨嗣昌的大军围剿，采取"走以制敌"的战术，充分地发挥了农民军流动作战的优势，取得了胜利。从崇祯十三年（1640）九月入四川，到崇祯十四年（1641）正月出川，在四个多月的斗争中，起义军拖着明官兵在四川腹地来了一个千里大游行，将敌人拖得精疲力竭，并相机歼灭了敌人的有生力量，壮大了自己。对于"走以制敌"的战术效果，起义军将士编成歌谣唱道："前有邵巡抚，常来团转舞，后有廖参军，不战随我行，好个杨阁部，离我三天路。"

招贤纳士定大计

李自成潼关遇伏后，实力消耗殆尽。为了逃避明军的追杀，他率领仅存的力量隐蔽于陕西商洛山中。李自成的隐蔽绝不是消极逃避，而是积蓄力量、等待时机，以求东山再起。

张献忠谷城再起，标志着明末农民战争低潮的过去，其他地区的农民军也活跃起来。由于明军全力追剿张献忠义军，陕西明军力量薄弱，李自成率部再次突起。

崇祯十三年（1640）十一月，李自成率将士出商洛，进入河南。此时，河南正值严重的灾荒，不少饥民为了生存纷纷组织起来，武装反抗官府，明朝政府称他们为"土寇"。土寇的活跃对李自成军队极为有利，不少土寇加入了李自成队伍。在新加入的人中，不少人是有政治经验的地主知识分子。

对于地主知识分子的到来，李自成非常高兴。多年来同明军作战的经验使他深深体会到，没有谋士出谋划策，夺取胜利十分艰难。因此，他对前来投奔的知识分子给予重用。当时有影响的地主知识分子有三人。一是河南杞县人李岩，原名李信，是阉党李精白的儿子。李岩富有同情心，曾"出粟千石赈荒"，很得当地百姓的拥戴。后来与"绳伎"红娘子结婚。当地官府痛恨李岩，将他逮捕入狱。李岩被救出后，参加了农民义军。李自成率部入豫，李岩率所属投奔。李自成早就闻李岩大名，"礼重之"，任命他为制将军。一是宝丰人牛金星。牛金星曾乡试中举人，极富韬略，李自成"委为重要谋士"。另外一人是卜者宋献策，宋是牛金星的朋友，牛金星向李自成推荐了宋献策，他也被李自成聘为谋士。

新加入起义军队伍的地主知识分子，向李自成提出了一系列对敌策略。一是减轻农民负担。李岩建议道："要夺取天下，必须占据中原，要占据中原，必须取得中原百姓的支持。时下，百姓多灾，生活困难，应当减轻他们的赋役负担。"二是赈济贫民。对于极为贫困、衣食无着的农民，李岩、牛金星主张给予救济。史载："闯贼嗜杀，人心不附，岩教以行仁义，收人心，据河洛，取天下，闯贼从之……自是以所掠施贫民，造为谣言，仁义之声传播。"（《怀陵流寇始终录》卷九）三是严明军纪，禁止扰民。针对明官兵纪律败坏、百姓痛恨的情况，李岩建议，严肃军纪，禁兵滥杀奸淫。李自成接受建议，宣布："杀一人如杀我父，奸一女如奸我母。"

上述政策实施后，深得广大百姓的欢迎，李自成部队的战斗力得以迅速提高。对此，《怀陵流寇始终录》载道："闯贼在陕西时为饥民，在山西时为碌碌贼，出车箱峡后为大贼，至是（指李自成起义军进入河南，李岩、牛金星加入起义军后）群策群力，居然以英雄自命。"

李自成部队战斗力的加强在后来的一系列战斗中得到验证。崇祯十三年（1640）十二月，李自成攻克豫西宜阳、永宁、新安等县，接着又围攻中原重镇洛阳。当时，洛阳大饥，"人相食"，福王朱常洵"不赈一钱"，引起当地人民愤慨，连洛阳明军也很不满，这为李自成攻城创造了较好的条件。崇祯十四年（1641）正月十四，李自成兵临洛阳城下，向城西北发起进攻，明将总兵王绍禹率部倒戈，开城门迎接义军，洛阳城很快为农民军占领，福王被处死。随后，李自成开仓济贫，"令饥者以远近就食，男子二十以上愿从军者，月食四十金，趫敢能为将者，倍之。"广大饥民纷纷响应，"赴之者百万"，起义军队伍得到扩充。

李自成入河南后，吸纳地主阶级知识分子，采纳他们的建议，使队伍战斗力大增。这是对其队伍产生重大影响的策略。从此后，明末起义军李自成部越战越强，最后终于占领北京，推翻明王朝的统治。

三战开封斗智力

　　开封是河南省会，中原重镇，具有极为重要的战略地位。为了打击明王朝在中原的统治，李自成决计攻克开封。对于起义军来说，攻克开封既可以消灭明军的有生力量，扩大影响，又可以占据中原，鸟瞰全国，为最后夺取政权奠定基础，具有重大的战略意义。而对于明廷来说，开封重镇是明军进剿起义军的基地，开封的得失关系到整个追剿计划的成败。这样，双方围绕攻城和守城展开了三次较量。

　　首次较量发生在崇祯十四年（1641）二月。二月九日，李自成见明军大量调赴洛阳，认定开封兵力必然空虚，决计对其实施攻击。十二日，李自成率三万精兵昼夜兼程抵达开封城下。开封是明宗室周王朱橚后裔朱恭枵的封地。朱恭枵见起义军前来攻城，采取"奖励军士"政策，调动全城明军对付起义军。他拿出自己的府库金银，定赏格，"出城斩贼一级者，赏银五十两；射杀一贼者，赏银三十两；射伤一贼或砖石击伤者赏银十两。"战斗打响后，双方激战，义军猛攻城池，明军在重赏之下，奋力抵御，义军的攻势多次被化解，死伤不少。

　　李自成见强攻不成，便施巧计，想挖洞通往城内。明守将王燮见状，与巡抚高明衡商议破义军挖洞之法，决定从城内照样下挖，以求与义军洞穴相通，然后投以火药，迫使义军从洞中退出。义军挖洞之法失败后，又采取用云梯攻城之法，由于守城明军用火炮轰击，义军没有成功。二月二十六日，明援军赶到，力量大增，双方交战更加激烈，李自成在指挥作战时左眼被敌箭射中，开封城一时难以攻下，起义军退出开封。义军第一次攻城失利。

崇祯十四年（1641）年底，李自成联合罗汝才第二次攻击开封城。义军二十四万人于十二月二十三日夜向开封城发起攻击。明将高名衡、任浚、王燮、陈永福等划分区域进行防守，并动员全城男女共同抵抗，下令："民间有一男子不上城者，立斩以徇。"义军强攻不成，又挖洞攻击，城守官兵亦从城上向下挖洞，使之相穿，而后用"砖石、长枪击刺"义军，义军不能藏身，便"不挖直穴，更旁挖小穴以避之"，但始终进不了城。义军又想新法，"伐柏作台，长十丈余，广五丈余，高可三丈，上容百余人，置炮攻城。"城内官兵也采取同样办法来对付义军，他们在城头筑方木为台，比城外义军的柏台高二三丈，"燃炮攻击"，使城外柏台上的义军无法立足。义军见一时难攻下城池，便采取围而不打的拖延战术，待敌人松懈时再攻城。崇祯十五年（1642）元旦，义军估计城内守军可能因过节日而有所松懈，便向城内发起大规模猛攻，可官军竟戒备森严，"奋死力敌"，义军进攻受挫。接连二十日没攻下开封，义军又想出新法来，决计用"放地雷"来破敌，但未成功。史载此事道：

> 贼于东北角凿城，作一大穴，约广丈余，长可十余丈，以布囊运火药于其中，无虑数十石。置药线三，长可四五丈，大如斗。是日（崇祯十五年正月十三日），骑贼千余俱勒马濠边，步贼无数，雁行列如将战然。巳刻，点火，烟一起，黑迷如深夜，其声之震如天崩地裂，大磨百余片、砖石无算皆飞舞半空中，碎落城外二三里，濠边马、步贼一时皆为齑粉矣，间有人死而马自惊逸数里者。守陴卒未伤一人，城墙里半壁仅厚尺许，兀兀峙立如故也。

"放地雷"失败后，义军感到开封一时难攻下，遂引兵退去。崇祯十五年（1642）五月，李自成、罗汝才第三次围攻开封。义军数十万之众于五月初二到达城下。明守军认为义军远来，必定兵疲将乏，而自己是以逸待劳，利于速战，于是他们出城主动迎击义军。谁知义军"来势如潮""马步齐击"，明军不是对手，没多久，出城官兵"覆没殆尽"。于是开封明军"紧闭城门，严加防守"。鉴于前两次围攻失败的教训，李自成这次决计采用长期围困的战术。为了孤立开封之敌,李自成在包围开封后,分派部队攻下开封四周的郑州、荥阳、荥泽、新郑等县,断绝明救援部队。

开封被围后,明督师丁启睿、总督杨文岳、总兵左良玉率四十万之众前来救援。义军移营迎战,双方大战六日。明军失利,四处逃溃,义军又恢复对开封包围。此后,再没有大批官兵前来解开封之围。开封明军成了"釜中之鱼"。随着义军围城日久,城内供给困难,到九月初,出现"人相食"局面。城内守军见处境困难,便挖黄河以洪水阻止义军。义军即挖一小河,使洪水入汴。明军计谋失败。

就在开封城即将攻下之时,九月十五日,黄河突然大决口,义军被迫撤走,开封城亦为洪水所淹没。

李自成三打开封虽未成功,但显示了义军强大的力量。从前,起义军只能攻打县城,对于军事力量强大的省城,义军还不具备攻坚能力,现在义军主动向省城进攻,标志着义军力量质的飞跃,明王朝灭亡的日子不远了。

两路进兵取京师

　　崇祯十五年（1642）闰十一月，李自成率义军主力四十万人由河南南阳南下湖北，向襄阳进军。十二月初四攻取襄阳，十八日占领荆州。崇祯十六年（1643）春，李自成在襄阳建立政权，设立六部，为建立全国政权奠定了基础。

　　建立政权后应如何发展？应采取怎样的战略才能夺取全国政权？李自成及其部下、谋臣进行了讨论。

　　左辅臣牛金星认为，应先取河南，再取京师。礼部侍郎杨永裕认为应当顺长江而下，首先夺取金陵，断绝明政府北运京师的粮道，这样则京师自困，可轻易取之。顾君恩进言说："牛、杨二位建议都不是最好的办法。攻占金陵虽然重要，但因为它居长江下游，离荆襄较远，如果攻下金陵后再进攻北京，则耗时需多，其策失之缓。由河南北上，取攻京师，虽然进军距离短，但如果万一不能够成功，则没有退却之地，其策失之急。眼下最好的办法，莫过于先攻取关中，作为根据地，关中地区有众多河山，得之则得天下三分之二，在这一带建都后，然后将攻取的附近地区，作为兵源、粮食补给地，再进取山西，进军京都，则进可攻、退可守。"这是一个最完备的办法。

　　崇祯十七年（1644）二月，李自成率大军东渡黄河、挺进山西、进取京师的计划开始实施。二月五日，义军下汾州，五日抵太原，八日太原被攻克。当时，为配合军事进攻，李自成向陕、晋、豫地区许多州县派出县令、州牧，向当地人民揭露明王朝的腐朽、残暴，宣传农民军"均田免粮"的政策，李岩编民谣道："开门迎闯王，不当差、不纳粮。"各地百姓夹道欢迎农民军。

李自成攻克太原后，调整了军事战略，决计两路进取京师。一路由刘芳亮率领，作为偏师，由山西、河南、北直隶交界地区，经北直隶南部、中部，向北京方向挺进。李自成则亲率主力为另一路，沿大同、宣府、居庸关向京师进击。

李自成兵分两路的战略有深远的意义。两路大军形成南北夹击的钳形攻势，切断了明廷与各地方的联系，减少了皇帝外逃的可能性。这一战略的实施，使明廷失去了外援，如瓮中之鳖，任人摆布。

分兵进攻后，李自成率主力北进，攻克忻州，明军退守宁武，山西总兵周遇吉率明军与义军激战，双方拼杀猛烈，最后义军于二月十九日攻下宁武。此后义军没遇到激烈抵抗，就先后攻占大同、宣府，三月十五日义军破居庸关，十七日抵达北京城下。

刘芳亮率领的偏师于二月十四日进入潞安府，三月十六日攻下怀庆，随后又克卫辉、彰德、大名、顺德，几乎与李自成主力同时抵达北京城下。

垂死挣扎保江山

李自成农民军东渡黄河挺进山西时，崇祯帝就感到大难即将来临。为阻止农民军向北京挺进，他采取了如下因应措施：

第一，派大员督师出征。崇祯十六年（1643）十一月，李自成大军逼近山西，明思宗极为恐惧，他当着众大臣的面哭泣不已，表示自己要亲自督师出征，与农民军较量。众大学士见状，纷纷表示愿意代帝出征。思宗最后选中了李建泰。

李建泰是山西曲沃人，当李自成大军逼近山西时，他担心家乡被祸，便思量着用私财接济明军，与义军决一死战。皇帝选中他为督师大员，表面上是说"卿以西人平西地，朕愿也"，实际上是看中了他的家财可以"饷军"，而朝廷可省一笔军费。

明思宗极为重视这次出征，他加李建泰兵部尚书衔，并赐给他"尚方宝剑"，准其"遇事可便宜从事"，并特地举行了"遣将礼"。

崇祯十七年（1644）正月二十六日，李建泰率五百人出发。离开京师不久，便传来山西曲沃为义军所攻破、建泰"家赀尽没"的消息。李建泰被这重重的一击吓破了胆，慑于义军的威力，他不敢西进了，率部向北逃窜。二月中旬，逃到河间地区，三月中旬到达保定，此时义军先头部队离他仅一步之遥。代帝出征的大学士还没打上一仗就投降了。

第二，用宦官临军。面对农民起义军摧枯拉朽的攻势，崇祯帝担心各边镇及京师附近明军官员倒向义军，为保险起见，他决计派太监到各军事要点监军。崇祯十七年（1644）二月后，思宗皇帝先后派出十多人前去监军。如太监高起潜监军关、蓟、宁远，卢惟宁总监通、德、临、津，方正化监军真定、保定，杜勋监军宣府，王梦弼监视顺德、彰德，阎思印监视大名、广平，牛文炳监视卫辉、怀庆，杨茂林监视大同，李宗先监视蓟镇中协，张泽民监视西协。

对于太监监军这一举措，朝中不少大臣持有异议，如兵部尚书张缙彦认为："现在大军粮饷供给中断，损兵折将严重，各地督抚面对日益恶化的局势，都想推卸责任，少数人还想撒手不管，如果一下子派这么多人前去监军，不仅物力不济，而且会造成责任不明、权事分掣的局面，这极不利于防御农民军。"但崇祯帝不听劝诫，执意施行。

崇祯帝是一个猜忌心极强的人，在明末农民战争进入到最为紧要关头，使用监军办法已无法控制边将，而且会使边镇将领们产生逆反心理。此外，用太监未必就较边将可靠，在强大的农民军面前，他们也并非个个铮铮铁骨。"树倒猢狲散"，派出监军的太监大部分也投降了义军。

第三，调师卫京。农民军的迅猛攻势使思宗明白，京师一战不可避免。当时北京城兵力薄弱，留京部队仅五六万人，另有"登陴者五六万人"。朝中有人建议招募附近百姓，以补兵力不足。但多虑的崇祯皇帝又担心百姓不可靠，若战端一开，一人逃走，则会众人附应。最后只得决定"征天下军马勤王"，调集各地明军拱卫京师。崇祯十七年（1644）三月，调辽东总兵吴三桂部、蓟镇总兵唐通部、山东总兵刘泽清部等入京戍守。

调师入京举措并没有产生效果，一方面，农民军进军速度太快，许多地方还未来得及防御就被义军攻破。另外，这时，明廷大势已去，农民军得到社会各界的广泛支持，各地明将也不愿再听从明廷命令，去与实力强大的义军对垒，如刘泽清接到入京命令后，不是前往京城，而是沿临清南下，远避江淮；唐通走到居庸关就投降了；吴三桂还未来得及行动，明廷便灭亡了。

第四，助饷援军。持续多年的战争使明廷军饷供给严重不足，到崇祯十七年（1644）三月，国库仅存银八万两。为解决军费不足问题，崇祯帝决定悬爵助饷，规定，捐不同数量的银两可得到不等的官爵。后来崇祯帝规定：朝中勋戚、官员、太监都要捐助。而实际捐助者寥寥，在皇帝多次催促下，皇后周氏之父周奎捐银三千两；太监中只有曹化淳、王永祚等少数人捐银至三五万两。文武百官捐助皆不过"几百几十两而已"。为了能够从朝臣、太监身上榨出油来，崇祯帝采取了多种办法，一是按不同衙门捐助，规定各衙门应捐助数量；二是按内外官员籍贯捐助，规定各省应捐数额。但最后收效都不大，到义军攻下京城前，总共才捐得银二十万两。

在国库空虚的情况下，明思宗想出令官戚捐饷的办法解决军费问题，虽然这一办法不能从根本上解决问题，但也不失为一权宜之计。此计效果不好的原因不是因为官员们无钱可捐，而是勋戚官僚、太监们不从大局出发，各存私利，不愿捐助。

第五，下罪己诏，争取人心。为了分化起义军，争取民众的支持，崇祯帝想出了一个招法：下罪己诏。他先后于崇祯十七年（1644）二月十三日、三月六日、三月十八日三次下罪己诏。其主要内容：一是对当时政治黑暗、人民负担沉重、饱受战乱之苦深表同情和不安，并承担责任，检讨罪过。二是表示要采取得力措施，剔除弊政，减轻人民负担，废除各种摊派。三是宣布对起义军一般将领和全体士兵既往不咎，并希望他们"赦罪立功"。上述内容，随着形势的变化而有不同，总的趋势是调子越来越高，如分化起义军的范围扩大到除李自成外的高级将领，"除自成罪在不赦外，余伪官伪将有斩城献渠之功，即授侯爵，分别世荫赏赉，愿官者一体充用，不愿官者安插宁家。近如金有章等擢用，黄阁等宽邮，朕盖深谅其不得已之心也。他如文伪职牛金星、喻上猷，武伪职刘宗敏、罗戴恩等，皆朕之臣子，如乃心王室，伺隙反正，朕亦何忍弃之，悉赦其罪，令复官职。"

在形势危急情形下，崇祯帝想用"罪己诏"办法分化瓦解起义军，争取民众的支持，其用心可谓良苦，从其内容来看，也不能说没有作用，但最终却没有取得任何效果。这主要是因为"罪己诏"颁布时间太晚。大厦将倾之时，用任何办法都难以挽回；病入膏肓了，任何灵丹妙药都无济于事，何况只是小修小补呢。当时，明王朝已腐败至极，广大人民已走上与明廷决裂的道路，朝廷想再笼络人心已不可能。对于崇祯迟到的"罪己诏"，史家谈迁言道："此诏……使移于昨冬，则远近闻之，或为感动。今剥床以肤，祸临俄顷，出都城一步，咸怀疑易虑，其畴为信之！"

崇祯帝在李自成大军逼近京师之时，采取的上述对策总体上说为时已晚，到政权即将倾覆之时才想应对之策，显然难以奏效。并且这些迟到的权宜之计，又都没能实施，无论是督师出征，还是捐助军饷、调兵勤王均没有实现，明王朝已山穷水尽。

京师举措铸大错

崇祯十七年（1644）三月十八日，李自成农民军攻下北京城，统治中国二百七十多年的明王朝灭亡了。

李自成攻下北京，只能说是明朝中央政权已崩溃，但要夺取全国政权，实施对全国的统治，则还有相当的距离。这是因为：第一，李自成控制的地区仅有西北地区及湖北省北部、河南省。江南地区为明朝地方政府把持着，他们控制着全国大部分人口和上百万军队。第二，雄踞东北的满洲贵族时刻在伺机入主中原。如何解决这两大问题是李自成眼下面临的紧要任务。如果策略得当，顺利地解决上述问题，李自成政权就会巩固，实现对全国的统治。如果稍有闪失，后果难以预料。

应该说，李自成攻占北京后，对上面所说的两大问题特别是第一个问题是有所认识的。为解决上述两大问题，他入京后即采取多种措施，巩固政权，为统一全国做准备。这些措施主要有：

第一，严明军队纪律，稳定社会秩序。早在崇祯十三年（1640）时，李自成就接受李岩等人的建议，整肃军纪。这一政策一直得以执行。并且随着攻占城市增多，军纪中还增加了保护工商业、稳定市场的内容。进入北京后，李自成又重申以前纪律，"大帅临城，秋毫无犯，敢扰民财者，即磔之"。总的看来，起义军入城后，纪律较好，社会秩序稳定，但破坏军纪之事也不时发生。入城初期，军纪较好，但少数部队军纪涣散，李自成对部队"约束未能遍"。"离将领耳目稍远"的军队，往往"纵恣自若""掠金银、淫妇女"。随着时间推移，农民军军纪渐不如前，史载："初，贼略不犯民，散居民家，唯收兵器火药，取饮食，渐至淫掠篝斫，人情大扰。"（《怀陵流寇始终录》卷十八）山海关之役后，"较前绝无纪律"。义军中一些高级将领如刘宗敏等主张对违纪现象加以宽容。刘宗敏认为："此时但畏军变，不畏民变。军者我所恃以攻取，少失意则不为我用。若民则我已制其肘腋，设有动摇，闭门分剿，不烦鸣金击鼓，一时可尽。且军兴日费万金，若不强取，安从给办！"这样，违犯军纪行为不断增多，百姓很有怨言。

第二，招抚近畿。李自成大军基本上是直接进入京师的。京畿地区除刘芳亮的偏师涉入西南部外，其他地区义军没有涉足，大部分京畿地区仍为明军所控制。为了稳定北京局势，必须派部队控制京畿地区。李自成对这一点非常重视，占领北京后即派部队到京师四周，招抚明将明军。通州、天津等地先后归服，招抚政策取得了成效。

第三，派兵南下。由于南方广大地区为明朝地方政府所控制，为了解除来自南部的威胁，扩大战果，李自成决计派大军南下，扩大占领区。占领京师后不久，李自成派将领率军十多万人进击山东、江淮地区。义军进军山东十分顺利，但南下江淮时，受到激烈抵抗。由于南下义军力量有限，部队到达苏北后没能继续前进。派兵南下策略是明智及时的举动，它扩大了农民军的控制地区，有效地扼制了来自南方的威胁。后来李自成山海关失败后，始终没受到南部明军的攻击，为其从容撤出北京城提供了条件。

第四，大力进行政权建设。入京前，李自成起义军就已建立了较为完备的政权机构。入京后，他决定完善政权，一是制定仪礼制度。"以水德王，衣服尚蓝""品级以云为等，一品一云，九品仿之""文官俱授权将军节制，行跪礼"，等等。二是筹备登基大典。三是充实各级官吏。官吏由科举考试而得，也可以从明朝旧官员中选取。进行科举考试，"榜取实授举人五十名，量才授职"。明朝旧官员有一百多人被选用。

第五，追赃助饷。伴随着农民战争的迅速发展，起义军队伍空前扩大，部队大量加员，对军费的需求大大增加。军费的来源是赋税，而李自成是在"不当差、不纳粮"的原则下对广大农民收取赋税的，实行的是一种轻赋政策。明廷每亩征赋"一钱三分至二钱余"，而农民军只征银五分。这样义军通过赋税所得甚微，根本无法满足军需。加上农民军还要对贫民进行赈济，使起义军军费严重不足。为了解决这个矛盾，起义军决定追赃助饷。

起义军认为"卿相所有，非盗上，则剥下，皆赃也""衣冠所畜皆赃耳"，追赃十分合理。崇祯十七年（1644）三月十七日，义军出示命令："在京各官，不论用与不用""俱责输纳"，官吏按职位高低交纳赃款。"内阁十万金，京卿、锦衣七万，或五三万，给事、御史、吏部、翰林五万至一万有差，部曹数千。""勋戚之家无定数，人财两尽而后已。"为了使追赃能取得实效，专门成立"比饷镇抚司"，由大将刘宗敏负责处理有关事务。

起义军对于不愿纳输赃款者，采取关押、严刑逼供的手段，被刑人数占总人数十分之三。追赃对象由最初的官吏扩大到富户，"家稍有资产，则速而夹之"。追赃共得银七千万两，其中，"得之勋戚者十之三，内侍十之三，百官十之二，商贾十之二"。

李自成起义军追赃是剥夺剥削者的财富，不仅可以理解，而且是应该的，但其时机选择不当。在自身尚未站稳脚跟的时候，进行如此激烈的行动，是极不明智的。它将明朝官吏推向了义军的对立面，树立了敌人；另外，追赃扩大化使义军失去了小地主、工商业者的支持，使自己处于孤立状态，为后来的失败留下了隐患。

纵观李自成入京后的举措，有得有失。其招抚近畿、派兵南下、进行政权建设都是可取的，并且取得了成功。军纪整顿，前期尚好，后期不如人意。追赃助饷则是一个败着。其最大的失误是对山海关外的满族势力没有引起足够的重视，并采取得力的防范措施。李自成占领北京后，本应立即派重兵进驻山海关，而实际上入京后很久，才派一支微不足道的力量前去招抚吴三桂。这为满族贵族与吴三桂的联合创造了条件。另外，义军中滋长的享乐主义思想也是导致其失败的原因。从上述诸方面看，李自成较朱元璋在策略上要逊一筹。